国际数字之都3

共赴2030
绿色大都市的未来产业

张礼立 陆 雷 主编

张礼立 执行主编

中国出版集团 东方出版中心

图书在版编目（CIP）数据

国际数字之都 . 3，共赴 2030：绿色大都市的未来产业 / 张礼立，陆雷主编 . － 上海：东方出版中心，2023.11

ISBN 978-7-5473-2285-7

Ⅰ.①国… Ⅱ.①张… ②陆… Ⅲ.①数字技术 － 应用 － 城市建设 － 上海 － 手册 Ⅳ.①F299.275.1-62

中国国家版本馆 CIP 数据核字（2023）第 209022 号

国际数字之都 3——共赴 2030：绿色大都市的未来产业

主　　编　张礼立　陆　雷
责任编辑　万　骏
封面设计　钟　颖

....

出 版 人　陈义望
出版发行　东方出版中心
地　　址　上海市仙霞路 345 号
邮政编码　200336
电　　话　021-62417400
印 刷 者　上海盛通时代印刷有限公司

开　　本　890mm×1240mm 1/32
印　　张　12.5
字　　数　228 千字
版　　次　2023 年 11 月第 1 版
印　　次　2023 年 11 月第 1 次印刷
定　　价　59.80 元

....

编委会

专业委员会（按姓氏拼音首字母排序）

崔伟群　中国计量科学研究院计量科学数据与能源计量中心主任

戴鹏飞　罗克韦尔自动化（中国）有限公司全生命周期服务事业部
　　　　总经理

胡启凡　中国建筑东北院上海碳中和研究中心主任、中国节能协会
　　　　碳中和专委会副主任

黄　颖　上海环境能源交易所副总经理

黄兴海　上海通联金融服务有限公司总裁

姜胜明　上海海事大学教授

孔　杰　上海济浩投资管理有限公司创始合伙人

林　杰　上海颢善电力科技有限公司董事长

罗　兰　上海云砺信息科技有限公司联合创始人 / 执行董事

罗　云　北京京师小麻雀教育科技有限公司董事长

吕刚毅　G60 云智天地科创中心董事

马莲霞　新疆交通建设集团股份有限公司总工程师

裴元虎　上海富吉医疗器械有限公司董事长兼总经理

钱　莹　上海工商外国语职业学院、上海思博职业技术学院董事长

石　安　罗克韦尔自动化（中国）有限公司总裁

汪　波　嘉兴模度新能源有限公司董事长

王　彦　上海交通大学副教授

王　毅　磐瑟自动化科技（上海）有限公司软件事业部总经理

魏超英　戴德梁行中国区项目及企业服务总裁

吴　昉　上海天纳克排气系统有限公司副总经理

谢陵春　碳一新能源集团公司卓越运营中心总经理

徐华东　华丰动力股份有限公司董事长兼 CEO

姚　远　毕马威 KPMG 高级合伙人、首席数据官

于庆峰　舍弗勒大中华区工业事业部研发及工业 4.0 副总裁

余志强　上海德颂健康科技有限公司（德颂控股）董事长

曾强云　新疆商贸物流（集团）企业技术中心副主任

张宗勇　中邮邮惠万家银行有限责任公司首席信息官

赵凤济　上海炫楷智能科技有限公司董事长

朱　桢　上海邓白氏商业信息咨询有限公司销售与营销产品线负责人

朱文华　上海第二工业大学工创中心主任教授

朱志伟　上海同久建筑设计有限公司董事长

创新驱动是未来产业的新构架（代序）

上海：全球未来科技创新之都

　　全球范围来看，从金融向科创转型的第一梯队代表城市是纽约。上海和纽约的发展轨迹很类似，纽约从最初的港口贸易集散地逐步走向制造业中心城市，随后在强大的现代工业基础下迅速成为全球金融与文化中心。随着"创新驱动"的科创中心城市思路在2008年的全球金融危机后诞生，纽约过去长期以金融驱动的城市发展模式开始踏上了转型与升级之路。以金融资本为核心驱动力的全球城市发展模式也就此宣告结束，取而代之的是全球中心城市对创新的建设与未来产业的新构架探索。而创新主体的感受、各类创新人才能否真正集聚，是一座城市是否拥有好的创新文化和创新环境的根本评价标准。因此，租金要相对低，主城区的便利性要凸显，其中核心目标就是在城市中打造一个个吸引人才来聚集工作与交流的地方。根据《上海市城市总体规划（2017—2035年）》，在原有的国际经济、金融、贸易、航运的基础上，上海的城市定位增加了科技创新中心，其意义十分深远。

在刚刚揭晓的 2023 年世界"500 强"榜单，有 12 家总部在沪企业入围，这个数量基本与去年持平。上海作为大型外企最爱的中国城市，有相当多的代表企业，包括苹果、特斯拉、强生、埃克森美孚、通用汽车、英特尔等。截至 2022 年 9 月底，外商在上海累计设立跨国公司地区总部已经超过 870 家，数量稳居全国第一。其中，将近 80% 来自欧洲、美国、日本等发达国家和地区。从产业来看，主要聚焦中在生物医药、汽车制造、智能制造以及商贸、物流、检验检测等行业；世界 500 强企业设立的地区总部占比约 14%，大中华区及以上级别的地区总部占比约 21%。不只看总部企业的话，目前在上海投资兴业的外资企业超过 6 万家，外资研发中心超 510 家。为了培育适宜科技创新企业发展的外部环境，上海市制定了一系列政策。众创空间的诞生实现了学术界、企业界与金融界跨界融合的基础层级：一方面为创业者提供低成本的开放式办公空间、社交空间和资源共享空间，降低科创的基本门槛；另一方面，从物理空间的拓展走向了多样化多生态的科技创新平台空间，激发了上海的创新创业的热潮。经过多年的努力，上海的科技创新生态正在快速走向成熟。

未来产业发展：载体、政策和社会平台

对于未来产业的发展，孵化器和加速器是两个非常重要的载体，两者性质类似但存在区别。孵化器投资的企业所处阶段更为早

期，针对有创业思路明确的团队进行帮助。孵化的对象一般在产品、技术以及商业模式上具有明显的"颠覆性"和"创造性"。对那些已经具有比较完备的商业计划的企业，加速器投资的目的就是要帮助企业团队在短期内完成一般业务建设的周期。笔者在 2015 年对全球主流的科创孵化器和加速器作了实地调研。全球创新孵化器与加速器基本就两类，一类是在政府资助和倡导下创建和成立的，另一类则完全由市场企业或机构主导成立和营运。从每个国家自身的创新定位出发，这两类的比重有所不同。从代际演化来看，传统的"孵化器"和"加速器"是跨界融合资本、技术、市场以及管理等维度为初创公司提供创业孵化和加速服务。而如今的"孵化器"和"加速器"更重视建设以空间融合，共享办公设施、环境和服务为标志的联合办公空间模式，其更偏向降低运营成本，加强信息分享，有效拓宽产业生态的社交圈子。这些都有效降低了创新的成本和门槛。而创新成本和门槛的降低激发了创新和推动未来产业发展的热情和激情，于此同时，在创新体系中，以调整经济结构与企业转型升级的迫切需求为背景，各级政府都持续地出台了不同的政策措施，来驱动创新与未来产业。要确定产业细分领域、技术路线、管理风控以及如何能够让企业创业在未来产业发展中获得长期的成功都是有很大难度和挑战的。因此，如何让政策精准度提升，如何让管理效率提升，如何让战术和战略数据配合都是未来产业发展的关键要素。

　　总体来说，未来产业的政策与引导需要顺势而为，因势利导，最终促成一个新的创新环境与文化的实现。在未来产业建设中，要积极发挥行业团体、社会智库等社会平台的力量，在加快创新产业化节奏的同时，以教育和研究数字化、绿色化和创新化人才培养夯实创新基础，透过社会平台不仅仅让硬科技和社会的软科技有更好的融合来避免科研、开发和市场应用的脱节，也可以把社会教育体系融入未来产业网络，让各个不同形态的企业在不同阶段的发展上都有全球化创新的人才的支持以及思路激发与产业落地的途径。加速创新，放眼未来，走向全球，让创新成为中国式现代化的驱动力，让创新成为中国企业和文化走向世界的加速器。让我们共同为打造具有生命力的未来产业而努力奋斗。

张礼立

礼之数字科技有限公司董事长兼 CEO

全球城市数字经济发展研究院院长

上海市海外经济技术促进会会长

陆雷

上海市新的社会阶层人士联谊会秘书长

目 录

下编　细说未来产业

未来能源

未来材料&装备

未来健康

上编　畅谈未来

绿色供应链与未来产业的可持续发展

在历史的长河中，产业的发展一直遵循着双轨"太极"动态平衡机制，即极限的大和极限的小之间的不断平衡。这其中，极限的大代表了大自然的规律，而极限的小则体现了最根本的人性。这种平衡机制也正是历史不断重演的底层逻辑，但这一重演是建立在人类科技不断演变的基础之上，不断创造动态平衡的产业发展空间，从而推动着人类社会的不断进步。看似偶然的机遇往往背后隐藏着必然的趋势。

回顾近代，我们可以发现人均国内生产总值（GDP）是社会发展进程中的一个有规律的风向标。当人均 GDP 达到 2000 美元时，汽车开始进入家庭，而当达到 5000 美元时，私人购车呈现出爆炸式增长，而当人均 GDP 达到 10 000 美元时，虽然私人购车总量增长趋缓，但差异定制化的需求大幅增加。与此同时，艺术品的交易量也开始蓬勃发展。各个领域都有着类似的发展趋势，而这些趋势的背后推手正是人性。

以人均 GDP 为核心依据，我们可以看到六大动能推动着未来产业的发展趋势：技术升级、模式升级、空间升级、消费升级、效率升级和政策升级。

然而，当我们放眼当下，我们也面临着产能过剩、高度同质化以及需求疲软等挑战，这些挑战逐渐形成了一种死循环。在这个风云变幻、潮流激荡的时代，我们需要打破这一困局，创造新的需求。跨界创新和可持续发展思维将在产业低碳数智化转型中扮演着非常重要的角色。绿色净零供应链成为了一个系统性、跨足二产产业链可持续发展的关键抓手。

推动绿色净零供应链的进程，自然地在动态平衡的机制下创造出透过新需求而拉动的供给侧未来产业链：未来能源、未来材料、未来装备、未来健康、未来智能、未来空间、未来生态……以不同的视角来分析这些产业的发展，我们会发现，看似偶然的现象实际上是必然的趋势，同时也反映了"产、城、人"（产业、城市、人群）高度融合互动的特征。

然而，要使绿色净零供应链成为未来产业发展的核心推手之一，关键在于人。人在这个过程中分为两个不同的层面，即领导层和执行层。领导层决定了未来产业发展的决心和方向的精准把控，而执行层则决定了推进的效率和完整度。

绿色净零供应链在某种程度上推动了人类社会的可持续发展，同时也在全球供应链体系中创造了一个新的准入门槛。传统供应链的演变不仅仅关乎成本、质量和交付这三个核心点，还扩展到了技术和服务。未来，产品的碳排放、资源的可持续利用以及生态系统的保护将成为供应链体系的重要考量。

在未来产业的时代，我们将迎来一个全新的挑战和机遇，只有深刻理解产业发展的本质，把握人性和科技创新的动力，才能在这个激动人心的领域中取得成功。让我们一同踏上这场未来之旅，探索未知的领域，开创新的可能。

石安

罗克韦尔自动化（中国）有限公司总裁

上海市海外经济技术促进会副会长

聚焦绿色产业，为跨越式发展注入新动能

当今，全球能源安全问题已成为国际社会共同的责任。国际能源署（IEA）发布的 *CO² Emissions in 2022* 指出，2022 年全球与能源相关的二氧化碳排放量再创新高，达到 368 亿吨以上，比上一年增加 3.21 亿吨，增幅为 0.9%。得益于可再生能源的显著增长，特别是电动汽车、热泵和能源效率技术的发展，2022 年的排放量增幅远低于 2021 年，但排放量仍然呈现增长趋势，对可持续发展不利，需要采取更有力的行动，加速转型，使世界走上实现其能源和气候目标的道路。

近三百年来，工业化都是推动进步的工具，能够创造就业、促进经济增长、促进技术进步、减少贫困。城市是人类生活及创新的重要场所，城市的发展能有效促进整个社会的科技进步和经济繁荣，进而改善人类的生活水平。大都市作为城市体系的核心，尤其起着关键性的引领作用。随着全球城市化进程的不断加速，城市环境问题日益凸显。在这种背景下，绿色大都市理念应运而生，旨在实现城市可持续发展，创造宜居、宜业、宜游的美好家园。在 21

世纪的今天，我们正见证着一个前所未有的数字化浪潮。在大数据、人工智能到物联网、区块链等先进技术的不断发展进程中，我们见证着数字化深入到生活工作的各个方面。数字化科技推动着城市不断发展与进步。数字化技术与绿色目标的融合共生已成为未来城市发展主题的关键要旨。最终绿色工业新时代可成为实现可持续发展目标的突破口。

奔赴绿色未来城市的产业实践

在中国，"十三五"以来，工业领域以传统行业绿色化改造为重点，以绿色科技创新为支撑，以法规标准制度建设为保障，大力实施绿色制造工程，工业绿色发展取得明显成效。

绿色低碳产业初具规模：截至2020年底，我国节能环保产业产值约7.5万亿元。新能源汽车累计推广量超过550万辆，连续多年位居全球第一。太阳能电池组件在全球市场份额占比达71%。

绿色制造体系基本建构成形：研究制定468项节能与绿色发展行业标准，建设2121家绿色工厂、171家绿色工业园区、189家绿色供应链企业，推广近2万种绿色产品，绿色制造体系建设已成为绿色转型的重要支撑。工业和信息化部印发的《"十四五"工业绿色发展规划》，站在生态文明建设、高质量发展、制造强国、网络强国建设的战略高度，对"十四五"工业绿色发展做出全面部署，明确发展目标和重点任务举措，对未来五年工业领域绿色转型、推动实现碳达峰、碳中和必将产生深远影响。

在舍弗勒，作为全球领先的汽车和工业产品供应商，舍弗勒集团 70 余年来始终秉承开拓创新精神，致力于推动交通出行和工业制造领域的创新与发展。可持续发展是舍弗勒集团四大价值观之一，也是集团战略的重要组成部分。舍弗勒集团计划到 2040 年实现供应链气候中和，并率先于 2030 年实现生产领域气候中和，供应链上的中间体和原材料的排放将至少减少 25%。为了实现这一宏伟目标，舍弗勒从"绿色材料""绿色生产"和"绿色产品"等方面付诸行动，在产品生命周期的各个阶段识别碳排放量，通过避免、减少和补偿等措施来减少碳排放。我们始终将可持续发展作为公司战略重点和业务发展基础，积极履行气候承诺，落实企业社会责任与担当，助力绿色可持续发展，为缔造美好世界贡献力量。2020 年，在联合国成立 75 周年之际，舍弗勒集团入选全球"50 家可持续发展和气候领袖企业"之一。

数字化对未来产业的革新影响

数字化已无处不在，是世界发展的潮流与趋势。先进的信息技术带来了许多发展前景。现实世界和数字世界的日益融合为舍弗勒及其客户在整个增值链上创造了新的机会。未来的产业将全面拥抱数字化技术，实现从产品设计、生产制造到销售服务的全流程数字化。数字化技术将打破传统产业的界限，推动各产业之间的深度融合，形成全新的产业生态链。数字化技术将激发更多的创新模式，如平台经济、共享经济、智能经济等，为未来产业发展提供强大的创新驱动力。

舍弗勒积极投身数字化转型实践，关注生产数字化，特别是工厂生产领域的数字孪生技术应用。舍弗勒在制造业的全流程当中，比如自己的 76 个生产基地里，应用了新的数字化软件和解决方案。在提高质量、降低废品率等实践方面，通过产业化或者产品化的布局，转化为对外可复制的理念和方案。同时，舍弗勒注重培养数字化人才，建立完善的人才培养体系，为企业的数字化践行提供人才保障。

我们身处一个快速变化的世界，面临着前所未有的环境挑战。在这个背景下，我们的社会急需寻找一种可持续、绿色的发展模式。未来数字化技术与能源领域的融合将有助于优化能源消费结构，推动绿色发展。例如，数字化技术可以推动智能电网、分布式能源等技术的发展，提高能源利用效率和可再生能源的利用率。未来数字化将催生更多的新产业、新业态、新模式。例如，数字技术与生物科学融合将催生生物芯片产业，数字技术与医疗领域结合将衍生新医疗科技产业等。这些新兴产业将为未来产业发展提供强大动力。

让我们共同迎接这个挑战和机遇，共赴 2030 绿色大都市的未来产业！

于庆峰

舍弗勒大中华区工业事业部研发及工业 4.0 副总裁

用脑科学专业思考绿色都市、 数字城市与未来产业

知止。

知止而后有定，定而后能静，静而后能安，安而后能虑，虑而后能得。

在此，我引用《大学》第一章，作为这篇的开端。

此处知止的止，我将其定义为 2030 年。让我们站在 2030 年一起回望 2023 年，那时人们迷惑、探索并为之努力的问题概括为：

1. 人类未来是否能够解决资源匮乏的问题？

2. 人类未来是否能够解决气候变化和可持续发展的问题？

3. 人类未来是否能够实现智能机器人与人类共同工作或合作的愿景？

4. 人类未来是否能够克服疾病和延长寿命？

5. 世界为数不多的国际大都会，都将各自展开什么神通，将人才、资金、技术聚集在自己的城市？

6. 教育模式是否会进行彻底的、系统化的改革与颠覆？

7. 人类未来是否能够解决全球失业问题，以技术进步为基础创建新的社会？

8. 人类未来是否能够解决社会不平等和公平问题？

9. 人类未来是否会遇到宇宙中其他智慧生物的存在？

10. 人类未来是否能够实现探索宇宙的梦想，包括太空旅行和地外生命的发现？

综上，人们关于未来的问题聚焦点正好和本书的关键词息息相关：绿色城市、数字之都、未来产业。

关于绿色大都市

绿色大都市是指以持续发展为理念，注意环境保护、资源节约和碳排放减少的城市。绿色城市通过在城市规划、建筑设计、交通运输、能源利用等方面采取可持续发展措施，旨在提高城市居民的生活质量，减少对生态环境的破坏，并为未来世代提供良好的居住和发展环境。

我们备受鼓舞地看到，上海作为国际绿色大都市做出的贡献。

环境保护：绿色城市注重改善空气质量、水资源保护、垃圾处理和生态系统保护，努力减少城市环境污染和生态破坏。

资源节约：上海倡导资源的有效利用，通过节约能源、水资源和土地利用来减少城市的资源消耗量。

碳排放减少：上海通过一系列有效措施减少温室气体的排放，

鼓励低碳交通和清洁能源等措施来减少城市的碳排放量；

可持续发展：作为中国最具代表性的大都市之一，上海注重持续性发展，综合考虑社会、经济和环境的需求，达到经济发展与环境保护的平衡。

作为绿色大都市，上海这座城市的管理者采取一系列措施，包括改善城市规划、提供优质的公共交通系统、增加绿地和公园、鼓励使用可再生能源、推广低碳生活方式等。上海的政府部门和社会各界共同努力，保证了城市的可持续发展和居民生活质量的提高。

关于数字之都

数字城市的前身是智慧城市、智能城市。数字城市是指利用先进的信息技术和通信技术，将城市的各种基础设施、服务和管理进行数字化、智能化和高度互联的城市模式。站在 2030 年回顾的话，不妨将视野拉得更远一些。

数字城市的来源可以追溯到 20 世纪 80 年代末的日本，当时日本的城市开始面临人口增长、城市化、资源消耗等诸多挑战，为了应对这些挑战，日本提出了智慧城市概念，通过应急信息和通信技术，提高城市管理水平和生活质量。随着信息技术的发展和普及，数字城市的概念逐渐在全球范围内被传播和引入，成为未来城市发展的重要方向。

数字城市的发展首先是城市基础设施的数字化，包括智能电网、智能交通、智能供水等。其次是城市服务的数字化，例如电子政务、智慧医疗、智能交通管理等。最后是城市管理的数字化，通过数据分析和预测，实现城市的智能管理和决策优化。数字城市的发展还涉及各种技术和应用，如物联网、云计算、大数据、人工智能等。

2023 年以来，上海数字城市的发展面临更多的挑战和机遇。一方面，数字城市将更加智能和高效，通过更广泛的物联网设备、更强大的数据处理能力和更智能化的人工智能应用，提供更加便捷、安全、环保的城市服务。另一方面，数字城市也面临诸多风险和隐患，如大规模数据泄露、隐私保护、网络安全等问题，需要加强相关的管理和监管。数字城市的未来还可能涉及到更多的创新和合作，例如数字货币、数字身份等新兴技术和模式的应用。

脑科学与未来都市

在 2023 年，人们将未来产业聚焦于人工智能、云计算和大数据、清洁能源、医疗健康科技、物联网与新材料等领域。

我身为脑科学科普工作者，更愿意将绿色都市、数字城市与未来产业以脑科学专业、角度与方式来思考。

大脑结构与城市机构的关联是一个日益受到关注的领域，研究表明城市可以对大脑结构产生影响。

空间感知和导航：大脑中负责空间感知和导航的区域，如海马体和大脑皮层，在城市环境下可以得到更多的锻炼和刺激。城市中的道路网络和建筑结构会促使人们更频繁地使用空间记忆和导航能力。

社交互动：城市结构对大脑中负责社交互动和情感处理的区域产生影响。城市中密集的社交网络和丰富的社交活动可能会对大脑结构产生积极的影响，增强情感认知和社交技能。

外部刺激和注意力：城市规划会对人们的生活环境造成积极或者消极的外部刺激，会对大脑中负责注意力控制的区域产生影响。人们在城市中需要处理来自各个方向的信息，并进行选择性的关注和过滤，这对大脑结构的发展和变化起到一定作用。

压力与压力反应系统：城市生活伴随着较高的压力水平。此时城市规划师会考虑到城市结构对大脑中压力处理和压力反应区域产生的影响。城市环境中的噪音、拥堵和竞争等因素可能导致压力反应系统活跃，因而对大脑结构产生影响。

畅想 2030 年的上海

站在 2030 年，我们将会看到这样的上海：完成了经济转型与创新发展，拥有优化与先进的制造业、现代服务业、文化创意产业等战略性新兴产业；是全世界的金融中心与全球航运枢纽；城市综合管理治理水平得到极大提升，成为宜居、宜业、宜游的现代化国际城市；因为持续与坚决实施生态文明建设、加强环境保护和资源节约利用，推动绿色发展，减少污染物排放，实现了高质量的生态环境；教育会因人而异、因脑而异，不会再固化教法教材，充分发挥个体优势最大化，从而集成中国最大人口红利——创新能力。

　　所以，2023 年各行各业的我们加油吧。我们已知止，故而能定。定中生静，静后而安。安后能虑。因虑故，终有得。

罗云

北京京师小麻雀教育科技有限公司董事长

上海市海促会浦江学术委员会学术委员

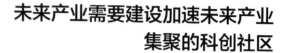

未来产业需要建设加速未来产业集聚的科创社区

我作为一名70后的上海人亲历了21世纪以来上海日新月异的进程，提笔之时感概万千，想起狄更斯在《双城记》开头的那段话："这是最好的时代，这是最坏的时代；这是智慧的时代，这是愚蠢的时代。"对于都市制造业来说，这句话同样适用。如今在全球产能过剩、科学技术加速变革、人力成本持续高企、环保要求更为严格的大环境下，转型升级已经成为每个大型城市制造业不得不为的被动选择。如何让转型后的制造业在大都市迎来最好的时代与最智慧的时代，是摆在大都市产业发展之上的难题。未来对于上海而言，重拾制造，利用科技链、产业链加速先进制造崛起，是第一考虑的要务，更是上海的一种使命。上海未来产业究竟有哪些？是什么？

未来产业

我先抛砖引玉来谈一些浅薄之见。

何谓未来？未来的定义总是相对于过去的改变。20世纪的人类生活相对于几个世纪前的生活就是完全不同的。一个生活在 17 世纪的人，他会很了解衣服、食物以及生活品来自哪里。因为他每天能够看到工匠们如何制作它们。但工业革命最终用工业机械开始批量化处理棉花，生产布匹，到了 20 世纪亨利·福特又发明了流水线，用于汽车生产，每个工人负责装备一个或几个零件。从那时起，制造业逐渐进入新的时代。而随着信用卡和超级市场的发明，人类消费习惯的改变也不断驱动着产业的升级。

那么相对现在，我们的未来产业又将在哪里？答案是在大型都市圈及城市化的趋势里。亚里士多德曾说："不参与社会的，要么是兽类，要么是上帝。"人类是群居生物，必然需要互相依赖。根据联合国发布的《世界幸福报告》显示，在满足基本生活条件后，社会关系对幸福感的影响要远远超过收入带来的影响。

丹麦幸福研究所首席执行官迈克·维金在《丹麦人为什么幸福》一书中同样提到："在一起"是获取幸福的主要因素。也就是说，人性不变，聚集不变。而城市的本质就是聚集，因此城市拥有确定的未来。一切将围绕着城市的未来聚焦产业。相对于三十年前，上海这座城市正在发生很明显的变化。比如曾经女性的消费往往投向了"柴米油盐""相夫教子"；然而今天她们不再囿于厨房与厅堂，能在家庭和职场中轻松切换角色，并且在疯狂"鸡娃"的同时，也不忘给自己增加在美容院、咖啡馆、健身房、兴趣班中的悦己时光的消费投入。同时随着子女长大成人，这一届的"银发一族"终于迎来了"自我"的回归，不仅子女热爱的网购、旅游、养生，他们都要照样来一套，彰显他们喜好的美妆、文娱、家居、宠物消费也升级而来。这些就是未来产业，根据德国公司 Ecosystemizer 创建的模型（该模型重新定义了全球经济），传统全球经济是各行各业的集合。而在此模型中，全球经济被重塑为聚焦人类需求的分类系统。最终模型中生活、消费、健康是全球人类最大的需求。

我们这座城市近年来早已押注在未来产业上，上海抓紧打造现代化产业体系，推动重点产业发展，壮大新动能，培育未来产业，促进传统产业向数字化、绿色生态转型。这个体系囊括了集成电路、生物医药、人工智能、生命健康、汽车、高端装备、先进材料、数字经济、未来能源等一大批产业，上海重整制造业山河的雄心可见一斑。

科 技 生 态

在区域布局上，上海一方面正全力打造具有全球影响力的科技创新中心，同时也在长三角一体化的时代命题下不断寻求跨区域合作的可行性。

比如上海和深圳最近的跨区域合作充分实现"三个互补"。首先是产业互补。深圳新兴产业发展强劲，而上海的产业特点是大而全，推动两地产业互补合作，将进一步促进产业的补链、延链、固链、强链。其次是资源互补。通过推动企业合理双向布局，将充分激发创新要素的潜能，创造更大的价值。再次是结构互补。上海有众多央企总部和地方国有大中型企业，而深圳 97% 的企业是民营企业，两地协作可推动央企、国企和民企取长补短、相互促进。

比如和广州合作，广州在生物医药、电子信息、新一代信息技术、汽车，尤其是智能网联汽车、新能源汽车这一块有很好的基础和优势，而这刚好也是上海重点产业体系的重要组成部分。上海和广州都是引领区域一体化高质量发展的核心节点城市，两个城市在产业协作方面同样有非常多的合作可能。

在强强联合之间寻找协同合作的机会，这是上海重视跨区投资合作、寻找更多合作可能性，因地制宜发展形成聚落形态的科技生态。

科技生态是美国硅谷和荷兰埃因霍恩成功的关键。谈及生态系统，人们会很自然地想到，生态系统是一个有机整体，由自然界生物（包括动物、植物、微生物）和环境因素共同构成，它们各司其职，同时相互依存，共同维护生态系统平衡。当然生态系统也充满竞争，个体与个体之间的残酷斗争时有发生。尽管如此，生态系统却仍然保持蓬勃发展的节奏。商业生态系统也有这样的趋势。许多企业已摒弃传统"单打独斗"的竞争观念，转而选择跨行业合作，以满足客户需求，共同创造价值。对于企业而言，携手合作已势在必行，应对前所未有的激烈竞争也无可避免。鉴于此，如果忽视或误判生态系统，企业就可能将自身置于危险境地。通过参与生态系统，企业可建立更加多元的合作伙伴关系，以更多新颖的形式创造价值，以此利用环境因素完善甚至取代传统价值链，获得新客户群体。这其中可谓蕴藏着巨大机遇。

我亲历的项目，G60 云智天地科创园，恰好在为之努力。随着城市间的竞争不断升温，产业成为一座城市的核心竞争能力之一，这也就有了城市中多种多样的产业园区。如今在科技回归都市的浪潮下，传统型的园区已不适应新的产业人群，迫切需要为未来产业提供未来产业集聚的科创（产业）社区。生活即工作的需求，主打产城融合的产业社区粉墨登场。从产业社区的定义来说，它是以产业为基础，融入城市生活功能，产业要素与城市协同发展的新型产业集聚区。目前，成功的产业社区，不仅是复合型产业集群，更是生活导向的都市区。对于城市整体发展来说，这些产业社区早已不是工业地产，而是城市局部综合开发的新动能。如果园区就是科技化科创社区，园区即是生活区。由于员工跨国的工作性质，拖家带口成为常态。安居成为埃因霍温科技园区成功的主要因素，最重要的留住人才策略之一。除了交流街这个超级配套外，园区还配有幼儿园、国际学校、家庭农场等。同时科技园区变为儿童科普实践基地。2000 年，新加坡提出了集"工作、学习、生活、休闲于一体"的活力社群概念。G60 云智天地依托 G60 科创走廊策源地的区域优势，打造毗邻市中心的未来国际化科创社区，银行、餐饮、幼儿园、书店、诊所等城市配套一应俱全，满足国际研究人员和工程师的生活配套需求，同时兼顾国际企业会客厅的社交属性。建筑间的公共空间散落着多元化口袋公园，成为科创人士们的自由交流天地。大约有 40% 的区域是开放空间，让到访者随时能够到达一处充满活力的广场或是街道。区域内分布着多样化的功能节点，结合各种场景氛围的营造，吸引人群停留参与。良好的水系景观和超大绿化率，为办公人群和游人提供了一个水绿结合的魅力空间，人群在此充分交流互动。功以才成，业由才广。人才，是上海的最核心资源、最宝贵的战略资源。只有提供最好的服务才能留住最好的人才，毕竟人是一种追求认同而聚集的物种。人才、资本和技术这三类创新要素高水平整合才是未来产业园区的生存之道。

毋 忘 初 心

最后我想聊一下企业和个人价值。常有人说改革，究竟什么是改革？真正的改革无非是回归理想状态，即"回归原点"。我相信是这样的。所有的组织生来就有崇高的理想，但随着时间的推移，它们会偏离自己的理想和目标，开始迷失方向。如果有疑问，请回到初衷。重新确认原点，从迷惘回归到主干道再次迈步。G60云智天地让我引以为傲的在于，它本身就是上海两代企业家传承的标准案例。父与子，几个家族的家国大义，是中国新生代企业家精神的核心。而商业向善核心的理念即通过商业模式解决社会问题，强调企业在价值示范和传递上的杠杆作用。实业兴邦、科技强国又让我们这些继业者秉承着做一家好公司的信念，追随着父辈的足迹。一个坚强而善良的企业才有生命力。因此无论企业还是个体如果无法追求永生，为什么不留下能够超越生命，有价值的遗产呢？这并非遥不可及的艰巨任务。举例而言，撰写一本能够激发和鼓舞他人的书籍；又或者，为某个影响无数人的难题提供解决方案，这些都是留下永恒遗产的绝佳方式。通过为世界创造价值，你能超越有限的生命，影响更广阔的世界。这种无形传承，才能真正抵御时光。

哲学家威廉·詹姆斯所言：生命最伟大的用途，是花费在那些能够超越本身局限的事物上。这就是长期主义。长期主义不仅仅是投资人和企业都应该遵循的内心法则，而且可以成为重新看待这个世界的绝佳视角。因为于个人而言，长期主义是一种清醒，帮助人们建立理性的认知框架，不受短期诱惑和繁杂噪声的影响。于企业和企业家而言，长期主义是一种格局，帮助企业拒绝狭隘的零和游戏，在不断创新、不断创造价值的历程中，重塑企业的动态护城河。企业家精神在时间维度上的沉淀，不是大浪淘沙的沉锚，而是随风起航的扬帆。于社会而言，长期主义是一种热忱，意味着无数力量汇聚到支撑人类长期发展的基础领域，关注教育、科学和人文，形成一个生生不息、持续发展的正向循环。无论是个人、企业还是社会，只要在长期的维度上，把事情看清楚、想透彻，把价值创造出来，就能走在一条康庄大道上。这也是 G60 云智天地的价值取向，云集一群有智慧和使命感的人共创天地。这必然是艰辛而漫长的过程，值得我长期坚持不懈的努力。终日钦钦，常在战场。

清华大学彭凯平教授在今年的毕业典礼上围绕哈佛大学史上最长的"幸福研究"发出的寄语送给大家："真正支撑着我们一路走来，

风雨无阻的最重要的力量就是我们周围那些强有力的关系——温暖而坚毅、持久而平和。"最后以张磊《价值》一书的开篇作为结尾吧："在长期主义之路上，与伟大格局观者同行，做时间的朋友。"

吕刚毅

G60 云智天地科创园董事

上海市海外经济技术促进会副会长

数据要素资产化激活上海未来产业

2019 年 12 月，欧盟委员会公布了"欧洲绿色协议"，推动欧盟"绿色发展"。该协议提出，"以负责任的态度提升欧盟 2030 年温室气体减排目标，即比 1990 年水平减排至少 50%，力争 55%"。2021 年 7 月，欧盟委员会发布《可再生能源效率指令》修订版，是"Fit for 55"计划中的一部分，旨在使欧盟的气候、能源、土地使用、交通和税收政策符合气候目标，即与 1990 年相比，2030 年将温室气体净排放量将减少 55% 以上。为了达到这一目标，欧盟在接下来的几年内陆续推出了配合自身发展目标的产业政策。欧盟将发展重点聚焦在清洁能源、循环经济、数字科技等方面，政策措施覆盖工业、农业、交通、能源等几乎所有经济领域，可持续发展模式成为欧盟未来产业的核心规划。

作为中国经济发展的龙头地区，上海一直是外商投资中国市场的桥头堡，更是中国经济全面融入国际市场的起点。为了探索中国城市经济在新时代环境下的全新发展模式，进一步巩固上海与全球市场的产业发展合作关系，2022 年 9 月上海发布了《上海打造未来产业创新高地发展壮大未来产业集群行动方案》。欧盟和上海几乎在差不多的时间阶段发布了各自的未来产业政策。

上海未来产业发展的核心要素

什么是未来产业？什么又是上海的未来产业？如何发展上海的未来产业？相信大多数读者对这三个问题都非常感兴趣。根据官方的定义：未来产业是指引领重大变革的颠覆性技术及其新产品、新业态所形成的产业。根据我自己的理解，我觉得未来产业将是在生产力模式、通信模式、能源获取与利用模式以及生产空间这四大方面做出全面突破的产业，我们将进入到一个全新的价值增值与经济增长模式。

如果说过去人类与机器的劳动力是价值增值的核心要素，那么未来人工智能将是全新的生产力，企业之间、国家之间比拼的将是对人工智能的驾驭能力和应用效率。当前，5G、宽带和云计算是人类当前的核心通讯基础设施。而在不远的未来，量子通信、量子计算和6G将成为人类最核心的信息交互与计算模式。到目前为止，人类获取与应用能源的模式依然以自然资源的采掘、存储和应用为主。无论这个自然资源是煤炭、石油、太阳能还是风能，人类获取能源得方式从未改变。然而，可控核聚变、室温超导、分布式微电网、固态燃料、氢能等核心技术的突破和推广将真正帮助人类摆脱能源危机。

以上三方面模式的转变也将彻底打开人类探索深海、平流层与太空各处未知领域的瓶颈。带有高级人工智能芯片的机器人将有机会深入更多未知之地，探索更多未知领域。量子通信可以将所有信息零延迟、高保真且安全地传输到任何我们需要的终端用于分析和判断。而深入深海、太空的探索设备也将不再为能源的供应限制而担忧，可以连续作业，一次连续探索就可以完成过去几个月甚至几年才能陆续完成的研究工作。

为了这个美好的未来，上海计划到 2030 年，在未来健康、未来智能、未来能源、未来空间、未来材料等领域涌现一批具有世界影响力的硬核成果、创新企业和领军人才，未来产业产值将达到5000 亿元左右。那么驱动和保障上海未来产业发展的核心要素是什么呢？我们认为在这场深刻的产业变革中，"人""科技"和"数据"将成为新时代的主角。

数据资产对上海未来产业发展的价值

当大家都在激烈讨论各类硬核科技的突破给我们的生活所带来的全新改变时，人们往往会忽略真正触发这一变化的其实是生产要素与生产关系的本质变化。2020 年 3 月《中共中央　国务院关于构建更加完善的要素市场化配置体制机制的意见》发布，这是我们国家首次将数据纳入生产要素范围，认可了数据是生产资料的一种新类型。2022 年 12 月《中共中央　国务院关于构建数据基础制度更好发挥数据要素作用的意见》发布，该文件给数据要素提出了更具体描述："数据作为新型生产要素，是数字化、网络化、智能化的基础，已快速融入生产、分配、流通、消费和社会服务管理等各环节，深刻改变着生产方式、生活方式和社会治理方式。"

数据作为一种新型的资产在未来产业的发展中将起到至关重要的作用。无论是科学实验、市场研究、金融产品设计，还是直接以数据作为产品和工具驱动人工智能和大语言模型，数据已经成为一种新的生产力，帮助人们获得更高的工作效率、更加全面的数据处理能力以及直接通过数据的应用和交易获得资产收益。2023 年 8 月财政部印发了《企业数据资源相关会计处理暂行规定》，其中明确了从明年 1 月 1 日起，企业所掌握的数据资源将被正式纳入企业会计报表科目，从数据资源到数据资产最重要的一步被彻底打通。企业数据资产的确立确保了企业对数据从资源开发到产品开发，再到定价交易和收益分配的完整流程的把控。

在全面推进"数字中国"战略背景下，上海率先发布了自己的数据要素产业发展行动方案，提出力争到 2025 年，上海数据产业规模将达 5000 亿元，年均复合增长率达 15%，引育 1000 家数商企业；上海将建成数链融合应用超级节点，形成 1000 个高质量数据集，打造 1000 个品牌数据产品，选树 20 个国家级大数据产业示范标杆。全球市场数据要素产业的发展一直是与其高科技产业与现代服务业的发展相互促进的。根据 Statista 数据显示 2020 年全球数据市场规模约为 2113.5 亿欧元。以美国市场为例，全球知名咨询机构麦肯锡公司在其 2022 年发布的报告中显示，数据和数据分析每年为美国创造近 1.2 万亿美元的产值。而截至 2023 年 9 月，美国政府公开发布数据产品的公共服务平台 Data.gov 上有 236,551 个数据集产品可以向全社会免费提供，涉及的核心主题有 49 个，涵盖人口、交通、气象、能源、经济、食品、药品、教育、行政管理、水务、商业管理等。上海为了配合数据要素产业的发展，赋能未来产业的迅速壮大也专门设立了上海数据集团和上海数据交易所两家专注于数据要素市场开发和运营管理的机构。

从目前各地的成功经验可以发现，数据要素市场的发展离不开至少四方面的合力。第一类就是数据生产商，这些机构大到政府和上市公司，小到个人都可以成为数据要素的生产商，他们主要是在生产、研究和劳动过程中创造了大量的数据并将其合法合规地记录下来成为了数据要素资源。第二类是数据的加工和贸易商，也就是我们常说的数商。这类机构主要专注于发掘数据资源的价值，通过二次加工改变原有数据的形态、格式、定义和应用场景，从而使原有的数据要素获得增值。除了定价和增值外，数商还有一个核心价值就是交易的撮合。无论是直接交易，还是数据租赁或者产出数据分析结果形成数据洞察，数商都是数据市场上最活跃也最具创造性的机构。上海的未来产业发展离不开活跃在各个领域的专业数商。只有通过这些数商提供的数据资源和服务才能真正为各行各业的数字化转型提供抓手。第三类则是数据元素的交易场所。以上海为例，上海数据交易所就是一个专业且权威的数据要素交易机构。数据要素需要通过市场化手段实现资产化和货币化。而规范地管理数据要素的交易过程，保障交易双方的权益，降低交易双方的交易成本就是数据交易所最大的价值所在。上海数据交易所开业一年以来，已经陆续有超过 32 家数据资产发行方在交易所挂牌了 198 个数据产品。随着上海加强数据要素市场的培育，大力发展未来产业的规划逐渐推进，上海数据交易所必将成为有国际影响力的数据资产交易中心。最后但却是非常重要的一类机构就是数据要素管理与监督机构。由于数据要素即将进入企业的资产负债表，因此对于数据要素的盘点、审计、确权、定价、合规审查、隐私保护、安全管理、分级分类以及庞大的数据资产托管、存储和流通服务机构就成为一个巨大的伴生产业，成为信息服务业新的增长极。这其中既有类似会计、审计、律所、认证这样类传统咨询服务机构，更有云计算、人工智能、数据中心、通信服务、软件开发等新型信息服务产业。因此，数据要素产业自己的发展离不开产业生态的共同发展。而上海的未来产业发展更加离不开数据要素产业的发展。

上海发展未来产业的挑战与机遇

自从美国 OpenAI 公司发布了基于大语言模型的 ChatGPT 人工智能应用后，人类的科技进步方向一直向着高效利用人工智能协助产业升级，以数据要素为源动力，驱动各行各业探索数字化转型为重要目标。上海在发展未来产业的过程中势必也将面临来自如何科学合理且高效应用人工智能辅助产业升级的挑战。

一方面，通过各类法规的制定，数据要素的资产化有了明确路径；但是什么数据可以收集，什么数据不可以收集，数据资产的确权和定价等这些问题依旧需要政府、产业界以及全体市民的共同参与来制定更加细致的操作规范。另一方面，我们也需要警惕一些大型企业及资本利用自己现有的基础设施与资源对本可在市场流通的数据要素进行垄断或排他使用，最后造成数据资产交易的资源枯竭。我们相信，上海率先探索政府数据公开，以企业形式探索国有数据资产市场化等方式方法就是为了向市场注入一股源头活水，以此带动整个市场向着健康有序的方向发展。

而上海作为国际数字之都，最大的先发优势就是其具备真正形成国际数据交易与产业应用的示范基础。在金融、外贸、先进制造业、医药研发、时尚消费、人工智能以及科教研发等各个领域，广泛引入国际数据资产，带动国内数据资产的开发与运营，以市场带动技术升级，以交易促进价值发现，上海的未来产业必将伴随数据要素市场的蓬勃发展而一飞冲天。

朱桢

上海邓白氏商业信息咨询有限公司销售与营销产品线负责人

上海市海促会浦江学术委员会学术委员

规划与升级未来产业不是选项，而是必然

　　上海，中国的经济重镇和全球的金融中心，一直以来都在中国的产业发展和经济增长中扮演着举足轻重的角色。无论是历史悠久的制造业，还是新兴发展的信息技术，上海都展现出了不凡的潜力和活力。然而，随着全球竞争加剧和内外部环境的复杂化，如何选择、规划和升级未来产业成了一个迫切需要解决的问题。

　　目前，上海的产业布局呈现"以第三产业为主，第二产业为辅"的格局，主要产业包括金融、制造、服务和电子信息四大板块。尽管这些产业已经达到了相当高的水平，但也面临着成本上升、环境压力增大和技术革新缓慢等问题。特别是在当前全球滞涨的背景下，未来产业因其所具有的前瞻性、先导性、创新性、颠覆性的特征，已经被认为是长周期视角下引领产业发展的中坚力量。

　　因此，在科技快速发展与变革的今天，规划与升级未来产业不再是一个选项，而是一个必然：推动未来产业规划和升级，响应并落实国家"十四五"规划战略部署，快速规划、孵化未来产业，打造面向未来的技术应用场景；结合产业创新发展基础优势，对标国

际的前沿技术趋势，确定未来产业的发展方向；进一步拓展上海产业体系内涵，为建设现代化产业体系不断增添新的内涵、注入新的动能。

结合上海市人民政府 2022 年 11 月印发的《上海打造未来产业创新高地发展壮大未来产业集群行动方案》，上海市政府规划了未来将会形成的健康、智能、能源、空间、材料五大未来产业集群。

第一是**未来健康产业集群**。健康产业集群是面向人民生命健康的技术研发突破及产业化。我国当下面临着人口老龄化、慢性病增多等健康挑战，随着生物技术的进步与对疾病的深入理解，健康产业能为这些问题提供从预防到治疗的综合性解决方案。未来健康产业集群的核心技术产业主要包括：脑机接口、生物安全、合成生物等。第二是**未来智能产业集群**。智能产业集群是面向数字智能化的发展方向。智能计算、量子科技和 6G 等技术的研发突破及产业化，将为城市的规划建设、日常生活的数字化转型提供更加智能、更加可靠、更加集成的技术底座，推动未来智能应用落地，提升生活和工作效率，赋能经济社会高质量发展。第三是**未来能源产业集群**。能源产业集群是面对全球气候变化和环境恶化的压力，进行能源安全和可持续发展突破的关键。推动先进核聚变、新型储能等技术研发突破及产业化，符合国际社会日益增长的环保需求。第四是**未来空间产业集群**。空间产业集群是摆脱资源限制，面向深海空天利用和空间拓展，以战略牵引、突破极限为导向，推动深海探采、空天利用等技术研发突破及产业化。第五是**未来材料产业集群**。未来材料产业集群是面向材料应用的功能性突破，以前沿布局、培育需求为导向，推动高端膜材料、高性能复合材料等技术研发突破及产业化。

随着未来五大产业集群发展政策及线路的逐渐清晰，政府与市场也会形成新型合作关系，与未来产业的合作将凸显以下四大新特征。第一，未来产业将依托新技术，与市场各方构建合作新机制，着力形成加快推进驱动未来新技术协同创新的合作机制。第二，未来产业将引领新需求，打造创新业务场景，政府将更多参与未来产业的早期市场培育和生态建设。第三，未来产业将汇聚新发展动力，形成新型资源供给体系，实现面向未来产业的要素供给与资源配置。第四，未来产业将拓展新空间，制定新市场规则，推行同未来产业创新发展匹配的敏捷治理模式。以"选择性"为特征的产业政策也将更加重视市场竞争与基础研究，完善未来产业创业生态，激发市场主体活力，破解"卡脖子"技术难题，实现前沿技术迭代与应用。

未来产业的规划和升级不仅仅是一个经济问题，更是一个关乎上海未来发展方向和社会责任的重大课题，产业的规划和升级是一个复杂但必不可少的过程，它需要政府、企业和社会各界的共同努力。生活在这个瞬息万变的世界里，我们没有理由停滞不前，只有不断地规划和升级，才能拥有更多的话语权，才能引领国内同类城市的发展，在国际舞台上发挥更加重要的角色，迎接更美好的未来。

姚远

毕马威高级合伙人、首席数据官

上海市海促会浦江学术委员会副主任学术委员

大健康产业与数字技术的融合将带来更广阔的发展机遇

作为中国最大的经济中心之一，上海一直以来都是全球最具有活力和创新性的城市之一。在 21 世纪的科技浪潮中，我们见证了数字化技术的飞速发展，它已经深深渗透到社会的各个领域，引领着全球城市的未来发展。上海，这座兼具活力与创新力的城市，正积极拥抱这一数字化转型的浪潮，致力于打造具有国际影响力的数字之都，在推进中国式现代化的进程中领先一步，提供上海经验。

作为扎根上海二十多年的我来说，一直身处在生命科学领域，深耕医疗与健康领域。对于数字产业和大健康产业的融合尤为关注。我们认为的大健康产业是指与维护健康、修复健康、促进健康相关的一系列健康生产经营、服务提供和信息传播等产业的统称。比如说医疗产业、保健品产业、保健食品和健康产品产业、健康管理服务产业、健康养老产业。此外，大健康产业还包括休闲健身、健康保险等多个与人类健康紧密相关的生产和服务领域。近年来，上海大健康产业的发展得到了政府的大力支持，加快发展大健康产业，包括促进医疗技术创新、优化医疗资源配置、加强行业监管服务等。上海拥有的庞大的市场规模和完整的产业链结构，为大健康产业的发展提供了有力保障。随着科技的迅速发展和人们生活水平的提高，大健康产业和数字产业的融合已成为未来发展的重要趋势。在上海，这一融合趋势的意义尤为突出，作为一个拥有丰富医疗资源和人口老龄化压力的城市，大健康产业在上海的发展中具有重要地位。

大健康产业和数字产业融合的优势主要表现在以下几个方面。首先，融合将推动两个产业的创新发展，产生新的产业形态和商业模式。如数字技术赋能大健康产业：加大对大数据、人工智能等数字技术的研发和应用力度，将其融入大健康产业的全链条，从预防、诊疗到康复，提高医疗服务的智能化水平；推动高校、研究机构与大健康企业的合作，加强数字化技术在医疗领域的应用研究，为大健康产业的创新发展提供支持；通过数字化技术，健康服务业可能实现个性化、精准化的服务，提高市民的健康水平和生活质量。其次，两大产业的融合将带来大量的商业机遇。建立健康城市数字平台：通过建设统一的大健康数据中心，整合各类健康数据资源，为政府、医疗机构和市民提供高效便捷的数据服务。随着健康数据的市场化，以及数字技术的广泛应用，将产生大量的创新创业机会。最后，融合也在推动政策法规不断完善。政策制定者和企业共同探讨、制定适应数字化时代的大健康产业政策，加强对数据安全和隐私保护的监管，保障市民的健康信息安全，同时数字技术与健康生活的融合也促进了市民数字素养和健康意识不断得到提升。

随着人口老龄化、慢性病防治等需求的不断增长，上海大健康产业的市场规模将持续扩大。预计到 2030 年，上海大健康产业的总规模将达到数万亿元，成为全国乃至全球领先的大健康市场。展望未来，上海大健康产业与数字技术的融合将带来更广阔的发展机遇。随着人工智能、高端装备等新技术新材料的广泛应用，我们可以预见到远程医疗、智能医疗设备、数字化健康管理等服务将更加普及，大健康产业将实现更高水平的发展。上海国际数字之都建设为大健康产业提供了新的发展契机，两大产业的融合将助力上海在全球范围内树立新的竞争优势。通过数字技术的深度挖掘和应用，结合大健康产业丰富的实践经验，我们可以构建一个更加智能、高效、便捷的健康医疗服务体系，满足市民日益增长的多元化、个性化健康需求。同时，面对融合过程中可能出现的挑战，我们应积极制定相应政策和措施，确保数字技术与大健康产业的良性互动，为市民的健康生活提供有力保障。

我们正处于一个数字化的时代，各行各业都在经历着前所未有的变革。数字化技术不仅在我们的日常生活中无处不在，同时也正在改变着城市的发展轨迹。苟日新，日日新，又日新，我们更加有理由期待上海将为全球提供一个数字化发展的新模式和新平台，促进全球的数字化发展和经济繁荣。在这个过程中，我们期待上海能够充分发挥其资源优势和创新能力，成为全球大健康产业与数字技术融合的典范。对于企业和投资者来说，应该紧紧抓住这一历史机遇，积极参与上海未来产业的发展，共同开创美好的未来。

潘明祥

东曹（上海）生物科技有限公司董事总经理

以数字化和碳减排为主的可持续性改革正席卷油气行业的未来

　　全球油气行业的发展面临数字化转型和以碳减排为主的可持续性发展转型等多重挑战和机遇。首先，很多国家对高碳排放的工业领域实施严格的环境监管和指导，并且采用碳排放交易体系对企业发放或拍卖排放配额，鼓励采用更清洁的生产技术和工艺。其次，陆地和浅水油气资源逐渐减少，全球油气行业将越来越关注深水和极地油气的勘探和开发。尽管这些地区的油气资源潜力巨大，但同时也面临技术不足的挑战和环境保护的限制。再次，全球油气行业将面临更加激烈的市场竞争：国际油气公司和国有油气企业之间的竞争加剧；不稳定的地缘政治局势和冲突干扰油气资源的开采和运输，一些油气出口国之间的竞争将继续导致供应链的变动和价格波动，加剧市场竞争。尽管油气行业长期的发展趋势是向清洁能源转型，比如许多国家和地区正在推动更多的可再生能源和电动化交通以减少对传统石油和天然气的依赖，但是新兴市场对能源的需求依然在不断增长，特别是亚洲和非洲，这些市场能源需求的持续增长将继续推动全球油气行业的发展，并创造更多的商机。

中国作为全球最大的能源消费国之一，中国城镇化进程的继续推进使得未来中国市场对油气的需求量将持续增长。尽管中国在近年来加大了国内油气资源的勘探和开发，但仍然面临着油气资源供应不足的问题。中国的石油和天然气绝大部分都依赖进口，尤其是原油的进口依赖度较高。因此中国油气行业将继续需要通过勘探新油气田、提高采收率和技术水平等来继续增加国内的油气储量，通过技术创新合理地勘探开发，提高国内油气资源的供给能力。同时，中国面临着严重的环境污染压力和气候变化问题，政府正在加大环境保护和绿色发展的力度以实现到 2030 年单位国内生产总值（GDP）二氧化碳排放比 2005 年下降 60%—65% 的目标（《巴黎协定》），这将对中国油气需求和油气领域的产业布局产生一定的影响。随着欧盟 ESG（Environmental, Social, and Governance ["环境、社会和治理"，是一种关注企业环境、社会和公司治理绩效而非传统财务绩效的投资理念和企业评价标准]）监管的全新升级，预计中国政府可能会进一步加强对油气行业的环境监管和碳排放控制，以在合规、海外投融资以及企业运营成本和销售利润层面提高国内油气企业的竞争力。总之，中国油气行业未来将不得不加强环境保护和绿色发展的努力，以降低碳排放，尤其是通过低碳技术和效率更高的高科技能源设备来降低油气勘探开发、油气储运和炼化领域的碳排放强度，提高资源利用效率。

随着 AI 等颠覆性技术的出现和 ESG 等宏观趋势的引导，各行各业的未来工厂和现场作业都在朝着更加自动和自治的方向发展，以数字化转型和以碳减排为主的可持续性发展转型正席卷各个行业，油气行业也不例外。融合了碳减排考量的人工智能、大数据分析、物联网和智能化技术的应用越来越成为油气行业讨论的焦点。

与消费领域日新月异的 AI 应用、互联网技术和商业模式的发展相比，油气行业数字化的发展显得相对古板和缓慢。其原因在于油气领域工业场景多、复杂程度深、行业壁垒高。作为底层框架开发者的自动化和互联网公司又缺乏油气行业的各个应用场景的数据和知识，难以把最新的消费领域的智能化技术直接复制到各种复杂的油气场景和业务领域。油气领域海量的场景数据基本都集中在行业头部公司，领域越窄，门槛越高；油气领域各个场景的专业人员虽然拥有行业经验和知识，但缺乏新型的数字化思维，也不拥有用于底层框架开发的计算机和自动化技术的能力。为了补齐短板，在油气领域拥有行业知识、经验和数据的公司不但需要和拥有云平台和物联网 IT 技术的互联网公司合作，而且还需要与成熟的自动化公司建立深度的伙伴关系。而传统的自动化公司也需要考虑生态协同，和互联网公司、油气 / 油服公司合作，强化在云平台、软件和物联网中的优势。这种跨行业的合理分工的难度较大，油气行业短期内形成多公司参与的数字化生态面临一定挑战。

虽然没有人能确定以人工智能等技术驱动为特点的数字化转型和以碳减排为主的可持续性发展转型是否已经跨越鸿沟、达到了临界点。作为全球最大的油田技术服务公司斯伦贝谢（SLB）正在为未来做好充足的准备。SLB 首席执行官 Olivier Le Peuch 指出了这一转型背后的思考："今天我们面临着如何为增长的需求端提供可靠、便捷和经济的能源，同时又能快速脱碳，实现可持续发展的挑战……这就要求新型能源解决方案在创新与脱碳之间取得平衡……。"

为了解决从油藏到炼油厂的油气生产、储运和加工领域的数字化和可持续性改革的挑战，SLB 早在 2019 年就和国际自动化巨头罗克韦尔（RA）成立了合资公司胜思油气（Sensia）。我们从诞生起，就汇集了 SLB 强大的测量、仪器、软件和分析能力，以及 RA 的开创性的过程自动化、实时控制和物联网技术。继承了两家母公司优质技术基因的 Sensia 开创性地融合并孜孜不倦地发展了这些技术，使之不但可以帮助油气行业更好地监测和管理设备，减少人力资源和物资的浪费，提高设备的利用率和延长设备的使用寿命，而且还能帮助油气公司更好地监测和管理碳排放，实现碳减排目标。

油气行业的数字化转型正在为碳减排提供机会和工具，帮助油气领域的公司减少碳排放的同时，通过利用先进的数字化技术来改变油气行业的运营和管理模式。这一数字化改革的趋势正在推动油气行业向更高效、更智能和更可持续性发展的方向前进。油服巨头、自动化巨头和互联网巨头正在积极合作，共享知识、资源和技术，寻求创新的未来解决方案，加速推动油气行业的以人工智能、物联网等技术驱动为特点的数字化转型和以碳减排为主的可持续性发展转型。

柳慧

胜思油气中国区数字化业务发展经理

未来更多的企业可能通过
碳市场获得更多收益

全球"碳交易"的兴起

2003 年全球首个碳交易所芝加哥气候交易所在美国正式成立，"碳交易"这个新兴市场大幕正式拉开。2022 年末，全球已有超过 28 个国家、地区或城市建立了碳市场，奥地利、黑山和美国的华盛顿州也相继启动了碳市场的建设，另有 20 多个国家和地区的碳市场正在计划和建设中。2007 年 12 月，欧洲首个碳排放权全球交易平台 BLUENEXT 上线，2008 年 2 月，总部位于法国巴黎的欧洲环境交易所正式成立，当时也被认为是全球最大的碳排放权交易市场。而我国对碳市场的布局其实相当早，早在 2008 年 8 月，中国首批碳交易所在上海、北京等地相继设立。

从 2011 年开始，北京、天津、上海、重庆、湖北、广东、深圳、四川、福建 9 个省、市先后启动了碳交易的地方试点工作。在 2021 年 7 月 16 日，9 时 15 分全国碳排放权交易平台上线交易启动仪式在北京、上海和武汉三地同时举行，9 时 30 分开始第一批碳交易，初始碳价为 48 元人民币 / 吨。按照"成熟一个行业，纳入一个行业"的原则，先以发电行业（纯发电和热电联产）为突破口，首批纳入了 2162 家发电企业。这意味着，中国的碳交易开始从十年试点逐步向全国统一跨越，对于中国碳市场的发展具有里程碑式的意义。随着地缘政治冲突引发能源危机以及不断提升的气候雄心，根据路孚特（Refintiv）的统计，全球碳市场交易总额在 2022 年达到了 8650 亿欧元（约合 6.3 万亿元人民币），全球碳市场交易额连续第六年增长，再创历史新高！

目前欧盟碳市场（覆盖 27 个欧盟成员国以及冰岛、列支敦士登和挪威等非欧盟国家）已转向以碳期货交易为主导，碳现货交易比重在逐渐减少，由于碳期货杠杆的叠加效应，撬动更多社会资本进入欧盟碳市场。2022 年，欧盟碳市场交易总额更是突破 7515 亿欧元，占据全球碳交易总量的 77.3%、交易额总量的 89.8%。俄乌冲突爆发后，欧盟碳价在一周内从 95 欧元 / 吨骤降至 55 欧元 / 吨，不过很快恢复至 70—80 欧元 / 吨的价格水平。

而中国的全国碳排放权交易平台目前仅有碳现货交易，所以 2022 年中国碳交易的总量只占全球约 3.9%，交易额不足 1%。截至 2023 年 9 月 15 日，全国碳排放权交易平台碳现货收盘价已涨至 74 元人民币 / 吨，累计成交量 2.75 亿吨，成交额约 132 亿元人民币。

2022 年期间，英国和欧盟碳市场碳价最高，全球部分主要碳市场碳价波动现象明显。美国不同州之间的碳市场存在较大差异，在碳减排政策的制定和实施方面也存在较大分歧。美国各大碳市场碳价整体呈现上升趋势，但由于一些州也出台了严格的碳减排目标和措施，导致美国碳价呈现一定波动；在此期间，韩国也出台了一系列碳减排措施和政策，由于政策实施效果不如预期，碳市场供需失衡，导致碳价有所走低；新西兰碳市场受农业排放的特殊性和政府对农业的支持，碳价在此期间也呈现了较大的上涨趋势，新西兰制定了一系列的碳交易措施和政策，激励企业更积极参与碳市场。

全球气候投融资的强劲发展

全球气候投融资逆市强劲，发展中国家减排资金压力日增。根据伦敦发展促进署（London & Partners）和 Dealroom 最新发布的数据显示，过去的五年里，全球风险资本对气候科技企业的投资增加了 83%。其中欧洲地区融资数量增长势头强劲，五年内共募得资金 440 亿美元，即便是在去年科技领域整体市场面临寒冬，气候科技产业投资依然有 11% 的增长，从 2021 年的 143 亿美元增至 2022 年的 158 亿美元；另据彭博新能源财经发布最新报告，2022 年全球清洁能源转型投资总额首次突破万亿规模，达到 1.1 万亿美元，相比 2021 年增长了 30% 以上。

2021 年 12 月，中国生态环境部等九部委联合印发《关于开展气候投融资试点工作的通知》与《气候投融资试点工作方案》，决定开展气候投融资试点工作。截至 2022 年底，全国 23 个地方（12

个市、4 个区、7 个国家级新区）成功申报国家级气候投融资试点。23 个气候投融资试点均不同程度地开展了项目库的建设工作，积极探索促进资金与项目的对接，共征集或储备项目超过 1500 个，涉及资金超过 2 万亿元人民币。

虽然全球各国有大量的资金正向应对气候领域快速集聚，但是传统高排放行业依然面临前所未有的融资压力。一方面，监管层面对高排放企业如何减排提出了更高的要求。另一方面，资本层面对高排放行业的青睐度却日渐低迷。

2015 年各国签署的《巴黎协定》建立了"承诺 + 评审"的国家自主贡献合作模式，明确了从 2023 年开始以 5 年为周期的"全球盘点机制"，并对全球气候治理的关键时间节点已做出了明确要求，全球各签署协议国为贯彻这一目标，就需要大量"真金白银"的投入，这将对各国尤其是发展中国家应对气候资金来源的紧迫性提到了前所未有的高度。

我总结了一下国际和国内间应对气候变化和节能减排的资金融通渠道，主要由政府公共财政和税收、公益和慈善事业捐赠、碳市场和资本市场等组成。目前，我国企业应对气候变化和节能减排的资金来源，主要是通过资本市场，如绿色金融、绿色股权融资等渠道获得。但可以预见，未来更多的企业可能通过碳市场获得更多收益，包括碳市场的配额交易、碳金融产品的交易、自愿减排项目的交易、其他各类绿色资产的交易等直接获得收益，以及从碳市场撬动的社会资本再以专项补贴、专项基金等形式间接获得收益。

作为气候治理重要工具的碳市场

第一，通过碳市场限制高排放企业无序发展和对化石能源的过度依赖。

从 2005 年至今，欧盟在减排的道路上一路高歌猛进。2021 年欧盟委员会通过立法提案，确定了更加激进的减排目标：2030 年温室气体排放比 1990 年下降幅度不低于 55%，高于之前 40% 的目标值。俄乌冲突爆发后，欧盟碳市场更是提出到 2030 年力争实现覆盖行业温室气体排放比 2005 年下降 62%，高于之前的 43% 的目标。

目前受欧盟碳市场管控的高排放企业要想获得超额碳排放权，可以通过竞拍获得相应的碳配额，避免企业的碳超排。归根结底，欧盟通过立法有效发挥了碳市场的管控机制，从而更有效地限制高排放企业的无序发展，目标在于逐渐减少欧盟各国对化石能源的过度依赖。

第二，企业通过不断完善碳信用和碳数据，获得更多融资途径。

企业的发展离不开金融，金融的本质是"信用"。我认为企业要想获得长远发展以及资本的追加，必须不断强化自身的"信用体系"，尤其是信用体系中的"绿色信用"和"碳信用"。2021 年 8 月 24 日，上海市政府印发的《上海国际金融中心建设"十四五"规划》中第一次提出探索发展碳金融产品：支持推出碳远期、碳互换、碳基金、碳租赁等金融创新。引导金融机构优化业务结构，增加绿色金融资产配置。鼓励金融机构积极参与碳普惠行动，开发基于碳普惠的创新产品，引导形成绿色生产生活方式。

碳市场天然具有"金融和信用"的双重属性。碳金融业已成为碳市场的重要组成部分，目前中国的 9 个试点碳市场分别发展出碳期货、碳回购、碳期权、碳掉期、碳远期、碳质押、碳借碳、碳信托、碳债券、碳保理，以及碳保险、碳指数、碳基金等一系列碳金融产品，帮助管控企业获得更多的融资途径，从而减少在碳市场的履约成本。

另外，更多上市公司、央国企被监管要求披露 ESG 报告，ESG 报告中很重要的组成部分是对"碳排放数据"的披露。我认为，ESG 报告从环境、社会、公司治理的不同纬度对企业进行综合评价，通过细化各项数据和指标体系，尤其是完整地呈现了企业的"碳数据管理体系"，包括企业自身、产品、供应链等所有详尽的碳排放数据，规范和监督企业的生态发展，成为一种更新的价值理念和投资评价工具，并将深刻影响实体经济的发展方向。

第三，企业通过减排技术和农林牧等改造，不断提升绿色能级。

根据 Verra 登记簿数据显示，截至 2023 年 4 月，国际知名核证碳标准 VCS（Verified Carbon Standard）已累计签发自愿减排项目超过 10.95 亿吨，项目可分为 25 个行业类别。目前签发最多是"能源产业（可再生和不可再生）"项目，多为水电、风电等节能项目，累计签发 1244 个项（减排量 4.8235 亿吨）。"农业、林业和其他土地使用"类别居签发量第二，累计 259 个项目（减排量 4.8216 亿吨）。

中国自愿核证减排量（CCER）于 2013 年启动，2017 年 3 月暂停，并且有望在 2023 年底前重启。CCER 已签发项目 254 个；项目申请数 2871 个，减排量超过 2.5 亿吨 / 年；项目备案数 861 个，减排量超过 1.06 亿吨 / 年。

国际和国内组织签发的自愿减排项目主要是以防治工业气体逸散、增强能源使用效率、能源转换技术改造、可再生能源技术改造、农林牧业等项目为主，也说明国际国内间更加认同自愿减排项目在减排技术和农林牧业改造等方面对碳市场的激励作用，以及在应对气候变化过程中，自愿减排项目将有效帮助各国进行能源结构和节能技术的改造。

第四，限制高排放企业无序发展，碳市场成为气候治理重要工具。

我认为目前国人普遍对碳市场和相关领域的认知还不足，对发展碳市场还持有"犹豫"的态度。碳市场是通过相应的碳定价机制对高排放企业进行调节的交易市场，同时，碳市场作为限制高排放企业无序发展的重要手段，有效促进社会向绿色低碳转型，同时将成为全球气候治理的重要工具。

碳市场管控高排放企业的目的在于引领企业改变传统高投入、高消耗、高污染为特征的生产模式和消费模式，实施清洁生产和文明消费，以提高循环利用率；从经济层面看，碳市场通过鼓励合理的经济增长而不是以环境保护为名压制经济增长，要求经济建设与自然承载能力不断协调；碳市场通过转变企业的发展模式，利用自愿减排等机制帮助企业从源头解决环境问题；碳市场能有效鼓励企业不断进行技术升级，从而促进环境、社会以及企业的和谐发展，最终实现人类的可持续发展的目标。

黄颖

上海环境能源交易所副总经理

全国碳市场能力建设（上海）中心负责人

数字计量：数字中国与数字质量的先行者

　　人类的发展史是一部认识自然、改造自然的历史。在古代，人类通过观测春夏秋冬四季变化的数据掌握了农作物的生长规律，推动了第一次农业革命的诞生，生产方式由狩猎采摘向土地种植改变；18世纪，瓦特通过观察蒸汽的数据，发明了蒸汽机，引发了第一次科技革命；19世纪初，奥斯特通过观察发现了电流磁效应，安培研究相关数据，提出了电动力学这一理论，引发了第二次科技革命；20世纪后半期，通过对人类遗传物质的研究和数据积累，推动了克隆技术的发展，引发了第三次科技革命。

　　在这一过程中，人类通过持续改进技术手段，不断修正和补充对自然的认识。由于各民族、地域、宗教以及成长环境的差异，不同民族或个体对同一事物或现象会产生不同的认知和实践；或在不同阶段或条件下，同一个民族或个体对相同事物或现象会产生不同的认知和实践。为了尽可能统一这种认知上的差异，人类需要在一定程度上统一单位和量值的表述形式和规则。基于这种统一的单位和量值表述，人类社会的每一次重大革命都对观测到的数据进行收集、分析和挖掘，从而形成当时人类对自然世界的认识，同时也支撑了人类思维大厦的构建。我国古人通过对河图、洛书中数字的分析，发展了以 1 到 10 为万物根基的自然和社会哲学；古希腊的毕达哥拉斯通过对 1 到 10 的研究，提出了"万物皆可数"的观点，这些人类思维大厦的构建，对人类组织社会、改造社会具有深远的意义。

数字计量的兴起

从传统计量的角度来看，数据可以分为量化数据和非量化数据两类。量化数据最核心的概念是"量"，在 JJF1001—2011《通用计量术语及定义》中将其定义为"现象、物体或物质的特性，其大小可用一个数和一个参照对象表示"，其内在的哲学是主观赋予客观的，依据规则对客观进行度量的一种主观概念。一旦这种概念被承认，这一概念就与客观相统一，但是也只在下定义的时刻相统一。主要原因在于实物参照对象随时空变化的特性，使得参照对象自身也会发生变化。当这种变化超出一定范围之后，量的定义就不再能够支撑后续的科学研究。换言之，当前数据的准确性与历史数据的准确性发生巨大偏差，而这种偏差的存在，必然影响人类对世界的认识结论，有时甚至导致经济、政治或军事上的损失。

从计量技术角度讲，上述问题存在三种修正方法。第一种是不断修补定义，使得定义具有物理可实现性。例如，"安培"在 1946

年国际计量委员会上被批准定义为"真空中相距 1 米的两根无限长且圆截面可忽略的平行直导线内通过一恒定电流，当两导线每米长度之间产生的力等于 2×10^{-7} 牛顿时，则规定导线中通过的电流为 1 安培"，显然这个定义是物理不可实现的，人类无法找到无限长的导线。于是在 2018 年 11 月 16 日，国际计量大会通过决议，1 安培定义为"1 秒内通过导体某一横截面的 $1/1.602\ 176\ 634 \times 1019$ 个电荷移动所产生的电流强度"，新定义比老定义具有更强的可实现性；第二种是不断提升设备的性能，用准确度高的设备代替准确度低的设备。但是这种提升具有很大的现实局限性，具体体现在成本和设备性能的客观有限性上；第三种是发现新的原理和方法。数字计量就是在这一背景下诞生的新领域。

数 字 计 量

实现单位统一、量值准确可靠是数字计量的目标，其核心是对数据和算法的计量，是对信息技术中二进制数字的形式、内容、结构、语义、二进制数字对主观或客观世界的反映——数据和算法，以及承载二进制的物理设备、系统性能中计量问题的研究。包括两个方面：一方面为计量数字化，是传统计量采用信息化手段实现网络化、自动化、远程化的计量工作，包括计量电子证书和数字证书、测量不确定度在线云评定、远程计量和在线计量、计量数字化图谱、计量软件测评、智慧计量机器人、人工智能计量师、计量数据可视化等 15 个领域；另一方面为数字的计量化，是数字世界中引出的计量工作，包括算法溯源、数字图像、音频和视频计量、网络点击量和转发量计量、数字资产等 15 个领域。

数据采集阶段存在的数字计量问题

数据是数字计量的基础，在数据采集中，采集到的事实或统计内容与客体本身会有较大的差异，这种差异体现在定义的缺陷上和采集的有限性上。例如关于长度的定义是建立在抽象概念点之上的，然而抽象的点在现实生活中并不存在，因而在现实中也就无法测量抽象的点之间的距离。同样由于采集设备的物理有限性，一般不能无限采集在空间和时间上有延绵特性的客体或现象，常常采用离散的方式采集，这就必须遵循奈奎斯特采样定律，使获得的数据在一定程度上能够满足质量要求。

人工采集的数据一般以非量化数据为主，例如人口信息统计、选举投票、各类调查问卷、主观评价等。这类采集数据质量往往与样本、人员水平、人员态度、方式紧密相关。为了获得良好的数据，一般人工采集方案采用专业和数理的方法进行评估。但是由于各专业的局限性，对于数据采集目的最终实现，应引入计量基标准建立的技术方法开展，比如采用测量不确定度的评定方法对方案本身进行定量评估。

设备采集相对于人工采集而言，数据质量相对较高。但是就同一设备而言，存在随着时空改变而导致采集质量下降的情况，例如电能表在使用一段时间后就需要更换，或是在运行一段时间后才能达到精准；同时也存在不同设备在同一时空下采集质量不同的情况。设备一般分为三类：第一类设备为非量化数据采集设备，例如家用照相机、摄像机或者录音机等；第二类设备为非计量类量化数据采集设备，例如家用体重秤；第三类设备为计量设备，例如电能表、水表、燃气表等。

在这三类中，计量设备采集的数据质量最高，这是因为计量设备依据法律法规进行周期性检定／校准，从而较为有效地保证了计量设备的稳定性、可靠性和量值的溯源性；在第二类中，设备采集的数据质量较计量设备略差，这是因为这类设备所采集的数据只具有参考性意义，一般不宜用于科学研究；在第一类中，设备采集的数据主要用于定性判断。随着对数据质量要求的不断提升，第二类和第一类设备数据采用数字计量理论进行全方位研究成为计量学研究的重要内容。

数据计算存在的数字计量问题

数据的计算分为两个阶段：数据采集时的计算和数据采集后的计算。当数据采集时，一般是从连续的无限中提取有限可表示信息，这就会导致数据的损失。数据采样频率越高和数据表示的准确度越高，对客体或现象的刻画就越精准，通常用采样率、字长和测量不确定度来表述。

为了获得较高的数据质量，一般都采用预处理的方式进行，比如在电子计价秤中为了获得稳定的零点数据，采用了去噪、零点漂移的算法进行补偿。由于这类算法对数据采集有很大影响，应该在投入使用前进行计量。

　　在数据采集后，需要进行分析，计算机内所使用的加减乘除都是有限字长，因此还会带来数据上的损失，如两个变量的除法运算，当分母为 0 时，计算机会报错。为了避免这一问题，程序员往往会加一个自定义的微小量，在计算结果中引入不确定度。因此这类算法对数据分析有很大影响，也应该在投入前进行计量。

　　随着深度学习等人工智能技术的发展，科学家和应用工程师采用各种算法从大数据中提取有用结论，但是算法结论的科学性、准确性和可靠性却需要采用技术手段进行评估，为此，需要开展算法溯源的数字计量研究。

数字计量中的算法溯源技术

　　随着信息技术的深入发展，我国软件产业发展迅猛，不仅在产值上超过了传统产业规模，也为国民经济发展和产品质量提升提供了必要的技术支撑。尤其是近几年，随着人工智能技术的发展，由软件控制的计量器具的占比已经迅速超越 95%，与信息技术紧密结合的新型设备不断涌现，推动着科学技术不断创新。作为人类思维的拓展，软件具有低成本、智能化、功能复杂和易替代等优点，但从计量角度而言，也存在着欺骗性使用、Bug 不易发现、算法的正确性以及稳定性较差、法律法规依从性较差等问题。因此随着对计量器具软件产品质量要求的不断提高和软件工程技术的发展，软件测评成为计量器具软件生产和使用中的重要环节。

　　根据 JJF1182-2018《计量器具软件测评指南》，计量器具软件的计量特性功能测评的基本做法是，利用测试用例，将被验证算法的计算结果与可供参考的期望值进行比较，通过判断是否在最大允许误差范围内，给出算法是否正确的验证结果。从计量上讲，该验证方法属于定性判断，很少涉及定量，即使涉及定量，也没有对量值进行溯源，不能完全满足计量保障量值准确可靠的要求。为了解决这一问题，需要以算法对应的软件为被测对象，软件的输出量为被测量，测量不确定度评定为评价手段，提出一种将算法软件输出量溯源至现有计量基标准、标准参考数据或算法标准的算法溯源的方法，从而基于计量技术对算法软件输出量的准确可靠性进行精准刻画。

　　算法溯源是通过一条具有规定不确定度的不间断的比较链，使算法软件的输出量能够与规定的参考标准（计量基标准、标准参考数据或算法标准）联系起来。算法溯源中的被测对象为基于算法形成的软件，包括计量数字化过程中计量器具检定 / 校准中所涉及的一些算法软件和未来数字计量化过程中有溯源需求的算法软件。算法溯源中的被测量为算法软件的输出量，该输出量一般分为三类，分别为：计量量值（如手机测距软件中的长度、数字指示秤软件中的质量、化学分析软件中的浓度等）；基于计量量值的定性判断（如基于深度学习算法判断临床质控数据是否合格等）；未来数字计量化过程中将纳入计量范畴的输出量（如人脸识别算法的输出量、行人重识别算法的输出量）。

　　上述的输出量，可以溯源至计量基标准或由计量标准形成的标准参考数据或基于上述标准参考数据模型生成的理论标准参考数据或算法标准。在算法溯源中，相同的算法可能对应不同的软件；相同的输出量可能由不同的算法实现，因此会对算法软件的输出量的准确性和可靠性有影响。例如，在多点平均中，采用 3 点平均、5 点平均、100 点平均是属于 3 种不同的算法，显然这 3 种算法的准确性和可靠性是不相同的。基于上述软件特有的原因，需要引入测量不确定度评定方法，对算法软件输出量的量值进行测量不确定度评定。

数字计量展望

在经济全球化的国际大背景下，数字计量已成为全球计量领域研究的热点。

2018 年，国际计量委员会（CIPM）制定了 2030+ 战略并成立 Digital-SI 任务组，把计量数字化转型作为重点任务进行全球研究与合作；BIPM/CIPM-OIML/CIML 联合任务组一致认为要与质量基础设施领域的所有利益相关方密切合作，积极开展工业计量、法制计量和科学计量活动和流程的数字化转型工作，使用数字化国际单位制和 FAIR 数据准则来促进全球计量数字化转型进程；欧洲计量合作组织（EURAMENT）和美洲计量组织（SIM）分别成立了 M4D 和 M4DT 计量数字化转型工作组，致力于实验室流程自动化、计量云和数字校准证书（DCC）的研究。目前，德国联邦物理技术研究院（PTB）和英国国家物理实验室（NPL）已经开发了 DCC，正在收集有关校准的标准化元数据和数据。美国国家标准与技术研究院（NIST）正在着手 NIST 计量云的开发。

2021 年 3 月，《中华人民共和国国民经济和社会发展第十四个五年规划和 2035 年远景目标纲要》提出"加快数字化发展、建设数字中国"的目标；2021 年 12 月，国务院发布的《"十四五"数字经济发展规划》提出"形成统一公平、竞争有序、成熟完备的数字经济现代市场体系"的目标；2022 年 1 月，市场监管总局联合各部门共同研究制定的《关于加强国家现代先进测量体系建设的指导意见》提出"到 2035 年，测量对我国经济社会高质量发展的贡献水平显著提高"的目标，都为我国数字计量发展指明方向。

无论国内还是国外，在贸易、零售、医疗、教育、交通、金融和政务等多个领域中，生产、消费和管理等方面必将基于数字深度融合。由智能设备或大数据、物联网、区块链、人工智能、数字孪生等技术生成的大量信息丰富的数据和算法，将成为驱动经济增长的关键生产要素，用于经济社会众多领域的洞见、分析、决策和行动。

这些生产要素使用的同时，也面临着诸如数字鸿沟、数字安全、数据产权、算法正确性、算法共谋等方面涉及的计量法律法规滞后的挑战，包括计量术语不清晰、计量技术规范缺失、数据可信度较低，算法正确性和结果的客观公正性无法保证等问题。因此，为了解决新一代信息技术变革而催生的新型计量问题，保障数字经济时代测量的准确性、一致性和可信度，支持我国在数字时代建设数字中国、提升数字质量，保障数字经济的健康发展，大力开展数字计量研究具有重要的意义。

崔伟群

中国计量科学研究院计量科学数据与能源计量中心数字计量室主任

全国数字计量技术委员会秘书长

下编　细说未来产业

未来能源

氢能产业：新能源的代言人

概述：氢能产业链正在逐渐成长

未来能源的选择将何去何从？答案似乎模糊却也清晰——高效、清洁、可持续是要素，其中高效是必要条件。高效就意味着能量密度高，寻踪能源发展史不难发现，每次能源的更迭都是在向更高的能量密度发展。由此来看，目前所知的燃料中能量密度最高的就是氢气，同时它还具备清洁和可持续的优势，因此氢能极大概率将成为能源的终极之路。

氢能产业链较长，上下游产业主要包括以下几个方面。上游产业主要包括氢气生产和供应链，包括水电解、天然气蒸汽重整、生物质气化等技术生产氢气的企业，以及氢气的储存、运输和供应链管理企业。氢能产业的核心业务是氢燃料电池、氢能发电、氢能储能、氢能交通等。这些产业通过氢气的利用，实现能源转换和利用，提供清洁能源和高效能源解决方案。下游产业主要包括氢能应用领域。这包括交通运输领域的氢燃料电池汽车、氢燃料电池公交车、氢燃料电池火车等；能源领域的氢能供热、氢能供电等；工业领域的氢能用于制造、化工等；以及建筑领域的氢能应用等。

下面是现代氢能产业的产业链图示：

上游产业：氢气生产和供应链→核心产业：氢燃料电池、氢能发电、氢能储能、氢能交通等→下游产业：交通运输、能源、工业、建筑等领域的氢能应用

随着氢能产业的发展，产业链将不断完善和扩展。上游制氢，中游储氢，下游应用的氢能产业已经逐步在完善发展中。氢能发展的意义重大，具体而言：第一，推动能源结构转型，保障能源安全；第二，降低碳与污染物的排放；第三，带动上下游产业，提供经济增长强劲动力。围绕能源供应、消费以及工业生产，氢能产业链正在逐渐成长。

现状：在碳中和背景下，大踏步发展

市场：共赴"氢能社会"

全球多国都在积极布局氢能源产业。截至 2021 年底，全球共有 685 座加氢站投入运营，分布在 33 个国家和地区。在 2017 到 2021 这过去 5 年中，全球加氢站保有量从 328 座增长到 685 座，增加了 109%，全球氢能产业建设进入快速发展期。欧洲氢能路线图指出，氢能是欧洲能源转型的必要元素。能源供给侧注重可再生能源和氢能融合互补，能源消费侧注重可再生能源制氢综合利用，特别是天然气掺氢和车用燃料。其中，德国国家氢能战略 2020 指出，

氢能是德国脱碳战略的中心组成部分，作为多部门耦合的要素，在无法通过可再生电力脱碳的领域，绿氢和下游产品（P-to-X）为脱碳开辟了新路径。美国则是在"能源独立"的前提下，把天然气作为与可再生能源并重的过渡能源，推动能源结构清洁化。发展氢能和燃料电池技术的目的在于通过迅速兴起和发展的氢经济扩大其在全球能源和技术创新领域的领导地位。日本则选择氢能作为低碳技术创新的重要方向之一，致力于建设"氢能社会"，在替代石油和其他能源方面发挥核心作用，促进能源结构向多元化发展，保障能源安全。

在碳中和倒逼下，我国新能源将迎来跨越式发展，这是"碳达峰碳中和"的必由之路。目前全国建成加氢站超过 350 座，位居全球第一。共计超过 8000 辆燃料电池汽车在示范运行。据中国氢能联盟预计，到 2025 年，我国氢能产业产值将达到 1 万亿元；到 2050 年，氢气需求量将接近 6000 万吨，实现二氧化碳减排约 7 亿吨，氢能在我国终端能源体系中占比将超过 10%，产业链年产值将达到 12 万亿元，成为引领经济发展的新增长极。保守估计，到 2060 年，氢能在我国终端能源体系占比将达约 15%，成为我国能源战略的重要组成部分，氢能将纳入我国终端能源体系，与电力协同互补，共同成为我国终端能源体系的消费主体，带动形成十万亿级的新兴产业。全产业链规模以上工业企业超过 300 家，集中分布在长三角、粤港澳大湾区、京津冀等区域。随着氢能产业发展中长期规划的发布，氢能上升到国家能源战略地位，众多大型能源企业及上市公司加快布局氢能全产业链。

政策：氢能产业是战略性新兴产业

2022 年 3 月，《氢能产业发展中长期规划（2021—2035 年）》发布。《规划》明确了氢能和氢能产业的战略定位：氢能是未来国家能源体系的重要组成部分、用能终端实现绿色低碳转型的重要载体，氢能产业是战略性新兴产业和未来产业重点发展方向。

《规划》明确"十四五"时期的发展目标是：燃料电池车辆保有量约 5 万辆，部署建设一批加氢站，可再生能源制氢量达到 10—20 万吨/年，实现二氧化碳减排 100—200 万吨/年。《规划》指出到 2030 年，形成较为完备的氢能产业技术创新体系、清洁能源制氢以及供应体系，产业布局合理有序，有力支撑碳达峰目标实现。到 2035 年，形成氢能多元应用生态，可再生能源制氢在终端能源消费中的比例明显提升，对能源绿色转型发展起到重要支撑作用。相信氢能最终将纳入我国终端能源体系，与电力协同互补，共同成为我国终端能源体系的消费主体，对能源绿色转型发展起到重要支撑作用。

科技：让氢能改变高能耗化工工程

氢能产业会带动石油化工绿色技术发展，产生巨大影响。石脑油蒸汽裂解、混合芳烃分离是石油化工行业能耗最大的过程之一。我国约 70% 烯烃通过石脑油高温蒸汽裂解工艺制备，石脑油蒸汽裂解是强吸热反应，反应温度达到 800℃，需要大量燃料保证热量。据测算，我国每年因蒸汽裂解制烯烃排放的 CO_2 约 1.1 亿吨，反应体系碳氢比例不合理，生成大量甲烷副产物，且丙烯产率低，乙/

丙烯比例难以调节。混合芳烃分离需要加氢、重整、歧化/烷基转移、异构化等工序，流程长、工艺复杂、能耗高；据测算，我国每年采用该工艺路线生产时对二甲苯（PX）排放的 CO_2 约 5800 万吨；PX 收率低，副产高，需采用贵金属催化剂。

传统煤化工过程是典型的高能耗化工工程，水煤气变换是煤化工行业主要能耗过程之一。煤化工过程中水煤气变换过程，涉及水蒸气通过炽热的煤层反应生成 CO 与 H_2，期间会排放大量 CO_2。在煤气化过程中，需要通过空分过程供给大量 O_2，同样需要大量能量消耗。据计算，水煤气变换及净化过程，CO_2 排放量占整个煤烃合成气制化学品的 69.3%。通过石油化工与煤化工、能源化工与多能融合的高效耦合，重点突破烯烃、芳烃、含氧化合物、特种油品和化学品低碳新技术，构建有机融合的工业低碳关键技术体系，增强我国大宗（基础）化学品供给体系的韧性，形成更高效率和更高质量的投入产出关系，有力支撑国家"双碳"目标实现。

石油化工难以直接生产含氧化合物，更适合生产油品，并与煤化工耦合发展。以合成气/甲醇为原料的转化平台，更适合含氧化合物和特种油品的生产，原子经济性高，是石油化工和煤化工耦合发展的桥梁。开发出高性能耦合催化剂，突破传质扩散限制、并实现活性调控，可以将甲醇与石脑油高选择性转化为烯烃产品。从设计新型反应工艺，充分发挥强放热反应和强吸热反应原位耦合，将大幅提高原料利用率、节能降耗。但目前还缺少工艺放大和中试，缺乏先进催化剂大规模筛选与评价，亟需建设智能化、数字化催化剂筛选评价实验室及中试放大平台，缩短先进技术产业化周期、绿氢融合煤制甲醇过程，避免高耗能的水煤气变换过程，使煤气化过程能有效降低空分能耗。

应用：氢能源应用提速发展

首先，电解槽需求带来的装备产业发展空间巨大。2030年国际能源署（IEA）预测全球总氢2.12亿吨，若中国占比30%，则约3900万吨，按照65%为绿氢、约44%的负荷考虑，约需450吉瓦（GW）电解槽，则需5毫瓦（MW）约10万套，产值约人民币1.43万亿；2050年IEA预测全球总氢5亿吨，若中国占比32%，则约1.6亿吨，按照95%为绿氢、约50%的负荷考虑，约需2太瓦（TW）电解槽，则需5MW约40万套，产值超过5万亿人民币市场。

电解水高效低碳可持续，并且技术业已成熟，高电价引起的高成本是目前的主要障碍。近几年，可再生能源发电的装机总量和发电量都在快速增长，电价下降是必然趋势，所以我们预测未来5—10年电解水制氢即将在产业链中游率先"有利可图"。

其次，抓住固态储氢带来的装备产业发展新机遇。固态储氢从体积储氢密度、安全性等因素考虑是具有商业化发展前景的储存方式之一，固态储氢有望成为储氢技术的发展趋势。首先，固态储氢实现了工业副产氢净化储运一体化。工业副产氢，经过脱硫、脱氧处理，净化储氢镁基固态材料，高纯氢99.999%。一辆储运车，直接充装可承载1.2吨纯化氢气，储存运输更低成本。

以固态储氢为氢源的"电电混动"氢能源汽车将成为新技术发展方向之一。第一个"电"是指燃料电池提供的"电"，是动力系统中的主要电源，采用以固态储氢为氢源的燃料电池，提供稳定工况下的输出功率；第二个"电"是指储能电池提供的"电"，是动力系统中的次电源，用于车辆启动和加速等瞬态下所需的大功率。

目前，氢能源汽车行业已在"十城千辆"及以奖代补政策下完成了初期导入，将加速进入提速发展阶段。氢能源应用以燃料电池为基础，目前主要分布在叉、固定式和便携式三个方面。固定式领域发展快速，2013 出货功率 187 百万瓦特，年增长率达到 50%。交通领域，叉车市场向好，在美国年复合增速高达 52%，小型车或在丰田 Mirai 首发引领下取得突破。消费级无人机预计将迎来爆发元年，其功能系统目前主要是锂电池，搭载氢燃料电池的无人机具有轻量和高续航特性或将强势逆袭。

《节能与新能源汽车技术路线图 2.0》显示，氢燃料电池汽车保有量将分别从 2025 年的 5 万—10 万辆，到 2023 年的 80 万—100 万辆，保有量的增长空间达十年百倍。巴拉德和丰田分别代表在石墨双极板和金属双极板两个技术路线的国际领先水平；近年来，我国已初步实现质子交换膜燃料电池全产业链的国产化，逐步发展到产业规模持续扩张、基础设施逐步完善的产业化初期阶段。我国燃料电池技术水平在性能、寿命方面均取得一定的突破，已接近国际先进水平。

洞察：氢能将进入我国终端能源体系

清洁氢的大规模开发和利用创造巨大投资机遇。氢能产业链分别为上游制氢、中游储运以及下游用氢。对于氢能产业的投资已开始飞速增长，尤其在技术部署方面最为显著。聚焦清洁氢能的直接供应链，从生产（绿色和蓝色氢能的电解槽和 CCUS）、储能、本地配送销售、输运和全球贸易等环节的全方面投资来看，估计累计要有 5 万亿美元的投资总额流入清洁氢能的直接供应链当中才能实现碳中和。上述投资只包括清洁氢能直接供应链当中的资本性支出投资，并未包含末端市场（工业、运输、建筑）相关的资本投资或者发电厂利用绿色氢能进行发电所需的相关资本投资。受顶层设计、政策利好驱动，氢能产业正稳步发展。预计未来 10 年内将形成完整氢能产业体系，构建涵盖交通、储能、工业等领域的多元氢能应用生态。氢能最终将纳入我国终端能源体系，对能源绿色转型发展起到重要支撑作用。

为满足"双碳"要求，氢冶炼采用绿氢。从成本与资源情况分析可见，采用风力、光伏电制氢是切实可行的方案。目前国内风力、光伏电价格约为 0.35 元 /kWh，随着技术的进步，风力、光伏发电的成本有望降到 0.15—0.2 元 /kWh。随着技术的不断更新和公司自有折旧资金的投入，可再生能源制氢成本可降至 0.7 元 /Nm^3，与化石能源制氢成本相当，达到行业最好水平。从目前情况推断，未来几年风力、光伏发电的成本有望降 0.2 元 /kWh 以下，风力、光伏电制氢成本降至 1.16 元 /Nm^3 以下是可能的。后续成本分析成本时绿氢的价格按 1.16 元 /Nm³ 计算。按全绿氢（90%）冶炼测算，百万吨级绿氢冶金钢厂对绿氢的需求量为 10 万 Nm³/h，消耗指标为 750Nm³/t– 钢。中国钢研预测按现有价格高炉炼铁燃料及还原剂成本总计 1292 元 /t– 铁，电费在 0.27 元 /kwh 以下，用纯氢价格均可与碳价成本相当。

目前已有超过三分之一的中央企业布局包括制氢、储氢、加氢、用氢等全产业链，并取得了一批技术研发和示范应用的成果。主要的路径一是充分发挥国内丰富的煤资源优势，大规模集中煤制氢 +CCUS（碳捕集、利用与封存技术）。其次则是灵活高效的低成本"绿氢"解决方案，可再生能源电解水制氢，在风电、光伏资源好的地区大力发展作为路径。其次就是通过大规模管道输氢来降低输氢成本，主要可以通过氢气专用管网或天然气管网掺氢的运输方式。全球已有近 5000 公里的氢气管道（美国：2608km，中国：400km）。管道运输氢气测算原则：以管径 DN300 为例，管道及施工价格 1km 约 300 万，100km 需设一个增压站，根据投资折旧与消耗，估算运输费用为 0.7 元 /kg·100km；约为 200bar 长管拖车运输费用的 10%，液氢运输费用的 50%。

据国网能源研究院（模型计算）的预测，零碳情景下，2060 年新能源装机和发电量占比均超 50%，成为电力供应主体。可再生能源的波动性和随机性、发电设备的低抗扰性和弱支撑性，给电网带来高效消纳、安全运行和机制体制三大挑战。氢储能具备大规模、长周期等优势，可实现可再生能源电力时间、空间转移，有效提升能源供给质量和可再生能源消纳利用水平，将成为拓展电能利用、应对可再生能源随机波动的最佳方式之一。2060 年国内风电 + 光伏装机 48.1 亿千瓦，发电量 7.9 万亿千瓦时，若通过氢储能，不用考虑上网问题，富余发电量可制氢 1—1.5 亿吨，终端能源消费占比将达约 15%。

清洁氢能已成为全球所有碳中和路线的关键支柱之一，预计可助力实现全球温室气体排放约 15% 的去碳化；对于氢能的需求量会增长高达 7 倍（2050 年碳中和情景）/4 倍（2060 年碳中和情景）。全球 2 亿吨氢用于交通，假设中国占比为 30%，则约需 6000 万吨；全球 4500 万吨氢用于钢铁冶金，假设中国占比为 40%—50%，则约需 2000 万吨；全球 5000 万吨氢用于化工，假设中国占比为 40%，则约需 2000 万吨。因此我国到 2050 年总计约需氢气 1.6 亿吨，占 IEA 报告预测 5 亿吨的 32% 氢能生产的潜在总市场容量（TAM）完全有可能在 2030 年底翻倍增长，从当前的 1250 亿美元提高到本世纪 20 年代末的大约 2500 亿美元，至 2050 年底更会突破 1 万亿美元。我国在全球占比按 32% 计算，则国内氢能生产的潜在总市场容量（TAM）将从当前的人民币 2680 亿元提高到本世纪 20 年代末的大约人民币 5360 亿元，至 2050 年底更会突破人民币 2.14 万亿元。西部地区应该成为绿氢主体供应基地。氢能作为储能载体的移动式能源和分布式固定能源，将为人类最大限度利用可再生能源提供有力保障。

氢能应用的技术成熟及规模化推广任重道远。瓶颈技术突破、系统优化、效率提升等都是技术需要进步的主要领域，在规模效益方面包括原材料成本下降、基础设施成本摊薄更是长期的艰巨工作。此外，我国的氢能产业发展需要积极参与制定并对标国际氢能标准，实现标准统一性。特别是在一带一路的倡导下，扩大区域间合作，建立技术开发和大规模氢气运输示范项目，如扩大运输设施，促进氢气发电大规模需求和供应成本降低之间形成良性循环。由于氢气具有高燃烧性和易泄漏的特点，因此在氢能产业发展过程中需要高度重视安全管理。同时，氢气的生产和利用过程中涉及碳排放、能源消耗和废水处理等环境问题，需要采取有效的措施保护环境和实现可持续发展。

结语：氢能从科幻小说走向绿色未来

关于氢能的预言早得让人觉得很科幻。1874 年，法国科幻小说家凡尔纳在小说《神秘岛》中写道："总有一天，水可以被电解为氢和氧，并用作燃料，而构成水的氢和氧……将会成为供暖和照明的无限能源。"凡尔纳的设想是，氢可以通过电解水提取，从而取代当时的主导性能源——煤炭。将近 150 年过去了，氢能正在以燎原的态势，作为一种来源丰富、绿色低碳、应用广泛的二次能源迅猛发展，已然成为新能源在人间的代言人。氢能是未来国家能源体系的重要组成部分，是能源绿色低碳转型的重要抓手，将为碳达峰、碳中和目标实现提供了有力支撑。

新能源汽车：新动力，新前景

概述：新能源汽车冲击燃油车时代

中国汽车制造业起步晚，产业较分散，一直在成为国际汽车强国、谋求快速发展的道路上前进。而近些年来，中国汽车制造业在技术和市场方面均取得了重大进展和长足的进步。其中，中国新能源汽车产业链成熟，产能稳定，具有先发优势。数据显示，截至2021年底，中国动力电池产能约占全球的70%。全球十大锂电池厂家排名中，中国占据了6席。

现代新能源汽车产业的上下游产业主要包括以下几个方面：上游产业主要包括新能源汽车核心零部件的制造。这包括电池制造商、电动机制造商、电控系统制造商等。这些企业提供新能源汽车所需的关键零部件，如电池组、电动机、电控系统等。核心产业包括新能源汽车的设计、制造和销售。这包括新能源汽车制造商、汽车设计研发机构、新能源汽车销售渠道等。这些企业负责新能源汽车的整车制造和销售，包括车身结构设计、动力系统集成、车辆安全性能等。下游产业主要包括新能源汽车的使用和服务。这包括充电设施建设商、电动车充电服务商、新能源汽车维修保养服务商等。这些企业提供新能源汽车使用过程中所需的充电设施、维修保养服务等。

下面是现代新能源汽车产业的产业链图示。

上游产业：新能源汽车核心零部件制造商→核心产业：新能源汽车制造商、汽车设计研发机构、新能源汽车销售渠道等→下游产业：充电设施建设商、电动车充电服务商、新能源汽车维修保养服务商等

全球汽车市场风起云涌，掀起的新能源、智能化革命。当前，全球范围内的新能源汽车正在冲击传统燃油车时代的商业格局，而中国在新能源、智能网联赛道取得的巨大成功，正在深刻影响着全球汽车行业的格局。

现状：汽车产业的换道超车

市场：新能源汽车出海潮启

2022 年是中国新能源汽车出口元年。这轮由中国新能源智能汽车推动的出海热潮，既展现了向世界最大汽车出口国日本、汽车发源地及 BBA 老巢德国进军的气概，也呈现被广泛传颂的所谓"量价齐升""名利双收"的势头，以及跨出海外建厂、建设服务体系、开拓全新营销模式的全产业链出海步伐。甚至，有媒体高呼"借新能源革命实现中国汽车产业的换道超车"。

到 2022 年，中国电动和混合动力汽车的销量翻了一番，占所

有汽车销量的四分之一以上，这代表着中国已经成为世界领先的电动汽车市场。企业持续海外布局，带动国际影响力加速提升。外需下滑的大背景下，新能源汽车有望成为出口结构性亮点。2023年新能源汽车出口持续保持高速增长，考虑到国家补贴退坡，国内市场承压，预计出口增速将超过国内市场增速。6月7日，海关总署发布的最新贸易数据显示，今年前5个月，我国出口9.62万亿元，同比增长8.1%。其中，出口汽车同比增长远超整体出口增长，同比高达124.1%，出口金额达2667.8亿元。5月的新能源汽车需求带动了汽车整车出口量同比增长93%，出口量已连续第32个月同比增长，当月整车出口额首次超过手机。

由于战略布局不尽相同，各企业的发展情况具有个体差异性。由于海外市场的种种特点，国内新能源车企在出海时往往各有策略，这诸多策略无疑都彰显了中国企业的智慧。中国汽车出口增量不断扩大，有望保持增长趋势，出口国数量稳定增加。以比亚迪为例，2022年7月海外销售新能源乘用车合计4026辆；8月海外销售新能源乘用车合计5092辆；9月海外新能源乘用车销售7736辆；10月合计9529辆；11月合计销量共计12 318辆；12月销量共计11 320辆。2022年下半年期间，比亚迪的海外销售额保持稳定增长，于11月突破一万台。新能源车在中国汽车出口中的占比逐步提升，在出海过程中扮演的角色越来越重要。新能源汽车出口则以欧洲、东南亚等经济基础良好的地区为主。这反映了我国技术与供应链等层面的崛起，使得中国新能源汽车拥有了国际竞争优势和登陆发达国家的"底气"。

政策：迈向汽车强国

我国《新能源汽车产业规划（2021—2035）》指出，发展新能源汽车是我国从汽车大国迈向汽车强国的必由之路，是应对气候变化、推动绿色发展的战略举措。新能源汽车是当前汽车行业的一个热门话题，随着全球环保意识的增强和政策的支持，其市场前景备受瞩目。

放眼望去，全球范围内，各方都在出台政策，助力新能源汽车发展。先来看看欧盟。欧盟发布的新能源汽车政策比较早，2009 年，欧盟正式发布了首个针对新乘用车二氧化碳排放的强制性标（EC）443/2009。2021 年，欧盟通过了《欧洲气候法案》，要求 2021 年到 2030 年汽车的碳排放减少 55%，货车的碳排放减少 50%，到 2035 年两者减至 0。这意味着从 2035 年起欧盟将禁止销售燃油车。德国则是提高电动汽车购买 / 租赁补贴，最高达 9000 欧元（其中包括政府提供的 6000 欧元和制造商提供的 3000 欧元）。到 2025 年，政府的补贴份额将逐渐减少，转而实行优惠税率，纯电动汽车的实物优惠税率为 0.25%。英国的 "Road To Zero" 战略，将 2.9 亿英镑的预算专门用于促进低排放车辆的使用；政府投资设立 4 亿英镑充电基础设施投资基金；政府和汽车公司 Masdar 合作投资 7000 万英镑用于建立 30 000 个新的快速充电点，到 2024 年将使英国的快速充电点数量增加一倍以上。东南亚的泰国，其战略主要是以完善新能源汽车的供应体系、基础设施，提供免税优惠为主。

在我国，氢能物流重卡成为氢燃料电池行业实现商业化的重要场景之一。今年 7—9 月购置氢燃料电池重卡订单数突破 1 万辆，占所有细分车型销量44%。工信部2022年第10批《新能源汽车推广应用推荐车型目录》中32款燃料电池货车、12款燃料电池客车上榜。天津、河北等地布局氢燃料电池重卡运输示范项目，示范车辆规划数超千辆。背后有两个主要原因。首先，氢燃料电池汽车发展日渐成熟。今年1月到10月，我国氢燃料电池汽车销量2400辆，增长1.5倍；以北京、上海、广州等示范城市群为基础，我国氢燃料电池汽车示范应用城市群涵盖47座城市。我国累计建成加氢站超过250座，约占全球数量的40%。其次，氢燃料电池汽车与商用车适配度高。运行场景适配：氢燃料电池技术能源转化效率高达60%，是内燃机的2—3倍，适宜长距离、重载和商用场景的应用。长期使用使用成本较低：在使用寿命上，燃料电池的普遍寿命超过5000小时，远高于锂电池的3000小时，长期使用成本低于纯电动卡车。

科技：核心技术引领话语权

中国新能源汽车的产业链、供应链优势突出，而且很多核心技术已实现超越，领先全球，关键核心技术取得突破，在新一代电子电气架构方面，由分布式迈向中央计算。我国车企依托先发优势，在电池、电机和电控等新能源汽车核心环节，掌握核心技术，逐步引领行业话语权。生产成本以及生产效率上的整体优势，造就了中国新能源汽车企业出口转型的核心优势，理想与现实交织的中国新能源汽车品牌一片光明。

根据目前新能源汽车产业的发展，几项亮眼的技术列举如下。

在域控制器方面，分布式 ECU 迈向中央域控制器。在大算力计算芯片方面，AI 芯片算力达到 1000TOPS，在激光雷达方面，提升感知层准确性，成本下降。在比亚迪的刀片电池技术与 DMI 超级混动系统方面，"刀片电池"的体积利用率提升 50% 以上，电池组能量密度为 200Wh/kg，续航里程提升近 1 倍，成本降 30%，同时具备高安全性、高循环寿命等优势；DMI 超级混动系统以电为主，拥有快、省、静、顺等。吉利芯擎科技龙鹰一号采用 7nm 制程打造，集成 88 亿晶体管，拥有 8 核心 CPU 和 14 核心 GPU；NPU 具备 8TOPS AI 算力。广汽埃安弹匣电池从电芯材料、电池结构、冷却系统和电池管理系统四个纬度提升动力电池的安全性，并通过整包针刺试验，创造三元锂电池包首次在针刺测试中不起火和爆炸的记录，攻克了公认的行业难题，重新定义三元锂电池安全标准。

应用：全面升级，从"电动化"走向"智能化"

生产工艺需求革新带动新能源汽车生产装备全面升级。首先是轻量化，轻量化可提升新能源汽车续驶里程，缓解里程焦虑。其次是在高能效电池方面，新能源汽车的核心是动力电池，电池能量效率与续驶里程息息相关。第三是集成化，简化新能源汽车冗余的结构设计，可提升空间利用率、电池抗冲击能力。最后是生产装备升级，包括全自动转子轴生产线、五轴动柱式加工中心、数控万能内外圆磨床、选择性波峰焊设备、IMR 智能移动机器人、一体式压铸机等。

新能源汽车行业的上半场是电动化，下半场是智能化。许多车企将自动驾驶，作为接下来新能源汽车行业竞争的关键。自主车用操作系统将成为车企研发和竞争的焦点。操作系统和芯片是新型产业生态的核心，软硬件要协同才能保证性能的最大化，国外芯片与操作系统企业已抱团，但国内的软硬件协同还处于薄弱环节。要加快建立自主可控的车用操作系统。

智能网联技术将成为新能源汽车发展的重要路径。新能源汽车通常配备了智能化的电子控制系统，包括了车辆诊断软件、控制算法以及车辆联网功能等。驾乘人员可以通过这些系统实时了解车辆状态和行驶数据，并使用远程控制和升级等功能，包括但不限于：控制算法、动力分配系统、远程监控、自动化功能以及交互系统。2022 年上半年具有自动驾驶功能的乘用车销量达 288 万辆，渗透率升至 32.4%，同比增长 46.2%，汽车智能化开启电动化下半场竞争。

洞察：中国汽车实现"换道超车"

中国汽车出口量呈现波动上涨的趋势，中国新能源汽车在其中的占比也日益提升。伴随着我国汽车制造规模和消费量的变化，中国汽车一边归拢国内市场，一边剑指全球，扬帆出海，走向星辰大海。尤其是立足在新能源汽车的变革浪潮之上，中国汽车正在全球范围内实现"换道超车"。海外市场机遇与风险并存，新能源汽车出海成为必然趋势。中国新能源车企坐上了全球新能源汽车需求爆发式增长的快车，迈出了新能源中国制造"走出去"的重要一步。

新能源汽车市场持续增长，渗透率持续攀升。新能源汽车产业处于成长期，市场需求将持续旺盛。自主品牌强势崛起，重构我国新能源汽车竞争格局。2022 年 10 月自主品牌零售销量占市场总零售份额的 51.5%，实现对合资品牌产品的初步赶超。我国汽车市场正在经历结构性调整，豪华车市场份额不断上升，自主车企相继推出高端品牌。头部自主车企"带动"作用明显，行业同质化竞争趋势加剧，马太效应下行业集中度快速提升。

新能源汽车市场区域结构和产品结构将出现新的亮点。三四线城市及农村市场有望成为我国新能源汽车市场增长的下一个爆发点。据中汽协数据显示，2021 年全年，新能源汽车下乡车型实现销售 106.8 万辆，比整体新能源汽车市场增速高出约 10%，未来下沉市场空间广阔。中小城市居民对新能源汽车的接受度加速提高，据国家信息中心统计，2022 年上半年中小城市占双非限城市新能源汽车销量的 50% 以上。基础设施项目落地，公共充电设施逐步完善，多地逐步落实充电基础设施建设，提升城乡地区充换电保障能力，快速实现城市、乡镇充电设施全覆盖。

插电混动车型将成为 2023 年新能源车最大的增长动能，插电式混合动力和增程式混合动力汽车 2023 年销量出现爬坡，预计增速达到 80%，在 10—20 万价格区间中的市场渗透率快速提升。纯电新能源车型未来将发力高端市场，受原材料价格影响，纯电新能源汽车短期内难以下探低端市场，未来将布局 30 万以上高端市场，对标高端品牌燃油车产品。

中国的汽车产业还较为分散，但是，中国在新能源汽车产业领域先发入局，新能源汽车产业链已经逐步完善，具有战略发展眼光的一批中国车企已经行动起来。在新能源汽车产业链上不同企业紧密合作，完善储能及充电基础设施建设，整合二手车市场等，将有助于各个企业间资源共享，提高生产效率，从而降低制造、运营成本，推广及服务更好、更便捷。

结语："双碳"背景下的未来道路

未来的新能源汽车市场将呈现多种技术和产品形态，包括电动汽车、混合动力汽车、燃料电池汽车等。同时，不同细分市场也会出现差距，并由此驱动消费者对于不同类型、功能、需求的汽车的选择。新能源汽车对我国"碳达峰、碳中和"的双碳目标、对坚持可持续发展道路发挥着重要的作用。在能源和环保的压力下，在政策的鼓励与支持下，新能源汽车无疑将成为未来汽车的发展方向。相信在不久的将来，新能源会让历经百年，换代更迭的汽车焕发别样的生机。

新型储能：让新能源发展可持续

概述：储能协助克服新能源的不稳定性

在国内外"碳中和"相关政策的推动下，新能源正在快速发展，储能技术变得越来越重要。储能技术可以协助克服新能源的不稳定性，提高能源的可靠性和可持续性。储能技术主要包括机械储能、电化学储能、热储能、氢储能等类型，目前抽水蓄能装机规模处于主导地位，但占比持续下降，以磷酸铁锂电池为代表的电化学储能占比持续提升。各地纷纷推出储能补贴政策，调动行业投资积极性。

现代新型储能产业的上下游产业主要包括以下几个方面。

上游产业主要包括新型储能设备的制造。这包括电池制造商、超级电容器制造商、储能系统制造商等。这些企业提供新型储能设备所需的关键组件和系统，如电池、超级电容器、储能系统等。

核心产业是新型储能技术的研发、设计和制造。这包括新型储能技术研究机构、储能系统设计企业、储能设备制造商等。这些企业负责新型储能技术的研发和应用，包括储能系统设计、储能设备制造等。

下游产业主要包括新型储能设备的应用和服务。这包括储能项目开发商、储能系统集成商、储能服务商等。这些企业提供新型储能设备的应用解决方案和服务，如储能项目的规划和建设、储能系统的集成和运维等。

下面是现代新型储能产业的产业链图示：

上游产业：新型储能设备制造商→核心产业：新型储能技术研究机构、储能系统设计企业、储能设备制造商等→下游产业：储能项目开发商、储能系统集成商、储能服务商等

伴随着新能源发展进程加快，新型储能作为提高新能源安全高效利用率的解决方案，被寄予厚望。据统计，我国涉及储能产业的注册企业已超 8 万家，到 2025 年新型储能产业规模或突破万亿大关，到 2030 年预计接近 3 万亿元。随着新型储能产业的发展，产业链将不断完善和扩展。与此同时，商业经济性、应用安全性、政策和市场竞争机制有待完善等也为行业发展带来了诸多挑战。

现状：场景多元，前景广阔

市场：新型储能细分赛道各异

目前在电力系统的储能，主要方式是抽水蓄能，但以电化学储能为代表的多种新型储能方式正迅速发展且前景广阔。以电化学储能为主的新型储能增长迅速，电化学储能功率范围较广、能量密度高，相较其他新型储能技术成熟度更高，因此适用场景更广泛。此外，相较抽水蓄能来说，电化学储能安装更为便捷、不受区位限制，正成为储能产业发展新动力。截至 2022 年底，全国电力安全生产委员会 19 家企业成员单位总计报送 500kW/500kWh 以上的各类电化学储能电站 772 座、总能量 43.08GWh。电化学储能中以锂离子电池为主导，但三元锂电池安全隐患较突出，意味着安全性更高的磷酸铁锂电池、液流电池等未来有望进一步打开市场空间。新型储能技术适用场景各异，除了电化学储能技术的市场前景值得关注外，压缩空气储能、飞轮储能、氢（氨）储能等的商业化潜力同样不容小觑。

据 CNESA 预测，至 2027 年，全球电化学储能产业装机规模将达 1138.9GWh，2021—2027 年间复合增长率达 61%，约为未来储能总装机容量年复合增长率 31% 的两倍。据 IEA 预测，至 2050 年，风能和太阳能发电将占到可再生能源发电量的 72%，较 2020 年占比提升近一倍。风能和太阳能等新能源所特有的间歇性和不稳定性将推动全球储能市场的快速发展。电化学储能作为新型储能方式的代表，未来发展前景尤为广阔，可再生能源发电量的提升将带来全球储能市场规模快速增长。

根据 IEA 的预测，到 2026 年，中国电化学储能总装机量将跃居各国首位，占比 22%，几乎与欧洲全境的总装机量持平，较美国高 7 个百分点。2022 年中国电化学储能装机量同比翻番，截至 2022 年底，全国电力安全生产委员会 19 家企业成员单位累计投运电化学储能站 472 座、总能量 14.1GWh、同比增长 127%；2022 年，新增投运电化学储能电站 194 座、总能量 7.9GWh，占已投运电站总能量的 60.2%，同比增长 176%。2026 年装机量有望占到全球 1/5 以上。

在推动新型储能技术规模化应用过程中，应针对不同的应用场景，需要匹配满足电网高安全性、长寿命、低成本、高效率等需求的储能技术。当前业界主要聚焦三类降本思路，助力以电化学储能为代表的新型储能技术实现规模化应用：一是注重提升电池组循环寿命；二是合理降低供应链成本，例如实现低成本材料替代；三是优化储能冷却和集成方式等技术，提升储能系统整体效率。新型储能发展除了需要实现技术进步和提高成本竞争力外，有利的政策环境和市场机制也必不可少，

政策：新型储能助力构建新型电力系统

2022 年 1 月发改委、国家能源局联合发布的《"十四五"新型储能发展实施方案》指出，新型储能是构建新型电力系统的重要技术和基础装备，是实现碳达峰、碳中和目标的重要支撑，也是催生国内能源新业态、抢占国际战略新高地的重要领域。

其中锂电储能行业一枝独秀，其他多种储能技术路线日渐兴起。根据 2021 年 10 月 24 日国务院发布的《关于完整准确全面贯彻新发展理念做好碳达峰碳中和工作的意见》，到 2030 年，我国非化石能源消费比重将达到 25%，到 2060 年将达到 80%，在新能源高速发展的驱动下，电网的负担加重，储能成为新型电力系统中必要环节。

在新能源蓬勃发展的大背景下，为促进新能源大规模开发消

纳，支撑电网安全稳定运行，电力系统调节能力建设逐步成为重中之重。

目前储能以抽水蓄能为主，未来根据应用场景需求等驱动，会形成以电化学储能、氢气储能、抽水蓄能并举的局面。2022 年，我国新增投运新型储能项目装机规模达 6.9GW/15.3GWh，超过过去十年装机量的总和，跃居全球第一。国家发改委、能源局在《关于加快推动新型储能发展的指导意见》中提出，到 2025 年实现新型储能从商业化初期向规模化发展转变，装机规模达 3000 万千瓦以上，新型储能在推动能源领域碳达峰、碳中和过程中发挥显著作用。

根据国家发改委 / 电科院预测，到 2025 年我国新型储能市场装机规模超 30GW，2030 年新型储能装机容量将达到 1.5 亿千瓦。新型储能市场广阔，未来或呈跨越式增长。"十四五"以来，国家正积极推动新型储能到 2025 年实现从商业化初期向规模化发展转变，到 2030 年实现全面市场化发展。从中长期来看，中国储能产业需要依靠稳健高效的市场机制建立可持续的盈利模式，实现高质量发展。可借鉴美、欧、澳等的电力市场化经验，适当考虑放开电价管制并建立合理竞价机制，让储能主体从电价波动（即充电和放电的价差）中获得商业收益，并结合国内各地储能发展现状，从电力市场化和新型储能参与市场方式两方面逐步优化。

核心科技：能量的瞬时平衡与时空协调

电力系统稳定与高效运行的关键，是要处理好能量的瞬时平衡与时空协调，由于可再生能源发电的规模化接入显得尤为突出，而储能则是维系这种平衡与协调的重要手段。中国已成为全球储能技术基础研究最活跃的国家。根据 Web of Science 数据库以 "Energy Storage" 为主题词统计的 SCI 论文数，2021 年中国机构和学者共发表 11 949 篇储能技术论文，居世界第一位，且超过了第二到第七位国家发表论文的总和。

近年来多种新型储能技术逐步实用化，如先进抽水蓄能、新型压缩空气储能、锂离子电池、铅碳电池、液流电池、钠硫电池，以及飞轮储能和超级电容器等，它们具有各自独特的技术经济特点，大大丰富了电力储能技术的内涵，也为其应用增添了更多选择。

应用：多维度探索储能应用

储能的应用场景可从发电侧、电网侧、用户侧三个环节进行划分。在发电侧主要起到匹配电力生产和消纳、减轻电网压力等作用；在电网侧储能主要用于减少或延缓电网设备投资、缓解电网阻塞，以及为电力系统提供调峰调频等辅助服务；在用户侧则帮助用户实现削峰填谷或光伏自发自用等模式，降低电费支出。当前我国发电侧电化学储能从用途上看主要有火储联合调频和新能源配储，火储联合调频市场规模有限，新能源配储成为发电侧电化学储能主要应用场景。由于新能源配储成本高、收益渠道单一、利用效率低等因素制约了新能源发电侧配储项目的发展，政策仍是当前新能源配储发展的主要驱动因素。

同时我国储能产业发展仍面临着诸多问题需要克服和解决，突出表现在：第一，储能政策体系有待进一步完善；第二，储能产业的商业运营模式在当前电力市场尚不明晰，储能多重应用价值尚无法体现；第三，储能技术路线不明确，关键技术创新有待突破；第四，相关技术标准和市场管理体系缺乏规范性指导。开发和推进储能技术应用作为新时代能源供给侧结构性改革的战略举措和未来能源生产和消费方式革命的战略性支撑，对其关键技术路线和商业运营模式的梳理，既是对习近平总书记"四个革命"和"一个合作"能源战略思想的贯彻落实，同时也是探索在新时期提升核心竞争力、挖掘新动能、保证可持续发展的能源发展路线需求。

洞察：开启新型储能产业宝藏

新能源汽车和以电化学储能为主的新型储能产业，号称当前全世界产业发展的两大"风口"。储能实现了从商业化发展初期到规模化发展的转变，储能的发展进入快车道。2022 年成立了 38 294 家储能相关企业，是 2021 年的 5.8 倍。地域分布看，广东、江苏产业集聚效应明显。2022 年，广东和江苏新成立的储能相关企业分别为 4044 家、3225 家，占比 10% 和 8%。电力央企是抽水蓄能建设的主体，同时向电化学储能电站延伸；民营企业聚焦电化学储能赛道，电池业务布局最多。共有 78 家上市民营企业布局电化学储能行业。电池是上市民营企业布局最多的赛道，达到 45 家，锂电材料和储能系统分别为 19 和 13 家。

根据 Pitchbook 数据库，2022 年延续之前的高增长，全年全球储能融资 63 亿美元，根据投中数据库，2020 年下半年以来，储能行业融资数量和规模大幅增加，成为继光伏、电动汽车后备受投资市场看好的新能源赛道。电池仍然是中国储能行业最火热的赛道，上游材料企业也备受资本市场青睐，行业大额融资频现。

国内工业用电的分时电价和高耗能企业用电溢价的推出使得用户侧削峰填谷的经济性提升，且锂电池市场已经具有规模优势，是市场发展的重要的推动力。未来随着虚拟电厂政策的出台，还会为市场带来更多新的价值。在户用储能产业链的关键环节包括储能锂电池、储能变流器环节中，国内动力电池企业、光伏逆变器企业具备强劲的竞争力，持续发力海外户储市场应该是机会。

降成本，是开启新型储能产业宝藏的关键钥匙，实现这一目标需要产业链协同发力。电化学电池技术，可以通过材料、结构、工艺创新以及规模化生产，不断降低原材料生产成本、制造成本，并提升产品的安全性、能量密度及使用寿命等性能。要进一步培育和延伸新型储能上下游产业，依托具有自主知识产权和核心竞争力骨干企业，积极推动全产业链发展，着力培育和打造储能战略性新兴产业集群。收益模式单一引发低价竞争，安全性和可持续发展值得关注。新型储能发展驱动力主要来自政策端，即发电侧强制配储，在储能成本主要由发电侧承担、储能收益来源相对单一的情况下，发电企业出于经济性考虑，会更倾向于选择低成本储能项目，相对忽视性能和安全问题，传导到储能供应方就会引发低价竞争问题。根据毕马威咨询调研，当前新型储能产业链各环节企业典型毛利水平大多不超过 30%（电化学储能电池隔膜环节毛利率在 50% 左右），多家储能上市企业毛利率水平也均出现了下降趋势。长此以往，整体市场将难以实现良性竞争。

对创投资群体来说，新型储能有哪些投资机遇和风险？独立储能电站长期前景向好，但短期内项目落地经济性不清晰。当前储能项目的商业模式尚不明确，多元应用尚不成熟，处于"看上去很美"的阶段。解决新型储能高成本的问题，还需要依靠体制机制改革和商业模式创新。要加快推进电力市场体系建设，明确新型储能独立经营主体地位，加强新型储能价格机制研究，营造良好市场环境。随着政策不断推动独立储能项目参与电力市场交易，独立储能电站是推动中国新型储能规模化应用的重要力量，未来发展空间广阔。如果条件允许，企业可以在规模化制造能力的基础上，继续将触角延伸到下游应用环节，深度参与多元化应用场景拓展和商业模式创新，全方位寻求产业破局。而在计算项目投资回报率时，需要考虑多方面因素，例如新能源容量租赁费用、储能电站调用次数、有效利用时长等。需要注意的是，在中国当前的电力市场机制下，这些考虑因素受政策和市场规则变动影响，波动较大且难以量化，推动独立储能电站项目落地还需依靠电力市场机制进一步优化。

放眼世界，随着国内强配需求逐渐得到满足，欧洲能源价格恢复平稳并加强自身供给能力，储能产业可能面临未来增长动力不足的风险。电化学储能和配套产业等热门赛道，多已有巨头企业提前布局，外部投资方进入难度较大。而尚处于市场培育阶段的赛道目前收益较小，许多创投机构被迫涌向上游，受限于自身实力又无法投资规模大的矿产资源型企业，转而选择碳酸锂提炼等低毛利、高周转赛道。

具体到标的方面，高潜力创业投资者相对集中，估值偏高，但很多储能企业还未形成稳定合理的商业模式，导致投资人鉴别优质项目挑战加大。建立储能成本疏导的市场化机制是储能行业从商业化初期向规模化转变的关键。储能行业正处于从商业化初期向规模化发展转变的关键期，经济性是储能下一程是否顺利的关键，需要完善储能成本疏导的顶层设计，并通过市场化的方式跑通经济性。加强储能政策顶层设计，探索解决制约储能发展瓶颈的思路和方法，推动各类储能技术蓬勃发展。

结语：新型储能助推能源绿色转型

能源转型加速推进，新型储能应运而生。大力发展储能对提高可再生能源利用率，实现"双碳"目标，建立新型电力体系具有重要意义。新型储能成为推动能源转型的重要支撑。在碳中和、碳达峰目标的驱动下，我国能源绿色转型进度加速。

先进核能：新能源的潜力军

概述：核能助力应对能源供应挑战

相比水、风、光等能源形式，核能能量密度高、无供电间歇性，在清洁制氢、区域供热、海水淡化、同位素生产等领域有着巨大的应用潜力。近年来，核能作为一种清洁、可再生的能源形式备受关注，并被许多国家视为应对气候变化和能源供应挑战的重要选择。它不仅能够满足日益增长的能源需求，还能减少化石燃料的使用和碳排放。

先进核能产业是指在核能发电领域采用最新技术和设计思路的产业。它包括了各种使用先进反应堆设计的核能发电技术，旨在提高核能系统的安全性、可靠性、经济性和环保性能。在全球范围，包括我国在内的许多国家已经开始大力投资并推动核电项目的建设。核电产业链包括了核燃料供给商、设备供应商、电力设计、科研、施工、安装、发电和输配电等企业，可以按照其在产业链中的位置分为上游、中游和下游共三个环节。上游环节包括核燃料、原材料生产；中游环节包括核反应堆、核电核心设备制造及核电辅助设备制造；下游环节主要包括核电站建设及运营维护。

先进核能产业的上下游产业链如下所述。

上游产业——

核燃料供应：包括铀矿石开采、浓缩、燃料元件制造等。核反应堆设计和制造：涉及核反应堆设计、核燃料装载、热工水力、冷却剂系统、核安全等。辅助设备制造：包括涡轮发电机、泵、阀门等设备的制造。核废料处理：处理和处置核废料的设施和技术。燃料循环技术：关于核燃料的后处理、再利用以及废物处理的技术。辅助系统供应：提供包括仪器、控制系统、安全系统等辅助设备的供应。

核能产业——

先进核能发电：包括各种先进核反应堆的设计、建造、运营和维护。燃料供应和管理：提供核燃料、燃料组件以及燃料循环服务。核废料管理：包括核废料处置和后处理技术。安全服务和核监管：提供核安全评估、监管、培训和核事故应急响应等服务。研发和创新：进行新技术、新材料和新反应堆概念的研发。

下游产业——

电力系统：包括核能发电厂与电网的连接、电力输配电等。电力使用行业：包括工业、商业和家庭用电等各种行业和部门。供热系统：通过核能产生的热能提供给工业和居民区域的供热系统。燃料电池和氢能源：利用核能产生的热能进行氢能源的生产和燃料电池的应用。其他应用包括海水淡化、石油开采、太空探索等领域的应用。

"双碳"背景下，我国实现能源绿色低碳转型任务艰巨。当前，核电在我国总发电量中的占比仅约 5%，远低于全球平均（约10%）、经合组织成员国平均（约 18%）的水平，仍有较大发展空间。发展核能已成为我国现阶段保障能源安全和实现能源转型的必然选择。

现状：核电可作为基荷能源的重要补充

市场：核能综合利用，边界拓宽

基荷是电力系统稳定运行的重要保证，保证电源系统的稳定、调峰和调度，电力系统的稳定都离不开基荷。在不稳定的电力需求下，且现有的储能技术尚不能满足大规模储能的要求，因此，采用容量间接性的电力来源并不能完全取代电厂。虽然我国光伏和风力发电装机量迅速增加，但是其对电力生产的贡献率仍然很低。到2022 年，光伏发电占全国电力总装机容量的 15.3%，风电占全国电力总装机容量的 14.3%；但是，实际对发电的贡献只有 5%—9%。由于风电、光伏发电均有较强的不稳定性，当地电网无法消纳，大量地区存在"弃风弃光"现象。

核电可作为基荷能源的重要补充，具备碳排放低、经济性高、稳定性强、利用率高的优势。联合国欧洲经济委员会（UNECE）日前报告，核电是全生命周期度电碳排放量（二氧化碳当量与发电量比值）最低的发电方式，核电度电碳排放不足火电碳排放的百分之一。

核能的产生不受环境、季节和其他因素的限制，是一种稳定的能源。水力、风能和光伏发电受其所处环境的限制，其特点是非稳定性。因为不稳定的原因，大部分的电能都不能接入到电网中，所以必须要有一个庞大的储能系统，才能提高电能的利用率。核电具有利用率高的优势。发电设备利用小时数是用来衡量发电设备利用率的重要指标。2021 年我国核电设备利用小时数为 7802 小时，水电设备利用小时数为 3622 小时，风电设备利用小时数为 2232 小时，光伏设备利用小时数为 1281 小时。

核能综合利用的探索越来越多，边界越来越宽。核能综合利用将在实现"双碳"目标的进程中提档加速，发挥高温气冷堆、模块化小堆、低温供热堆、海上浮动堆等各自优势，紧密结合用户侧综合能源消费需求，建立集供电、供热（供冷）、制氢、海水淡化等为一体的多能互补、多能联供的区域综合能源系统，实现对石化、钢铁等高耗能、高碳排行业的清洁供能。

根据《"十四五"现代能源体系规划》，2025 年前我国核电装机量计划达到 70GW 左右，较"十三五"期间新增装机量同比增长约 40%；近年来，多个核电新项目陆续获准建设，标志着核电项目建设核准批复进入常态化。随着我国经济的发展和对清洁能源的需求持续扩大，核电作为可批量规模化建设的安全高效清洁能源，预计将在国家能源建设需求中占据非常重要的地位。无论是国内核电新项目的开工建设还是"核电走出去"项目，都将进一步拉动核电行业的市场需求。

政策：核电行业政策呈现明确上行拐点

我国核电行业政策呈现明确上行拐点。我国对核电政策从早期的"适度发展"至现今的"确保安全前提下积极有序发展"经历近20年时间。2015年1月，习近平总书记就我国核工业创建60周年作出重要指示。时隔七年，党的二十大报告将核电技术列为我国进入创新型国家行列的重大成果之一，并指出"积极稳妥推进碳达峰碳中和""积极安全有序发展核电"。

"十四五"期间，政策表述、装机规划、审批数量等线索均反映我国对核电发展态度逐渐转变，也是多年来首次对核电使用"积极"二字，预计国内核电发展有望加速。国家能源局、科技部发布的《"十四五"能源领域科技创新规划》将"安全高效核能技术"作为"十四五"时期能源领域科技创新重点任务之一。《"十四五"规划和2035远景目标纲要》明确要求在2025年我国核电运行装机容量达到7000万千瓦，折算2021—2025年期间复合年均增长率为7.2%。《"十四五"现代能源体系规划》中提出到2025年，核电运行装机容量达到7000万千瓦左右。核电作为稳定、高效的清洁基荷电源，还有较大的发展空间，按照2030年实现碳达峰目标，结合核电项目5年左右的建设周期，2025年前预计国内核电每年核准数量有望维持在6—8台。

科技：更安全，更经济，更绿色

先进核能技术的关键特点之一是更高的安全性。这些技术包括先进的被动安全系统，可以有效应对事故和突发事件，降低事故风险和核废料的产生。例如，某些先进核能反应堆使用自然循环冷却，依赖重力和物理原理来实现冷却，这样即使发生断电等突发情况，也能保持反应堆的冷却状态，减少了外部干预的需求。

除了安全性，先进核能技术还追求更高的经济性。这些技术设计上更为高效，可以提高能源转化效率，降低运营成本。一些先进反应堆还可以实现更长的燃料周期，减少燃料更换的需求，节约时间和成本。环境保护也是先进核能产业的一个重要目标。其中包括减少对环境的损害和减少对气候变化的贡献。先进核能技术可以实现更高的能源密度，减少对自然资源的需求，同时减少碳排放量。一些先进反应堆还可以有效地处理核废料，减少对环境的影响。

基于以上方向，先进核能产业涵盖了不同的技术路径和发展方向。

先进反应堆设计：先进核能产业依赖于新的反应堆设计，以提高核能发电厂的效率、安全性和可持续性。这些设计可能包括小型模块化反应堆（SMR）、钠冷快中子堆、高温气冷反应堆和溢流盖式反应堆等。先进反应堆设计追求更高的燃料利用率、更高的安全性能和更灵活的运营模式。

小型模块化反应堆（SMRs）：SMRs是一种比传统反应堆更小型、模块化的先进核能技术。它们能够以较低的投资成本建设，适用于更广泛的应用场景，如远程地区供电、工业过程热供应和微电网等。SMRs的设计通常更加灵活，具备更高的安全性和经济性。

熔盐反应堆（MSRs）：熔盐反应堆是一种使用熔盐作为燃料和冷却剂的先进核能技术。熔盐具有较高的热导率和较低的压力，能够提供更高的安全性和燃料利用率。此外，由于熔盐反应堆具备较低的工作温度，它们可以被用于产生热能、水素燃料或者其他工业过程。

多用途先进反应堆（Advanced Reactors for Multiple Purposes）：多用途先进反应堆旨在兼顾电力生产和其他实际应用需求，如海水淡化、氢能源生产和医学同位素产生等。这些反应堆具备灵活的燃料配置和辅助系统，可以根据不同需求进行适应性运行。

核聚变技术：核聚变是一种类似太阳反应的技术，通过将氢等轻核元素融合成氦来释放能量。核聚变技术潜在地能够提供无限延续的清洁能源，并且产生的废物较少。如国际热核融合实验堆（ITER）和私人企业（如 Lockheed Martin、TAE Technologies）所推进的商业化聚变项目。

燃料循环技术：燃料循环技术对于提高核能发电的可持续性和经济性至关重要。这包括燃料元件的生产、燃料循环处理、核废料处理和处置等。通过燃料循环技术，可以最大限度地提高核燃料的利用率，减少核废料的生成，并有效管理核废料的后处理。

安全技术和被动安全系统：先进核能产业必须充分考虑核安全。新一代的先进核能发电厂应该具备更强的安全性能，能够在设计基础上实现更高的保护屏障和核事故应急响应能力。被动安全系统是一种重要的技术，它可以在失去供电和操作员干预的情况下继续保持核反应堆的安全。

先进材料技术：先进核能产业需要材料技术的支持，以应对高温、辐照和腐蚀等极端环境。新材料的开发可以提高燃料元件和反应堆组件的耐久性和性能，同时减少材料老化和损伤的影响。

运营监测和数字化技术：运营监测和数字化技术在提高核能产业效率和安全性方面具有重要作用。这包括使用传感器和监测系统实时监测设备运行状况，进行预测性维护，以及应用数据分析和人工智能技术优化运营。数字化技术还可以支持核能工程建设和仿真模拟等方面。

我国正在加速研发第四代核电技术及新堆型，部分技术逐渐从"追赶"到"引领"。第四代反应堆技术致力于实现更高的燃料利用率、更高的安全性和更有效的核废料管理。这些技术包括如高温气冷反应堆（HTGR）、快中子反应堆（FNR）和液态金属钠冷堆（SFR）等。第四代反应堆技术旨在提高核能系统的可持续发展性能和经济性。

四代核能系统拥有更高的安全性和经济性，我国积极开展相关领域研究，技术具备一定领先性。2021年12月，全球首座四代核电石岛湾高温气冷堆并网发电。据人民网报道，此示范工程设备国产化率达到93.4%，象征着我国已成为世界核电技术的领跑者。此外，各类堆型加速研究推进。钠冷实验快堆已完成实验验证，并推广应用；熔盐实验堆已在甘肃武威开工建设；铅基快堆等新型反应堆关键技术攻关和工程验证也在全面铺开。

应用：推进电力以外难以减排行业的脱碳

在2012—2021年间，我国我国社会总用电量持续增长，期间复合年增率为5.9%。在过去的十年里，电力消费的增长速度达到了一个新的高度，同比增速达到 10.6%。核能对提高电力系统的稳定性能、协同促进新能源如风能、光伏能等的发展具有重要意义。在 2021 年，火电的装机结构占到了 54.6%，水电占到了 13.82%，风电占到了 12.9%，核电占到了 2.2%。较 2012 年，火电发电占比显著降低 16.9 个百分点，其中光伏和风电占比显著增加 12.6 和 8.5 个百分点。除供电外，核能还可用于区域供暖、工业供热、海水淡化、制氢、合成燃料等，有助于推进电力以外难以减排行业的脱碳。

两会期间，14 位全国政协委员向大会提交了《关于加大核电发展力度，拓展内陆地区建设，推广核能供暖的提案》，建议在确保安全前提下，未来十年保持每年核准开工 10 台以上机组。假设新开工单台机组容量 120 万千瓦，单 GW 核电项目投资额约 165 亿元，单 GW 核电设备投资额约 51 亿元，单吨后处理厂建设成本约 1.7 亿元，单吨后处理厂设备投资成本约 0.7 亿元，测算 2023—2030 年核电市场空间年均可达 1593 亿元，核电设备市场空间年均为 494 亿元，乏燃料后处理厂潜在市场空间年均可达 264 亿元，乏燃料后处理设备潜在市场空间年均可达 106 亿元。

洞察：能源投资反弹，核电出海前景佳

当前全球从新冠疫情中日渐恢复，逐步采取措施应对能源危机，全球能源投资在 2022 年反弹近 10%。国际能源署认为，这种复苏由可再生能源投资的强劲增长推动，呈现以下特点。一是随着投资者将注意力转向更清洁的能源，化石燃料投资继续下降，原因

包括可再生能源竞争力不断增强，对气候变化和空气污染的担忧不断增加等。二是新的清洁能源经济正在出现，且发展速度之快出乎很多人的意料。2023 年清洁能源投资的增长速度将达到 24%，远远高于化石燃料投资 15% 的增速，在化石燃料上每投入 1 美元，就有 1.7 美元投入清洁能源，五年前这个比例是 1∶1。

对核电产业的投资不断增加。国际能源署预测，在 2023 年，世界范围内对核电的投入将会是 630 亿美金，与 2022 年相比，这一数字上升 100 亿美金，并且每年都会持续上升。这份报告还提到，距离 2011 年福岛核电站泄漏已经过去了十余年，许多国家都在对使用核能技术来生产减排和可调节的电能进行重新评估。

核电出海有望撬动万亿市场空间，产业核心竞争力显著提升。随着"一带一路"全面推进，核电"走出去"迎来了重要历史机遇。"一带一路"沿线国家核能需求大，市场空间广阔，有 28 个国家计划发展核电，规划机组 126 台，总规模约 1.5 亿千瓦。以三代机组平均造价 1.6 万元 / 千瓦预估，市场总量约 2.4 万亿元。

俯瞰我国大陆海岸线，分布于沿海 8 省区的 18 个核电基地串珠成链。53 台商运核电机组、23 台在建核电机组，以总装机全球第二、在建装机全球第一的规模，构筑起从核电大国迈向核电强国的坚实底气。

从远期核电项目盈利能力看，核电资产属性与水电类似，折旧年限远低于使用寿命，折旧完成后盈利能力在保持稳健的基础上有望实现进一步提升。根据中国核电公司公告，中国核电、中国广核对于不同的固定资产类别主要按工作量法和年限平均法进行折旧，两家公司折旧年限略有不同，2018—2020 上半年，中国核电、中国广核综合折旧年限分别为 25.51 年和 32.28 年，而核电二代、三代机组设计使用寿命分别为 40 年和 60 年，折旧年限远低于设计使用寿命。

高温气冷堆的发展尤其值得关注。高温气冷堆具有较强的安全性和适应性，是国家发展四代核能的一个重要发展方向。到目前为止，我们已经和阿联酋、沙特、南非、印尼以及其他一些国家和地区签订了高温气冷堆项目的合作协议和谅解备忘录。科新机电、佳电集团、海陆重工、兰石重装、中核科技、东方电力等等都在这一领域有所涉足。随着高温气冷堆项目的装备投资不断增加，高温气冷堆渗透率有望逐步提升。

结语：核能产业拓路转型

在新的历史条件下，我国核电技术研究开发和工程建设规模不断扩大，已成为一张"国家名片"，并进入了世界核能强国的行列。展望未来，核电行业将在能源革命、能源安全、"双碳"目标和绿色发展等新的轨道上，奋力开拓新的发展道路。

未来材料&装备

非硅基芯材料：在硅时代异军突起

概述：解决硅基化合物局限性

目前，绝大多数的计算机设备均是由硅材料制备而来。硅元素是地球上继氧元素之后，储量第二丰富的元素。它以各种不同的形式，广泛存在于岩石、砂砾以及尘土之中。硅虽然不是最好的半导体材料，但它是迄今最容易获取的半导体材料。由此，硅材料在电子器件领域占据主要地位，比如传感器、太阳能电池以及集成电路等。砷化镓（GaAs）、氮化镓（GaN）等材料的性能胜过硅材料，但是目前用它们制备功能器件成本仍十分高昂。

非硅基芯材料产业是指以硅以外的材料为基础，用于半导体集成电路和其他电子器件中的关键材料的产业。在传统的硅基半导体产业之外，非硅基芯材料产业涵盖了包括砷化镓（GaAs）、磷化铟（InP）、磷化镓（GaP）、砷化铟（InAs）等在内的多种非硅化合物材料，以及相关的化学物质、制备技术和设备。

非硅基芯材料产业在半导体和电子行业中扮演着重要的角色。

这些材料可以广泛应用于高频电子、光电子、功率电子、传感器和通信领域等，以满足对性能和功能日益提升的要求。例如，砷化镓在高频功率放大器、光电子和激光器件中的应用广泛；碳化硅在功率器件和特殊应用中具有良好的高温稳定性和电导性能。

上游产业中，材料供应商提供非硅基芯材料的生产与供应，例如砷化镓、砷化铟等材料的制备和供应。设备供应商专注于非硅基芯材料芯片和器件的制备设备的研发、制造和销售，如材料沉积设备、制备设备、薄膜工艺设备等。

中游产业中，成品制造商将非硅基芯材料应用于芯片制造和器件制造中，生产光电子设备、功率电子器件、高频电子器件等完整的非硅基芯材料产品，并进行质量控制和组装加工等工艺。芯片制造商通过制造工艺将非硅基芯材料制备成芯片，例如射频封装、光电子组件、功率模块等，进行后续成品制造。

下游产业中，终端应用厂商通过自己或与合作伙伴的技术、设计和制造能力，将非硅基芯材料用于最终产品的生产，如无线通信设备、光通信设备、高效率光电子器件、电动汽车、太阳能逆变器等。

以下是一个简单的非硅基芯材料产业链图示：

　　该产业链图示表明了非硅基芯材料产业的供应链与价值链，从材料的供应开始，逐渐向下产生附加值，并最终应用于各种终端设备或产品中。各级参与者之间通过供应和技术交流，形成一个完整的产业生态系统。

　　非硅基芯材料具有独特的物理和电子性质，出色的导电、光电、热传导和机械特性，能够解决硅基化合物所面临的一些局限性。随着数字时代的到来，半导体的蓬勃发展，非硅基芯材料有广阔的潜在需求。

现状：半导体发展催生广阔需求

政策

　　2022 年《上海打造未来产业创新高地发展壮大未来产业集群行动方案》发布。在打造未来材料产业集群方面，上海重点布局非硅基芯材料，推动碳化硅、氮化镓等宽禁带半导体化合物发展，持续提升宽禁带半导体化合物晶体制备技术能级和量产规模，积极布局宽禁带半导体晶圆制造工艺技术，增强宽禁带半导体芯片产品设计能力，扩大产品应用领域，积极推动石墨烯、碳纳米管等碳基芯片材料、半导体二维材料等未来非硅基半导体材料技术研究和布局。

市场

　　各大半导体厂商为了追求集成电路更高的性能，更低的功耗，不断地在更小的面积上增加电子器件数量。然而，即使实现了堆积数量的增加，提升了性能，但是成本飙升，高昂的价格让越来越多的企业停下对先进制程的追求，放弃对摩尔定律的追逐。摩尔定律失效的两大主因，一是技术问题，主要为高温和漏电，这也正是硅材料被替代的原因；二是投资成本，在不断提升芯片工艺的同时，一条高端的晶圆产线，动辄需要花费上百亿美元，比如台积电的3纳米产线至少需要150亿美元。因此，中国要想在芯片领域上实现"超车"，就必须走"非硅路线"。

从理论上来讲，第三代半导体芯片将以碳基芯片技术为主，该技术较硅基芯片具有更强大的稳定性以及散热能力。同时，碳基芯片较硅基芯片还有低功耗、高性能的特点，能够弥补芯片由于制程工艺不足所造成的短板。相对而言，第三代半导体与Si（硅）、GaAs（砷化镓）等前两代半导体相比，在耐高压、耐高温、高频性能、高热导性等指标上具有很大优势。

科技

中国在非硅基芯材料产业的核心技术上可以尝试突破以下几个方面。

新材料设计和合成：中国可以加强对新型非硅基芯材料的设计和合成研究，在新材料性能的改善和创新上取得突破。在材料设计层面，可以通过计算模拟、机器学习等方法进行高效的材料筛选和优化，从而实现更理想的材料性能。

制备工艺优化：中国可以加强对非硅基芯材料制备工艺的研究

和改进，提高材料的质量和制备效率。例如，可以探索新的材料生长、制备、沉积工艺，并优化工艺参数和设备设计，以提高非硅基芯材料的大规模生产能力，降低制备成本。

器件设计和集成：中国可以加强非硅基芯材料的器件设计和集成研究，通过优化器件结构和电路设计，实现更高性能的产品。这方面的突破需要综合考虑材料特性、电子学理论和封装等方面的问题，并结合实际产业需求进行设计和测试验证。

封装与封装技术：封装对于非硅基芯材料的应用至关重要，中国可以加强对非硅基材料封装技术的研发和应用。该方面的突破包括选择性封装材料、封装工艺和缩小封装尺寸等方面的创新，以提高非硅基芯材料产品的性能和可靠性。

测试与可靠性：中国可以加强对非硅基芯材料产品的测试和可靠性研究，建立符合国际标准和需求的测试方法和可靠性验证体系。同时，中国还应加强对材料结构、热力学参数、蚀刻工艺等的准确测试与分析，为产业提供更可靠的数据和指导。

这些核心技术突破将有助于中国在非硅基芯材料产业中增强竞争力和创新能力。需要注意的是，这几个方面都需要持续投入大量科研资源，并与制造、测试和应用等环节进行有效的合作和整合。同时，还需要结合国内和国际市场需求，寻求技术与应用的有机结合，推动产业的健康发展。

应用

从应用趋势来看，SiC、GaN 等第三代半导体材料具有高击穿电场、高饱和电子速度、高热导率、高电子密度、高迁移率等特点，将被广泛用于功率器件、射频器件等领域。2020年全球SiC功率器件市场规模为6.29亿美元，Mordor Intelligence预计到2026年将达到47.08亿美元，2021—2026的年复合增长率为42.41%。其中由于电动汽车的爆发，汽车行业将是SiC功率器件应用的主要增长点，而亚太地区会是增长最快的市场。在光伏逆变器上，SiC渗透率也呈现高速增长，华为预计到2030年光伏逆变器的碳化硅渗透率将从目前的2%增长到70%以上，在充电基础设施、电动汽车领域渗透率也将超过80%，通信电源、服务器电源将全面推广应用。根据Yole的统计，2020年全球GaN-on-SiC射频器件市场规模为8.86亿美元，预计2026年将达到22.2亿美元，2020—2026年复合增长率为17%。

洞察：助力半导体实现弯道超车

在全球范围内，美国作为半导体技术的领先者，在非硅基芯材料产业方面具有较高的技术实力和创新能力。许多美国公司和研究机构在新材料合成、设备制造和芯片设计等方面处于领先地位。日本是一个半导体技术强国，对非硅基芯材料产业的技术发展也具有重要影响力。日本公司在非硅基芯材料的研发、制备工艺和器件制造技术方面取得了重要突破。德国在材料科学和工程领域具有卓越实力，对非硅基芯材料产业的发展贡献巨大。德国的高校、研究中心和工业企业在材料研发、工艺创新等方面处于领先地位。韩国在半导体产业领域发展迅速，也在非硅基芯材料产业技术方面具有一定的领先地位。韩国一些科研机构和企业投入了大量资源用于非硅基芯材料的研发。

此外，欧洲各国（如法国、英国）、新加坡、以色列以及我国的台湾省等国家和地区也在非硅基芯材料产业的技术发展上表现出色。

非硅基芯材料产业是一个全球性的产业，技术发展的领先力量可能因时间和特定领域而有所变化。全球的国际交流和合作对该产业的发展至关重要。

非硅基芯材料产业涵盖了多个细分赛道，例举如下。

高频电子材料主要包括用于射频封装、天线、雷达、卫星通信等高频应用的材料。这些材料具有优异的高频性能，稳定性和低噪声，可满足高频电子系统的要求。

光电子材料涵盖了具有光电转换性能的非硅基材料，如氮化镓（GaN）和砷化镓（GaAs）。这些材料广泛应用于 LED 照明、激光器、太阳能电池等光电子设备中，其独特的光电性能为光电子系统的高效能耗和高光吸收提供了可能。

功率半导体材料，碳化硅（SiC）和氮化镓（GaN）是功率电子领域中非常重要的材料。碳化硅材料因具有高温稳定性、低开关损耗和高频特性而在高功率电子设备中得到广泛应用，例如电动汽车、太阳能逆变器等。氮化镓材料由于其高电子流动率和较高的宽禁带能隙，在高频高功率应用中具有潜在的优势。

非硅基绝缘体薄膜材料在半导体器件中起着绝缘和介电作用，用于电器、电容和微电子设备。例如，氮化铝薄膜（AlN）和氮化二硼（BN）是两种具有高隔热性能和优异介电常数的材料，被广泛应用于MEMS（微机电系统）、传感器等领域。

随着技术的发展和应用需求的不断演变，非硅基芯材料的应用前景还可以延伸到其他新兴领域。例如，有机材料、石墨烯和钙钛矿材料等，虽然不属于传统的非硅基材料，但在柔性电子、光电子等领域有着巨大的潜力。

目前，以碳基芯片为代表的第三代半导体材料还处于起步阶段。中国和欧美基本处于同一水平，各有优势，美国在第三代半导体方面是布局最全面的，欧洲在电力电子市场有较大话语权，中国则在LED、太阳能方面居于全球第一。

同时，碳基半导体无需当下全球最先进的3nm、5nm、7nm等先进工艺。中国发展第三代半导体将不受海外芯片设备的限制，规避了欧美庞大的硅基半导体技术专利群，而且相对于硅基芯片来说，芯片工艺开发难度也小很多，有利于中国实现弯道超车。

结语：应用领域有望继续扩大

非硅基芯材料产业由于其特殊性质，对材料的研发创新、优化制备工艺以及设备技术等具有较高要求。随着信息技术、物联网、5G通信等领域的快速发展，非硅基芯材料产业有望进一步扩大应用领域，促进相关技术的发展和产业升级。

高性能复合材料：更高、更轻、更强

概述：材料的复合化成为大方向

高性能复合材料产业是指在工程应用中用于替代传统材料、具有优异性能、性价比高的材料的制造和应用领域。该产业通过结合不同材料的特点和优势，创建出性能更高、更轻、更强的材料，以满足各个行业的需求。复合材料由至少两种或多种不同类型的材料组成，例如增强纤维（如碳纤维、玻璃纤维、脂肪纤维）、填料（如粉末、纳米颗粒）和基体材料（常见的是聚合物、金属等）。这种组合能够综合利用各种材料的性能，使得复合材料具备优异的力学、热学、电学或其他特性。我国高性能纤维及复合材料行业产业链上游主要由增强材料、基体材料和生产设备等产业组成，碳纤维、芳纶纤维、高强玻璃纤维可作为增强材料。中游复合材料主要有金属基复合材料、树脂基复合材料、陶瓷基复合材料等。下游则主要为市场应用，如军工装备、汽车工业、环保、信息通信、建筑加固、风电叶片、医疗器械、体育休闲。

上游产业中，原材料供应商提供高性能复合材料制造所需的原材料，如纤维增强材料（如碳纤维、玻璃纤维）、基体材料和添加剂等。设备和技术提供商为高性能复合材料制造商提供制备设备、生产技术和加工工具等，以支持复合材料的生产和加工过程。研究与开发机构从事高性能复合材料的研发工作，推动新材料和新工艺的创新和发展。

中游产业中，高性能复合材料制造商发展、生产和销售各种类型的高性能复合材料，满足不同行业和应用领域的需求。工艺和制造设备供应商为高性能复合材料制造商提供先进的生产工艺和设备解决方案，用于提高生产效率、产品质量和可重现性。

下游产业中终端应用制造商将高性能复合材料应用于航空航天、汽车、建筑、体育器材等各类终端产品的制造商。成品制造商使用高性能复合材料作为原材料，将高性能复合材料加工成成品零组件，如飞机机身、汽车车身、体育器材等。

高性能复合材料产业链图示如下所示：

原材料

↓

上游产业

├────── 原材料供应商

├────── 设备和技术提供商

├────── 研究与开发机构

↓

中游产业

├──────高性能复合材料制造商

├──────工艺和制造设备供应商

↓

下游产业

├──────终端应用制造商

├──────成品制造商

复合材料具有轻质、高强、防腐、隔热、电绝缘等优异性能，被公认是除了金属材料、无机非金属材料、高分子材料之后的最具有发展前景的一大类材料。材料的复合化成为 21 世纪新材料技术发展最为重要的方向之一。由于具有优异的性能，复合材料已经广泛应用于各个领域，包括航空航天、汽车工业、建筑、能源、储能、基础设施、海洋、管道和储罐、体育与娱乐、运输等。

现状：广泛需求刺激材料研发

科技：取长补短，各具特色

复合材料中各种材料在性能上互相取长补短，产生协同效应，使复合材料的综合性能优于原组成材料而满足各种不同的要求。复合材料较以往的材料能够具有许多优点：高的强度重量比、高抗疲劳性和耐腐蚀性、增强的耐摩擦和耐磨损性、低导热系数和低热膨胀系数、材料属性具有可调整性以满足设计要求。例如陶瓷材料有耐高温的优点，但是它比较脆，为了增强它的韧性，采用高强度、高弹性的纤维与陶瓷基复合后，这种复合材料就可以用作液体火箭发动机喷管、导弹天线罩、航天飞机鼻锥、飞机刹车盘和高档汽车刹车盘等，成为高技术新材料的一个重要分支。

高性能纤维及其复合材料是引领新材料技术与产业变革的排头兵，广泛应用于航空航天、轨道交通、舰船车辆、新能源、健康产业和基础设施建设等重要领域，集军事价值与经济价值于一身，是各国军事发展与经济竞争的焦点之一。20 世纪 40 年代，因航空工业的需要，发展了玻璃纤维增强复合材料（俗称玻璃钢），从此出现了复合材料这一名称。50 年代以后，陆续发展了碳纤维、石墨纤维和硼纤维等高强度和高模量纤维。70 年代出现了芳纶纤维和碳化硅纤维。这些高强度、高模量纤维，能与合成树脂、碳、石墨、陶瓷、橡胶等非金属基体或铝、镁、钛等金属基体复合，构成各具特色的复合材料。

在各技术分支对应的公开国排名及专利数量中，相应的技术公开国排名一致，均为中国第一，接着是日本、韩国、美国及欧洲。可能是由于日本、美国、欧洲等地区的高性能纤维技术较为成熟，技术创新活动减弱，而中国创新活跃，申请量更高，其中中国的碳纤维及复合材料、芳纶纤维及复合材料，领先比例更大。

市场：亚太地区成最大消费地

高性能复合材料市场在不同地区和国家之间的分布也有所差异。目前，亚太地区是全球高性能复合材料市场的最大消费地，欧美地区紧随其后。亚太地区的消费需求主要由中国、日本和韩国等国家推动。目前，全球复合材料市场的主要参与者是：美国 Owens Corning，日本东丽公司，日本帝人公司，比利时索尔维，美国 Hexcel Corporation，日本三菱化学控股公司，德国西格里集团，日本电气玻璃有限公司，亨斯迈国际公司等。根据国外 Markets and Markets 发布的市场报告，由于全球对高性能材料的需求增加，复合材料行业正在增长，预计全球复合材料市场规模将从 2020 年的 740 亿美元增长到 2025 年的 1128 亿美元，复合年增长率为 8.8%。

高性能复合材料产业根据不同的应用领域和市场需求可以进一步细分，以下列举一些主要的产业细分赛道。

航空航天：航空航天行业对轻量化、高强度、高温抗氧化和抗腐蚀等性能优异的复合材料需求很大。例如，复合材料在飞机机身、机翼、舵面等结构件的制造中得到广泛应用。

汽车工业：汽车行业追求轻量化、高强度和正向冲撞性能，因此高性能复合材料在汽车结构、车身和内部零部件（例如车顶、车门、座椅等）中的应用逐渐增加。

建筑与基础设施：在建筑和基础设施领域，高性能复合材料广泛应用于结构加固、桥梁、储罐、建筑外墙、屋顶等部位，以提高结构强度、耐候性和防火能力。

体育与休闲用品：高性能复合材料在体育用品和休闲设备中的应用也较为广泛，例如高性能碳纤维网球拍、高性能复合材料自行车框架、高性能滑雪板等。

电子和通信：高性能复合材料在电子和通信领域中用作散热材料、封装材料以及高频电路板。它们具有优异的导热性、绝缘性和机械强度。

能源和环境：用于能源和环境应用领域的高性能复合材料，例如在可再生能源领域中的风能和太阳能部件、能源储存和输送设备、过滤和分离膜等。

还有其他一些细分赛道，例如医疗设备、军事防护、海洋工程等。这些细分赛道各有特定的需求和挑战，对高性能复合材料的性能、工艺、成本、环保等方面提出了不同的要求。通过专注于不同的细分赛道，产业企业能够专注发展特定领域的技术和产品，从而获得竞争优势并满足特定市场需求。

政策：《中国制造 2025》重点领域的材料基础

在世界各国一系列重大科技工程和研究计划的推动下，全球高性能纤维及其复合材料前沿技术不断取得突破，产业化步伐也逐渐跨入成熟发展阶段。我国高性能纤维及复合材料在我国相关部委的支撑和推动下，经过数十年发展，通过各类科技项目实施、专项能力建设和国家级创新研究机构设立等措施，技术与产业发展均取得了可喜成绩。

高性能复合材料也是《中国制造 2025》中诸多重点领域发展的材料基础，随着我国国家战略的转型和国民经济发展新思路的提出，对高性能高分子复合材料的发展与应用提出了迫切需求。目前，我国高性能复合材料的发展虽已取得实质性进展，但高性能纤维增强体、树脂基体以及复合材料制备的产业化进程相对缓慢，部分领域与世界材料强国相比尚有一定差距。因此在当前阶段，我国在高性能复合材料领域应重点关注功能复合材料（除机械性能以外而提供其他物理性能的复合材料），以及结构复合材料（指以承受力的作用为主要用途的复合材料）等。

近二十年来，在国家政策的大力支持下，国内高性能纤维及复合材料飞速发展，近几年的专利申请量约占到全球的 80%，整体发展态势也明显强于全球其他国家。虽然在全球高性能纤维及复合材料产品市场中，中国企业仍不具有优势，但是中国创新企业已发力打破国外技术封锁，实现国产替代。下一步，国内创新企业仍要继续对高端产品线进行研发和技术突破，实现高端产品的自给自足。

应用：终端应用面面观

作为最大的复合材料终端应用市场，汽车行业对复合材料并不陌生。除了开创性的车辆设计，复合材料还有助于使车辆更轻、更省油。汽车需要可靠、同步的机构，其部件能够承受摩擦、腐蚀和温度波动。

建筑界在对复合材料的理解和使用方面正经历大幅的增长。复合材料在大型项目中为建筑师和设计师提供了更多的设计可能性，并且它们在商业和住宅建筑中的使用越来越多。在建筑领域，碳纤维的高强度特性正在发挥积极作用。碳纤维强度极高、柔软易铺，可用于修补加固建筑物，使其如同全新建筑物。

通过制造能够利用可持续能源的材料结构，复合材料在可再生能源中的使用将发挥越来越重要的作用。与金属结构相比，复合材料重量更轻、运输和安装成本更低，最重要的是，复合材料结构整个生命周期内的维护成本更低，可为大型项目提供经济的解决方案。

例如，风力涡轮机叶片的轻量化和复杂的翼型形状使复合材料成为该领域的主要研发方向，使用复合材料的模具设计能够用最少的劳动力经济地制造叶片。目前的研究和开发旨在满足陆基和离岸系统涡轮和转子叶片所需的尺寸增加。而在储能领域，多功能储能复合材料（MESC）是通过将电池层嵌入结构中，以互锁铆钉固定电池层，从而提高机械性能。实验测试显示，MESC 可具有与其他材料相当的电化学行为。而与软包电池相比，在 60% 的封装效率下，MESC 获得了 15 倍的机械刚度。复合材料在储能领域的其他代表性应用包括航空航天用氢气罐、氢燃料电池系统、天然复合材料材质电池。

降低碳纤维成本是复合材料市场的绝佳机会。当前，碳纤维主要是基于聚丙烯腈（PAN）获得，其在航空航天应用中的成本很高。用于制造航空级碳纤维的原材料的低成本和高产率前驱体的开发可能会显著降低碳纤维的成本。而碳纤维成本的降低有望进一步降低碳纤维复合材料的成本，从而推动碳纤维复合材料在航空航天和汽车等各种应用中的渗透。

洞察：走向高性能化、低成本化

高性能复合材料产业的商业模式主要包括以下几种，罗列如下。

材料供应商模式：这种商业模式主要是针对高性能复合材料的原材料供应商，它们提供优质的纤维增强材料、基体材料和添加剂等。这些供应商通常与复合材料制造商直接合作，提供符合其特定需求的材料。

解决方案提供商模式：解决方案提供商针对特定的应用领域，为终端用户提供可以解决其问题或满足其需求的整合解决方案。他们与合作伙伴进行多方合作，包括材料供应商、工程公司、设计机构等，共同提供产品和服务。

技术与服务提供商模式：这类商业模式主要关注于为高性能复合材料制造商和使用者提供技术和服务，包括工艺优化、产品测试验证、技术培训等。他们可以协助企业提高生产效能、优化产品质量，并解决技术上的难题。

平台和共享经济模式：类似于产业互联网平台，提供材料和技术信息交流、产业资源共享以及市场拓展等服务。通过连接不同的参与者，促进合作与交流，进一步推动合作创新和商业合作。

长期来看，高性能高分子复合材料的发展，需要产业中的参与者相互合作和联系，坚持以重大领域应用为导向、以科学认知提升为基础、以关键技术突破为中心、以产业创新为目标，既瞄准国家重大工程急需，又兼顾前沿科学技术发展，消除制备与应用脱节的现象，快速提高产业技术成熟度，建立严格科学合理的运行机制，共同推动高性能复合材料产业的持续发展和创新。并且，要结合产业细分赛道的特点和应用场景。在高性能高分子复合材料高性能化、低成本化发展趋势的带动下，以航空和航天等国家安全领域的高端产品需求为导向，不断进行技术突破，提供关键战略基础材料保障，同时在以汽车、风力发电、压力容器等为代表的民用领域扩大应用，提升企业自身造血功能，实现国产高性能高分子复合材料产业的健康可持续性发展。

高性能复合材料的应用不断扩展，新材料、新工艺和新应用不断涌现，推动产业的发展。比如，运输行业有一种趋势是使用更大的车辆，无论是公共汽车、火车还是铰接式卡车，原因都是为了提高载荷比。面临的挑战是找到安全承载更大负载的方法，同时节省燃料并减少对环境的影响。复合材料为这一挑战提供了良好的解决。几十年来，纤维增强复合材料（FRP）已成功用于海洋应用领域，例如雷达罩和质量结构、超级游艇、工作船和休闲船。随着FRP的日益成熟，FRP的应用已经扩展到细分专业领域，例如轴承、螺旋桨、商业舱盖、排气装置和顶部结构。

进一步推动复合材料的发展，需要加强投入及引导，从高性能纤维增强体—复合材料—市场应用出发进行系统布局和技术攻关，夯实发展基础。重点培育技术与装备硬实力，建设复合材料设计—制造—应用为一体的完整产业技术链条。推动高性能高分子复合材料在能源、交通运输、建筑工程等重点民用产业的发展，形成高性能纤维增强体研发与生产、高性能树脂研发生产和复合材料制备及应用的完备产业链。

建议进一步提升研发创新能力，加大对新材料、新工艺的投入，不断推动复合材料技术的突破和创新。鼓励产业链合作和跨学科合作，加强材料、工艺和应用相关专家之间的交流与合作，促进技术交流和创新。加强标准化和质量监管，确保产品的质量和安全性。制定并推广标准，深化与国际组织和产业联盟的合作，参与国际标准的制定和国际贸易的规范化，使产业在全球市场中更具竞争力。

结语：复合材料与可持续发展协同推进

高性能复合材料因其优异的综合性能，已经成为我国国防与国民经济建设不可或缺的战略性关键基础材料，已在航空、航天、风力发电、轨道交通、汽车等领域进行应用，发展前景广阔。建议关注可持续发展，提高环境友好型材料的研发和应用，促进复合材料产业与可持续发展目标的协同推进。

高端膜材料：小体积，大能量

概述：为高性能和高品质产品而生

高端膜材料产业可以理解为一种专门研究和生产高性能薄膜材料的产业领域。薄膜材料是一种厚度在纳米级别或亚微米级别的特殊材料。高端膜材料产业的主要目标是通过对膜材料的研究、开发和制造，为各种不同行业和应用提供面向未来的解决方案。这些方案可以包括功能性薄膜、光学膜、电子膜、电池膜、防护膜、精密测量膜等，从而满足高性能、高效率和高品质的产品需求。通过将多种不同涂层材料与基膜进行有机结合，功能膜材料实现了特定的光学性、电学性、耐候性、可加工性等性能；同时具有保护、胶粘、导电、屏蔽等多种功能，被广泛应用于包装材料、电子电器、新能源、医疗卫生、航空航天等领域。

高端膜材料产业的上游产业中，原材料供应商包括提供聚合物、金属化合物、陶瓷、纳米粒子等薄膜材料所需的原材料供应商。设备供应商提供涂覆设备、薄膜沉积设备、测试设备及其他相关的生产设备。研发机构和大学致力于薄膜材料的基础研究、新材料的开发和物性测试研究等。

下游产业中，生产商/制造商将高端膜材料应用于各个行业领域，如电子、能源、光学、包装、医疗等领域的制造商。他们利用膜材料生产各种产品，如平板显示器、太阳能电池、食品包装材料、医用设备等。使用行业涉及到高端膜材料应用的各个行业领域，例如光学领域、太阳能行业、医疗领域、电子行业、食品包装行业等。

产业链图示：

上游产业

原材料供应商→设备供应商→研发机构与大学

↓

高端膜材料产业

↓

下游产业

生产商/制造商

↓

（电子、能源、光学等领域的应用厂商）

↓

包装、医疗、电子、能源等领域的使用行业

随着国民经济的发展和科学技术进步，智能消费电子产品、互联网、航空航天、节能环保、物联网等新兴产业快速增长，对硬件设施的需求一直客观存在，从而带动了大量新兴功能膜材料的应用需求。高性能膜材料的应用领域正在逐渐拓宽，看似不起眼的膜材料，在我国水资源环境综合治理、能源结构调整及清洁利用、传统产业改造升级、社会发展和循环经济等领域中，都可以有一席之地。

现状：《中国制造 2025》中的发展重点

政策

高性能膜材料是支撑水资源、能源、传统工业升级改造、环境污染治理等领域发展的战略性高技术产业。高性能膜材料得到政府的高度重视，据有关机构统计，膜材料产业年增长速度约在 15% 左右。《中国制造 2025》中，膜产品是关键材料的发展重点，提出到 2025 年水处理膜材料的成本下降 20% 以上，特种分离膜和气体分离膜能耗下降 20%，以分离膜材料为核心的分离装备成为石油化工、煤化工等行业的主要分离手段，效率提高 30%，国产化率将超过 50%。

由于膜产业目前技术较为成熟，而我国污水资源化利用尚处于起步阶段，总览"十四五"，政策上主要围绕污水处理及环保方向，让膜产业为提高水资源的利用效率做出更大的贡献。其中，水处理膜材料已实现产业化及规模化应用，进入相对成熟期，占据绝大部分的市场份额，市场增长速度有所放缓；气体分离膜材料目前已得到初步产业化，特种分离膜材料正处于产业快速发展阶段，膜品种与应用规模不断增加，销售额进入高速增长期。随着环保要求的提高，气固分离膜、挥发性有机物回收膜等发展迅速，前景广阔。

市场：探路广阔天地

高端膜材料产业可以根据不同的功能、应用领域和特性进行细分。我们首先从行业端，通过举例来看，高端膜材料可以在多少领域找到一席之地。

光学薄膜：光学薄膜是应用于光学元件和光学设备中的一类特殊膜材料。它们具有良好的反射、透明度、抗反射、滤波和涂层等特性，用于改善光学系统的性能，例如用于消除反射、增强色彩鲜艳度、增加光透射率等。

能源薄膜：能源薄膜主要用于太阳能发电、燃料电池、电子器件等领域。例如，太阳能电池中的光吸收层、反射层和电池保护层，锂离子电池中的隔膜层等都是能源薄膜的具体应用。

包装膜：包装膜被广泛应用于食品包装、药品包装和工业品包装等领域。这些薄膜具有保鲜、隔氧、阻隔、耐高温和耐化学品腐蚀等特性，帮助延长和保护产品的保质期。

医用薄膜：医用薄膜在医疗领域发挥着重要作用，用于制备医用器械、药物缓释系统、诊断设备、手术包装和手术涂料等。这些材料通常需要具备生物相容性、防污染、可吸附有效药物和高透明度等特性。

电子薄膜：电子薄膜应用广泛，如薄膜电容器、薄膜电阻、传感器、显示屏、触摸屏等。这些应用需要薄膜具备电学特性、导电性、绝缘性和稳定性等特点。

生物膜和生物传感器：生物膜和生物传感器涉及到生物医学、生物化学、生物分析等领域，利用膜材料的特性搭建出生物传感系统，帮助检测、诊断和治疗疾病。

目前，国产膜产能得到快速扩展，并已在废水处理、食品、医药、化工等领域广泛应用。相信未来还会有更多应用空间。

我们再从膜本身的特性和功能来看高端膜材料产业的细分发展。近年来，我国在水处理膜材料、特种分离膜材料、气体分离膜材料等方向上均得到了长足发展，水处理膜材料的性能得到显著提高，缩小了与国际先进水平的差距，特种分离膜和气体分离膜材料达到国际先进水平。行业的科技创新能力和产业的市场竞争力明显提升，截至 2019 年，膜产业规模已近 2000 亿元。

从行业上下游产业看，上游行业是精细化工行业、高分子薄膜材料行业，中游是复合功能性材料行业，下游是印刷线路板厂商、模切厂、模组厂等。从整个产业链来看，产业链下游是消费电子产品组装厂，产业链终端是消费电子产品品牌厂商与最终消费者。产业链上游的精细化工行业主要生产粒子、基材、胶水、助剂等多种精细化工材料，高分子材料行业生产合成纤维及聚合物薄膜材料（如 PET、PI 等），是复合功能性材料的基础原材料。产业链下游的印刷线路板厂商主要生产 FPC，而模切 / 模组厂商主要按照终端电子产品的需求将原材料裁切、加工成符合组装标准的功能器件或材料。组装厂根据品牌厂商的要求采购 FPC、组件、材料等产品后进行组装，最终销售给终端消费者使用。

我们通过数据来看膜材料的市场规模。2021 年，全球功能性膜材料总消费量约 550 万吨，市场规模超 210 亿美元。受益于消费电子、新能源等行业的快速发展，未来高性能膜材料还将拥有更大发展潜力。2021 年，全球光学膜市场总规模达到 1624.49 亿元（人民币），中国光学膜市场规模达到 498.56 亿元（人民币），占到全球光学膜市场总份额的 30.69%。以 2021—2027 为预测区间，在此区间内，预计光学膜市场将会以 6.87% 的复合年增长率稳步增长，预计 2027 年全球光学膜市场总规模将会达到 2410.99 亿元。

2021 年，全球 PI 膜消费量约 1.6 万吨，市场规模约 10 亿美元；预计至 2030 年全球消费需求将达 2.9 万吨，年均增速约 6.5%。PI 膜市场主要分布在亚洲地区，其中，中国聚酰亚胺的产能和消费量占比在全球占比中均超 50%。截至 2021 年，中国 PET 膜行业总产能达 466 万吨 / 年，较 2020 年增长 17%，预计到 2030 年，将进一步增长至 686 万吨 / 年。未来，在新能源、消费电子产品等消费需求的带动下，预计到 2030 年全球各地区聚酯膜的消费量将达 764 万吨，2021—2030 年的复合年增率约 4%。

科技：不断改善材料性能

高端膜材料产业的发展有赖于多种技术的支持。以下分类介绍。

薄膜材料研发：高端膜材料产业的核心在于薄膜材料的研发和创新。包括膜材料的设计、合成、改性和表征等技术，以提高材料的性能和应用范围。这些技术将直接影响薄膜在电子、光学、太阳能、医疗等领域的应用效果。

高精度薄膜沉积技术：高端膜材料需要采用先进的薄膜沉积技术，如物理气相沉积（PVD）、化学气相沉积（CVD）、溅射等。通过控制沉积参数、气氛环境以及沉积动力学，保证薄膜材料具有高质量、高纯度和均匀性。

多层膜设计与优化：多层膜设计技术是将不同材料薄膜堆叠在一起以实现特定性能的关键。通过优化设计和模拟计算，达到在不同领域中实现所需的光学、电子、阻隔等特性。

膜材料性能测试和评估技术：膜材料的性能测试和评估是高端膜材料产业不可或缺的技术。包括厚度测量、折射率测试、光学透过率和透射率的表征等，以确保薄膜的质量和性能的稳定性。

薄膜表面处理和功能化技术：通过薄膜的表面处理和功能化可以赋予膜材料特定的理化性质或功能。例如，通过表面涂层、掺杂、纳米颗粒的添加等手段，改善薄膜的光学性能、疏水性能、抗污染性等。这些技术为薄膜在不同应用领域中提供了更广阔的应用空间。

研究机构和大学的研究成果和科学技术的不断创新为整个产业的发展提供了重要支持。国际上，膜材料研发及具备产业化规模的生产机构，主要集中在美国、日本和欧洲等发达国家及地区。主要研发机构包括：鲁汶大学、法国国家科学研究院、新加坡国立大学、美国能源部、俄罗斯研究院、屯特大学等；主要生产企业包括东丽、日东电工、久保田、GFT、Air Products、GE、DOW、NGK、UOP、宇部、Pall等公司。有兴趣的读者可自行查阅，深入了解。

应用：膜材料的百花齐放

从应用端看，以聚酯膜为代表的工程薄膜主要用于包装以及工业领域，而高性能薄膜则主要用于航空航天和消费电子等领域。由于电子电器用膜材料对性能要求极高，对应单价普遍较高。过去十年里，以日本企业为代表的生产商一直在尝试利用各种高性能树脂作原料研发高端膜材料。这些高端膜材料虽产量小但性能优越，可满足电子产业方面的特定需求，价格通常介于聚酯膜和聚酰亚胺膜之间，实现了低成本满足同等性能要求的多赢目标。

高性能膜材料的产业链包括制膜原材料、膜元件、膜组件、膜分离装置及工业化应用系统等，属于材料、化工、能源、生物、环境等交叉领域，其研发水平对过程工业、环保等产业发展起到至关重要的作用。

在气体分离膜材料方面，二氧化碳分离膜、氢气分离膜、有机蒸汽回收膜、气固分离膜等已实现工业化生产，并在天然气净化、氢气回收、有机蒸汽回收、气体除尘等领域得到应用，但用于纯氧分离的高温混合导体透氧膜、用于二氧化碳分离的固定载体膜、用于高温氢气分离与纯化的钯膜及合金膜等尚处于产业化初期；发展趋势主要集中在降低膜材料成本，提高膜材料选择性、渗透性及运行稳定性，含氟的气体分离膜研究等方面。

在特种分离膜材料方面，陶瓷超微滤膜已实现工业化生产，并且在过程工业领域得到广泛使用，陶瓷纳滤膜已推向市场；发展趋势主要集中在高装填密度的陶瓷膜研发、陶瓷超微滤膜的低温制备技术、提高陶瓷纳滤膜分离性能及运行稳定性，面向膜蒸馏、膜脱硫及工业废水治理等应用过程的专用高性能陶瓷膜材料开发等方面。

在水处理膜材料方面，用于脱盐过程的反渗透膜材料，已形成高压、中压及低压系列化产品并在市场上占据主导；发展趋势主要集中在聚酰胺反渗透膜材料性能提升、新型膜材料及膜过程研发、大型膜元件开发，以及进一步提高膜运行稳定性、提高脱盐率及产水量、降低运行能耗及生产成本等方面。

洞察：产学研融合助促发展

高端膜材料因其各方面优异的性能，逐渐成为自动化制造、消费电子、屏幕显示、生物医疗等领域必不可少的上游原材料，在下游应用领域具备广泛的应用场景，有广阔的发展前景。

近年来，在制造业产业升级的宏观政策背景下，电子信息制造业、消费电子产业作为战略性新兴产业发展迅猛，技术创新水平不断提升，功能性膜材料也随着下游行业的发展而不断升级。由于下游客户主要为智能手机、平板电脑、笔记本电脑、液晶电视等消费电子行业，技术创新快、新产品推出快及消费热点转换快等特征十分明显，具备快速市场响应能力的企业研发机制才能在市场竞争中获得优势。部分行业内具有研发实力的企业采用上下游"联动式"灵活研发模式，深度介入下游客户的产品设计、敏锐洞察市场走向的同时，紧密结合上游基膜、功能性涂层材料行业发展状况，获得产品先发优势，快速开发出满足市场需求的新产品。

　　高端膜材料产业的可持续发展，需要产学研联动，加快科技成果的转化。从研发端看，我国具有较强科研实力或产业化规模的研发及生产机构主要包括：中国科学院、清华大学、浙江大学、南京工业大学、中国科技大学、天津大学、西北有色金属研究院等高校院所，以及碧水源、贵阳时代沃顿、海南立升、杭州水处理中心、津膜科技、北京赛诺、宁波沁园、江苏久吾、山东天维、南京九思、江苏九天等公司。已有 10 多家以膜材料生产和应用为主的上市公司。但成果转化率仍还有待提高。总体而言，以膜材料生产和应用为主的上市公司企业规模相对较小，创新能力有待进一步加强。不少原创性膜材料停留在实验室研究阶段，后续的成果转化缺少相应的平台、资金和人力等方面的支撑，转化速度慢，难以实现应用。同时，高性能膜材料产品的生产，与生产原料、成型加工、自动化控制等密切相关，属于多学科交叉领域，目前尚未形成有效的多学科联动机制，以实现高性能膜材料快速发展。

　　从应用需求看，做好产学研融合，高性能膜材料有望展现更多潜力。具体而言，功能性膜材料广泛应用于消费电子产品、屏幕显示组件、FPC 制造、新能源电池、汽车电子等众多领域，从细分产品看，光学功能膜是中国功能性膜材料市场的主要产品。从 2022 年中国功能性膜材料市场产品结构来看，光学功能膜占比最大，达到 39.46%，分离功能膜和包装功能膜次之，占比达到 28.67% 和 17.64%。

　　尽管我国高性能膜材料已取得了长足进步，但仍面临挑战需要突破。

首先，原始创新能力仍然需要加强。我国对膜材料分离机理和制备工艺还未形成实质性突破，膜材料基础结构设计能力薄弱，膜材料产品性能及规格品种有待进一步提高和扩展。国产膜产品跟踪模仿较多，原创性产品较少。一些应用领域尽管已有国产膜材料，但产品性能与国外产品相比仍有差距，膜产品规格不全，造成实际应用中国产膜产品竞争性不强。

其次，在大型工程或高端领域应用程度不够。目前我国在高端应用领域，使用的膜产品大多被国外产品垄断，国产膜材料市场占有率不到10%，举例来说，在大型化学工业过程中（大型海水淡化和大型水处理工程中）。尽管部分国产膜产品已具备一定市场竞争力，但基于"国产膜元件—膜设备—膜工程"的应用系统还有待进一步开发。

高性能膜材料之后的发展路径是什么？首先，为进一步有效推进我国高性能膜材料技术及产业发展，应该加强原创性基础研究。比如，构建面向应用过程膜材料的分子设计、表面性质调变和孔道微结构控制方法；研究分离过程中膜表面、限域效应及物质在纳微孔道的传递行为，在膜材料的基础理论方面取得突破。

其次开发高性能膜材料产品。面向国家重大需求，攻克高性能低成本水处理膜（如混合基质膜、抗污染反渗透膜、有机—无机复合膜材料、有机纳滤膜等）、特种分离膜（耐酸型中空纤维分子筛膜、高装填密度低成本陶瓷膜、先进离子交换膜等）及气体分离膜（挥发性有机物回收膜、新型高温分离膜、二氧化碳分离膜等）等规模化制备关键技术，开发面向重大工程或高端领域应用的高性能膜材料产品。

再次加强国产膜材料应用示范。开展膜集成应用技术研究，开拓国产膜技术在煤化工、石油化工、生物能源等领域的应用，积极推进膜技术在大宗化学品分离中的应用，尤其是电子级溶剂和化学品生产中的应用，开展集成应用示范等。

结语：环境友好社会视角下的高端膜材料产业

环保议题和可持续发展目标推动高端膜材料产业在相关领域的应用，而高端膜材料产业本身的应用也应注重可持续发展和环境友好，同时也关注资源利用效率和材料回收等问题。基于膜材料的产业创新和技术进步，高端膜材料产业为其他领域的进一步发展和创新提供了支持，有望为社会和经济的可持续发展做出积极贡献。

高端装备：工业强国的必由之路

概述：推动工业转型升级的引擎

当前，全球贸易格局和秩序正在重构，全球制造产业竞争进入新阶段，高端装备制造已成为全球制造业竞争的焦点。高端装备产业是指以先进技术和高附加值为特征，涵盖多个领域的制造业产业。它主要包括高精密机床、航空航天装备、电子设备、信息技术设备、新能源设备、新材料设备等领域的制造与研发。高端装备制造业以高新技术为引领，处于价值链高端和产业链核心环节，作为推动工业转型升级的引擎，决定着整个产业链综合竞争力的战略性新兴产业，是现代产业体系的脊梁。

高端装备产业一般具有以下四个特点。

先进技术：高端装备产业注重研发和应用先进的技术，包括机械、电子、软件、材料等多个领域的技术创新。这些技术可以提高产品的性能、精度、可靠性和智能化水平。

高附加值：高端装备产业的产品具有较高的附加值和市场竞争力。这些产品往往具备先进的技术和功能，满足高端市场需求，具有较高的利润率和附加值。

多领域覆盖：高端装备产业覆盖多个领域，如航空航天、能源、交通、通信、医疗、环保等。它不仅提供关键设备和技术支持，也推动了其他产业的技术升级和发展。

制造与研发并重：高端装备产业不仅包括产品的制造，也涵盖了研发、设计和工艺等环节。它需要具备高水平的研发和创新能力，以满足不断变化的市场需求。

高端装备产业的上下游产业可以根据具体的装备类型和应用领域有所不同，一般可以分为以下几个主要环节。

上游产业是指为高端装备产业提供原材料、零部件和关键技术的产业。包括材料供应商和加工商、零部件制造商、关键技术研发机构等。

中游产业是指将上游产业提供的原材料和零部件进行加工、组装和集成的产业。包括高端装备的制造商、装备集成商、工程设计机构等。

下游产业是指使用高端装备进行生产或提供服务的产业。包括各个应用领域的企业，如航空航天、汽车制造、能源等行业。此外，服务产业是指为高端装备产业提供售后服务、维修、培训等支持的产业。包括维修服务商、培训机构、技术咨询公司等。

下面是一个简单的高端装备产业链图示：

上游产业：材料供应商、零部件制造商、关键技术研发机构

↓

中游产业：高端装备制造商、装备集成商、工程设计机构

↓

下游产业：航空航天、汽车制造、能源等行业

↓

服务产业：维修服务商、培训机构、技术咨询公司

大力培育和发展高端装备制造业，是提升我国产业核心竞争力的必然要求，是抢占未来经济和科技发展制高点的战略选择，对于加快转变经济发展模式、实现由制造业大国向强国转变具有重要战略意义。

现状：新技术提供迭代发展空间

随着国家政策的支持和国内外市场需求的推动，高端装备行业总体规模正在不断扩大。"十四五"期间，工业和信息化领域推进"两化"深度融合发展是统筹建设制造强国和网络强国的重要抓手，将推进新一代信息技术与制造业、先进制造业与高端装备制造业深度融合，其数字化、网络化、智能化转型升级不断加速。助力装备制造企业升级供应链管理方式，促进高端先进制造业与现代服务业的深度融合。"两化"融合发展为装备制造业明确了数字化转型的方向。

"新基建"为装备制造业带来重要发展机遇。新型基础设施建

设投资，将为高端装备制造业产业链现代化水平的提升提供必要的底座支撑。新基建与制造业高质量发展紧密相连，是发展信息化、智能化、数字化的重要载体。未来围绕 5G 基站、数据中心、工业互联网、卫星互联网、人工智能、充电桩、特高压、高速铁路及城市轨道交通等重点新基建领域将大力带动相关先进制造业、高端装备制造业的快速发展。2022 年我国高端装备制造行业产值规模达 21.33 万亿元。预计 2024 年将接近 40 万亿元，具有超大市场规模。同时，随着近几年配套产业的完善，产业链已日渐成型，形成超大产业链。大规模、大产业链加重了产业发展筹码，有利于合作发展。

科技

中国高端装备产业将在以下核心技术上做出突破。

人工智能与机器学习：中国可以在智能控制、自主决策、自适应和自学习等方面进行研究和创新，以提高装备的智能化水平。先进制造技术突破的重点在高精度、高效率制造。这包括研发和应用精密加工技术、高性能材料加工技术、先进的数控技术等。高性能材料技术的突破点包括新型功能材料、高性能合金、先进陶瓷等。高性能材料将为高端装备提供更轻、更强、更耐高温等特性，提高装备的性能和可靠性。

新能源与清洁技术：新能源技术将在高端装备中得到广泛应用，如太阳能、风能、氢能等，以推动绿色和可持续发展。同时，清洁技术也是一个重要的发展方向，如低排放燃料、脱硫脱氮等。

大数据和物联网技术的突破有助于实现装备之间的联网和协同。这将提高装备的智能化水平、优化生产和维护过程，并提供更精确的预测和决策支持。

先进传感与控制技术：其创新突破点包括研发高精度传感器、自动化控制算法、智能控制系统等，以提高装备的监测和控制能力。

安全与可靠性技术：这个方向的研究和创新将给高端装备带来更好的安全性和可靠性，包括故障诊断与预测技术、可靠性分析与优化技术、安全控制与防护技术。

市场

"十四五"时期，我国高端装备产业发展面临以下几方面的重大挑战。

发达经济体越来越重视和支持制造业发展，这在一定程度上会对中国制造业向中高端转型升级形成较大压力。此外，新兴经济体亦出台政策积极促进制造业向中高端的转型升级。同时，国际经贸格局多变，全球产业格局面临调整，外部竞争加剧。中美经贸摩擦以来，我国制造业大而不强、基础能力整体较弱，不少环节严重受制于人的短板凸显，其中装备制造业尤为突出。提升装备制造业尤其是高端装备制造业的能力和水平是产业基础高级化过程中亟待解决的重要问题。

我国制造业以中间品贸易为主，产业链供应链稳定性面临重大挑战，产业链供应链稳定面临重大挑战，产业政策调整的外部压力加大。中美贸易摩擦，以及美欧、日等发达经济体联合推动国际贸易规则的调整与 WTO 改革，将使中国产业政策的可选工具显著减少。高端装备制造业作为高技术领域里的领头军，其上下游产业链涉及的细分领域尤其多，更需要做好防备产业链供应链危机的准备。

关键技术领域面临"卡脖子"的风险，高新技术来源渠道受阻。近年来，中兴、华为的遭遇，暴露出我们在一些关键核心技术方面短板问题仍然突出。当前我国一些制造业产业链主要集中在下游的加工组装环节和中低端制造领域，在上游的关键材料、核心零部件、核心技术设备、主要软件等方面受制于人的局面仍没有发生根本性改变，核心技术层面多个领域存在"卡脖子"风险。

高端装备制造业破局，是一个系统性的工程，需要多方协同解决。

应用

高端装备产业的细分赛道有航空航天、高铁和轨道交通、电子信息、新能源、医疗器械和生物制药等等。航空航天装备包括飞机、航天器、导弹、卫星等空中装备。该细分赛道的发展受到航空航天技术进步和需求的驱动，涉及到飞行器设计制造、航空电子、航空发动机等领域。高铁和轨道交通装备包括高速铁路、城市轨道交通等装备。随着城市化进程和交通需求的增加，高铁和轨道交通发展迅猛，涉及到列车车辆、轨道线路、通信信号等领域的装备。

电子信息装备包括计算机、通信设备、智能手机等电子设备。

电子信息装备是高端装备产业的重要组成部分，涉及到集成电路、通信网络、显示屏等技术和设备。新能源装备包括太阳能、风能、水能等新能源设备。随着环境保护和可持续发展的重要性日益凸显，新能源装备的需求不断增加，涉及到太阳能光伏板、风力发电设备、水力发电设备等。医疗器械和生物制药装备包括医疗设备、诊断仪器、药品生产设备等。随着人口老龄化和健康意识的提高，医疗器械和生物制药装备的需求不断增加。机器人和自动化装备包括工业机器人、智能制造设备等。随着工业自动化的发展和生产效率的提高，机器人和自动化装备的需求逐渐增加。

高端装备制造产业产业链长且复杂，超大规模市场有利于促进创新技术链和应用产业链深度融通，拉动和倒逼产业基础研究创新突破，同时为创新技术的检验提供了丰富场景。发展高端装备制造产业，需要具备极高的产业协同度。随着数字经济的发展和高端装备制造业的数字化进程逐步深入，我国超大规模市场优势可以大大加速产业数据积累和算法、软件的技术创新，拓展大数据、云计算、人工智能、工业互联网等新技术应用，为高端装备制造业发展提供更加丰富多元的迭代发展空间。

洞察：多变格局下的稳定持续发展

在全球经济结构调整的背景下，高端装备制造业已成为世界各国经济增长的新动能。在新一轮产业革命的大潮中，高技术制造业和装备制造业承载着重要的历史使命。高端装备制造业产业链供应链长、全球化分工细、依赖全球物流链程度高。因此，在全球经贸格局多变的格局下，高端装备制造业尤其需要提前考虑各种潜在的风险和挑战，以及时调整应对。正确研判国内外产业发展形势对我国产业在大变局中寻找新机开创新局具有重要意义。

"十四五"时期，我国高端装备产业发展面临以下几方面的重大挑战：一是国际经贸格局多变，全球产业格局面临调整，外部竞争加剧；二是产业链供应链稳定面临重大挑战，产业政策调整的外部压力加大；三是高新技术来源渠道受阻，关键技术领域面临"卡脖子"的风险，同时也带来新的发展机会。"十四五"时期，"双循环"下的区域协调发展战略为制造业产业链带来新机遇。《区域全面经济伙伴关系协定》（RCEP）的签署，给我国制造业带来了新机遇。未来将会以国内大循环吸引全球资源要素，充分利用国内国际两个市场两种资源，积极促进内需和外需、进口和出口、引进外资和对外投资协调发展，才能更好地促进制造业高质量发展。

高端装备产业的投资方向可能包括以下几个方向。

人工智能（AI）与机器学习：包括智能控制、自主决策、自适应和自学习等方面。投资人可以关注在 AI 算法研发、智能传感技术、自主导航技术等方面的创新项目。

先进制造技术：这个方向是高端装备产业的核心，包括精密加工技术、高性能材料加工技术、先进的数控技术等。投资人可以关注在这些领域的新材料、新工艺、新设备等创新项目。

新能源与清洁技术：这个方向以推动绿色和可持续发展为目标，投资人可以关注新能源技术（如太阳能、风能、氢能等）在高端装备中的应用,以及清洁技术(如低排放燃料、脱硫脱氮等)的研发和应用项目。

大数据分析和物联网技术:这个方向在高端装备产业中的应用也备受关注。投资人可以关注在大数据平台、智能感知技术、云计算等方面的创新项目。

智能制造和工业互联网:这个方向是当前高端装备产业的热点领域,投资人可以关注在智能工厂建设、工业云服务、智能设备等方面的创新项目。

安全和可靠性技术:高端装备产业对安全和可靠性的要求很高,因此相关的技术也备受关注。投资人可以关注在故障诊断与预测技术、可靠性分析与优化技术、安全控制与防护技术等方面的创新项目。

高端装备产业一直处于技术创新的前沿。中长期来看,需要关注与新兴技术领域相关的企业,例如人工智能、自动化、机器学习、物联网等。这些技术的应用将不断改变产业的格局。随着智能制造和自动化技术的发展,高端装备产业将继续推动生产过程的数字化和自动化。可以关注相关的企业,尤其是在机器人技术、自动化系统和智能工厂解决方案方面的领先企业。环境保护和可持续发展成为全球关注的焦点,高端装备产业也在逐渐转向更环保和可持续的方向。投资者可以关注与新能源、清洁技术和环保设备相关的企业和项目。高端装备产业通常涉及全球供应链和国际市场。中长期来看,投资者可以关注与供应链优化、国际合作和海外市场拓展密切相关的企业,尤其是在国际化布局和跨国合作方面的领先企业。随着全球经济结构的调整，一些战略新兴产业如人工智能、新能源汽车、智能交通等将成为高端装备产业的重要发展方向。投资者可以关注与这些新兴产业相关的企业和项目。

高端装备产业作为具有重要战略地位的产业，有着巨大的发展潜力。通过技术创新、市场拓展、人才培养和政策支持等方面的综合努力，可以进一步提升产业的竞争力，促进其稳定与可持续发展。

结语：由制造业大国走向制造业强国

高端装备制造业是以高新技术为引领，处于价值链高端和产业链核心的环节。未来，我国将坚持创新在现代化建设全局中的核心地位，把科技自立自强作为国家发展的战略支撑，发挥好制度优势和超大规模市场优势，推动我国高端装备制造业创新发展，实现由制造业大国向制造业强国转变。

未来健康

生物医药：可持续的朝阳产业

概述：服务人类生命的长度与质量

由于最为贴近人类生命的长度与质量，生物医药是永远的朝阳产业。生物医药产业专注于生物技术和医学科学的领域，通过应用生物学、遗传学、分子生物学、细胞生物学等相关科学技术，以研发、生产和商业化医疗产品、药物和治疗方法而形成相关的产业链。其目标是改善人类健康和治愈疾病。广义的生物医药产业由生物技术产业与医药产业共同组成，其中生物技术包含基因工程、细胞工程、发酵工程、酶工程、生物芯片技术、基因测序技术、组织工程技术、生物信息技术等；医药产业则由医学工程和制药产业（Pharmacy）组成，涵盖药物和医疗器械的研发、生产、商品流通、相关医疗技术及配套服务。

近两年全球新冠肺炎疫情的大爆发，让世界各国愈发重视生物医药产业的发展，令其已然成为新一轮科技革命和国家竞争的焦点领域。我们简要介绍生物医药产业的上下游产业。

上游产业：第一是科研与开发，包括新药研发、基因工程、药理学研究等，为生物医药产业提供创新的科学和技术支持。第二是原材料供应，即生物制药的生产需要的各种原材料，如生物酶、细胞培养基、药物载体等。

核心产业：第一是生物制药，如生物类似药物、基因工程药物、抗体药物等。第二是医疗器械，如医用成像设备、外科手术器械、生命支持设备等。第三是生物技术，即利用生物学原理和技术开发新产品和新技术，如基因编辑、基因测序、蛋白质工程等。第四是临床研究，即进行药物临床试验、推动新药上市并监测其安全性和有效性。

下游产业：第一是医疗服务，即提供医疗诊断、治疗和护理等服务，包括医院、诊所、医疗保健机构等。第二是药品分销与零售，即负责药品的批发、分销和销售，包括药房、药店和药品批发商等。第三是医药保险，即提供医疗保险服务，为患者支付医疗费用和药品费用。第四是医患管理，即提供疾病管理和康复服务，包括医疗咨询、远程健康监测、康复辅助技术等。

以下是一个简单的生物医药产业的上下游关系示意图：

上游产业　　核心产业　　下游产业

科研与开发——生物制药——医疗服务

↓

原材料供应——医疗器械——药品分销与零售

↓

生物技术——医药保险

↓

临床研究——病患管理

中国生物医药产业正处于快速发展阶段。在医药政策变革、金融资本注入、海外人才回流等多重利好下，中国生物医药产业正从仿制跟随走向源头创新、从进口转向国产替代、从国内走向国际。此外全国庞大的未被满足的临床需求，也将推动生物医药产业的爆发式增长。

现状：迎来黄金发展期

市场：以城市群为核心

目前，中国在全球生物医药产业发展格局中逐渐从落后变为追赶，成为全球生物医药行业最重要的创新动力、供应主体和消费市场之一。中国正迎来生物医药产业的黄金发展期，医药创新能力已从全球第三梯队进入到第二梯队。

中国生物医药产业正从仿制跟随走向创新、国产替代进口、国内走向国际。我国生物医药市场逐步繁荣，2020 年中国生物医药市场规模约 3.57 万亿元。全国已形成以长三角、环渤海、粤港澳大湾区等城市群为核心，特色产业园区零散分布为特征的产业格局。核心城市群凭借其成熟的产业基础和发展要素已形成具有一定影响力的产业集群：长三角形成以上海和苏州为核心、多城市协同发力的药物研制全领域领先和高精尖医疗耗材领先的发展优势；环渤海以北京为创新中心，药物研制水平仅次于长三角；大湾区依托电子信息和装备制造产业基础，医疗器械产值全国第一。非核心城市群也凭借其当地发展基础和资源禀赋，形成生物医药特色产业发展区域。

就商业模式而言，我们先简单介绍生物医药产业的商业模式。

研发驱动模式（Research-driven Model）：这个商业模式主要侧重于科研和创新，企业通过持续的研发和开发努力来推动新药、医疗器械、诊断工具或其他生物技术产品的创新并将其推向市场。

技术许可模式（Technology Licensing Model）：这个商业模式涉及到企业授权其专有技术或技术平台给其他公司使用，并通过技术许可费或特许权使用费来获取收入。

合作与联盟模式（Collaboration and Alliance Model）：生物医药企业经常通过与其他企业、研究机构或学术机构建立合作关系和联盟来共同开发新产品或扩大市场。这种合作形式可以包括联合研发、共享资源、共同营销等。

垂直整合模式（Vertical Integration Model）：某些生物医药企业选择在产业链的不同环节进行垂直整合，以控制生产、供应链和销售等关键环节，提高竞争力和市场份额。

个性化医疗模式（Personalized Medicine Model）：随着基因组学和精准医疗的发展，一些企业采用个性化医疗模式，根据患者的基因和生理特征提供定制化的医疗方案和药物。

高附加值服务模式（High-value Services Model）：除了生产和销售药品或医疗器械，一些企业还提供高附加值的服务，如临床试验支持、医疗咨询、医学教育培训等，以使业务多元化和增加收入。

政策：打造百亿、千亿，甚至万亿级别产业集群

生物医药产业的发展受到多种驱动力的影响。政府的支持、激励和政策引导对生物医药产业的发展起着重要的推动作用。中国多地政府把生物医药作为推动经济高质量发展的战略性产业，纷纷确立"十四五"期间打造百亿、千亿，甚至万亿级别生物医药产业集群的战略目标。2015 年是中国医药史上的重大转折。国家相继推出政策规范，药品及器械相关审评提速，开启了中国医药创新元年。一系列医改政策为中国创新药、医疗器械等领域的发展创造了战略机遇，极大巩固了生命健康产业在国家战略层级中的地位。

自 2018 年中美贸易战后，为突围生物医药领域欧美的技术垄断、抓住大量海外科研人才回流机遇、实现"卡脖子"技术创新突破，近年国家及各地政府纷纷出台各类支持创新的产业和人才政策。疫情之下，生命健康产业尤为重要。全国多地政府把打造生物医药产业集群列入"十四五"重点发展目标，出台各类专项规划、行动方案，旨在打造生物医药产业集群，促进产业长效高质量发展，

科技："资本＋技术"模式驱动

实际上，企业在商业模式设计方面有很大的灵活性，生物医药产业的复杂性、长期性和高投入特征催生医药合同外包服务的兴起。医药合同外包服务机构是指通过合同形式，为制药企业、医疗机构、中小医药医疗器械企业提供研发、生产、销售等专业化服务的科技服务机构，一般统称为"CXO"（医药行业的研发外包、生产

外包和销售外包的统称），可主要分为 CRO（医药研发合同外包服务）、CMO（医药合同生产外包服务）、CDMO（医药定制研发生产外包服务）、CSO（医药合同销售组织）。CXO 是生物医药企业控制研发及生产成本、缩短研发周期、降低研发风险的重要途径。

在"资本 + 技术"模式的驱动下，全球 CXO 市场构成"欧美主导、美国领先，亚太兴起"的格局。全球 CRO 企业和约 2/3 的 CMO 产能主要集中在欧美生物医药集群优势较强的国家。亚太地区由于更低的成本、更充沛的化学和生物人才资源为 CXO 的发展带来了肥沃的土壤。目前，印度凭借其语言、临床资源和政策优势，成为了亚太地区 CMO 发展最好的国家。而中国凭借其更严格的知识产权保护政策，在 CRO 的发展上更胜一筹。

应用：多重社会因素促使市场内涵丰富

中国人口老龄化加剧，一系列慢性病及躯体功能障碍等健康问题催生对临床和慢病管理的市场需求。在多胎政策和消费意识提高等多重社会因素影响下，智能健康和智慧医疗、辅助生殖和母婴医疗服务、第三方医学检测等 C 端市场需求不断增加，市场内涵不断丰富。

后疫情时代，"创新突破"成为行业关键词。疫情进一步激发中国生物医药产业大量未满足的临床需求，不断涌现的优秀创新技术将持续驱动行业发展。如何构建生物医药产业创新体系，提升产业创新发展的内力，已经成为拟打造生物医药产业集群的城市需要回答的主命题。

无论是核心产业集群希望完善产业链、巩固既有发展优势，还是其他城市希望培育发展新的产业集群，都需要通过精准产业研究，把握产业未来风口，再结合本地发展基础和优势，制定适合自身的发展路径和策略。在内外部环境的推动下，中国生物医药企业正从市场导向转为创新导向，而企业创新发展离不开人才资源。可以预见，中国将形成海外人才回流和本地人才培育"双循环"，各地对专业化、复合型、高层次人才的抢夺也将更为激烈。随着生物医药产业战略地位的提升，各地政府打造生物医药产业集群的决心增强，均将致力于推动生物医药企业创新和营商环境的优化，并通过深入调研、找准细分定位和优化产业来扶持产业发展路径。

洞察：融合共享，协同发展

生物医药产业的投资者主要包括以下几类群体。风险投资公司作为专业投资机构，向初创生物医药企业提供投资，并帮助其发展壮大。它们通过购买初创企业的股权，提供资金支持和战略指导，以促进创新科技的商业化。初创企业投资者包括天使投资者和个人投资者等，他们在早期阶段投资有潜力的生物医药初创企业。这些投资者通常精通生物医药技术和产业趋势，并与创业者共同分享风险与回报。此外，大型制药公司通常有强大的研发和市场实力，他们可能通过战略投资或企业并购方式来获得前沿技术或拓展领域，以增强自身研发能力和市场地位。大型跨国医疗和高科技企业也常常通过投资和收购来拓展生物医药产业，以扩大其产品和服务范围，并提高竞争力。

资本是生物医药产业发展的核心动力。政府资金与社会资本的多元资金渠道、短线资金与长线资本的多层次体系，可为处于各生命周期的生物医药企业提供持续有力的支持，激发研发潜能，加快研发进程，提高成果落地可能性。在产业集群打造经验中，"基金 + 基地 + 产业集群"的模式为行业内普遍认可的模式。资本帮助基地引进项目、扶持产业发展，基地为产业发展提供载体和服务，而产业发展反过来为基金提供客观的投资收益，从而形成良性循环和互动，打造基地产业发展生态，实现"投资 + 招商 + 服务"的三重功能。

就投资方向，我们首先对中国在生物医药产业的核心技术上有潜力作突破的领域进行介绍。

生物医药创新药物研发：中国正在加大对新药研发的投入，力争在创新药物的发现和开发方面取得突破。中国在天然药物研发、中药现代化、药物筛选技术等方面具有得天独厚的优势，并通过结合人工智能、大数据分析和精准医学等技术手段，加速新药研发过程，提高成功率和效率。

细胞疗法和再生医学：中国在细胞疗法和再生医学领域也有很大的发展潜力。中国已经成为世界上最大的细胞治疗市场之一，拥有丰富的临床数据和临床经验。中国还在干细胞研究、组织工程和器官移植等方面取得了重要突破，并有望通过技术创新和临床实践推动细胞疗法和再生医学的发展。

人工智能在生物医药领域的应用：中国在人工智能和大数据

分析方面有很强的实力，并将其应用于生物医药领域的研发和临床实践。中国正在利用人工智能技术来解读基因组数据、加速药物筛选和发现、预测疾病风险和治疗效果等。通过整合生物医学数据和人工智能分析，中国有望在精准医学和个性化治疗方面取得突破。

医疗器械和诊断技术：中国在医疗器械和诊断技术方面也有很大的发展潜力。中国已成为世界上最大的医疗器械市场之一，并在医学影像学、无创检测、远程医疗和健康监测等领域积极探索创新。通过技术突破和产品创新，中国有望在医疗器械的研发、制造和出口方面实现跃升。这些产业核心技术领域值得投资人群体关注。

就生物医药产业的投资现状而言，2022 年，受新冠疫情、医药政策、集采常态化和中美对抗等多种因素影响，资本市场对生物医药行业的投融资更加谨慎，投融资有所降温，市场也更加趋于理性，行业进入深度调整阶段。

2022 年中国生物医药行业总计 57 家中国生物医药公司在中国大陆和香港地区完成 IPO。其中 A 股上市 49 家、H 股 8 家，分别募资 749 亿人民币、36.38 亿港元。美股无企业成功上市。2022 年 IPO 总金额和企业数量较 2021 年度出现较明显下滑。

然而，作为 IPO 主力的科创板，仍表现出了"逆境而上"的趋势：科创板平均单次 IPO 融资额 20 亿元，较 2021 年单次融资额（17 亿元）有显著提升，涨幅约 18%；再融资共 40 起，累计融资总额约 598 亿元，与 2021 年（47 起，589 亿元）相比金额稍有提升，在一定程度上说明二级市场对于 IPO 企业的"信任度"持续稳态并略有提升。

2022 年中国生物医药企业一级市场共发生 463 起融资事件，除 61 家未披露融资金额外，剩余 335 家生物医药企业总融资额超过人民币 770 亿元，其中 221 家生物医药研发企业累计 294 起融资事件的融资额占比为 66.62%。

中国 1 类新药临床在研品种总计 2104 个，与 2021 年（1586 个）相比增长明显；肿瘤仍为主打领域，同时也获得最高的融资关注度。"新冠"靶点及相关品种"淡出视野"，眼科、神经领域成为后起之秀。

此外，对投资人而言，关注公共平台的发展，有利于把控投资回报比。公共平台的搭建，有利于实现要素资源合理配置和流动，使资源投放规模化和布局均衡化，从而有效避免要素闲置和资源浪费，推动资源科学流动、有效流动，最终实现生物医药产业集群的长效发展。依据生物医药产业的特点及战略定位，当地政府或社会机构宜针对创新药械的前沿共性问题，在技术支持、产业交流、创新引导方面构建要素平台，形成融合与共享效应，可以实现生物医药产业集群协同发展与溢出发展。

结语：精准研究，创新导向

无论是核心产业集群希望完善产业链、巩固既有发展优势，还是其他城市希望培育发展新的产业集群，都需要通过精准产业研究，把握产业未来风口，再结合本地发展基础和优势，制定适合自身的发展路径和策略。在内外部环境的推动下，我国生物医药产业正转为创新导向。未来中国生物医药产业的登顶之路，将有赖于自上而下的政策引导、产业集群规划、创新体系和生态的整体构建。

脑机接口：沟通人脑与外部世界

概述：让神经信号外部系统通信

脑机接口（Brain-Computer Interface，BCI）是一种直接沟通人脑活动与外部设备（如电脑、机器人或其他电子设备）进行交互的技术。它允许人们直接通过大脑信号与外部系统进行通信并控制设备，而无须通过肌肉或其他身体运动来控制。脑机接口技术的基本原理是通过记录、处理和解码人脑活动产生的神经信号，将其转换为计算机可以理解的指令或控制信号。这些神经信号可以通过多种方式获取，如脑电图（Electroencephalography，EEG）、脑磁图（Magnetoencephalography，MEG）、功能性核磁共振成像（Functional Magnetic Resonance Imaging，FMRI）等。在功能方面，一是 BCI 从神经元那里接收到的信号，然后进行推理；二是 BCI 通过对神经细胞的刺激来实现影响人的行为（目前研究的重点是视觉、动作等）。

脑机接口产业的上下游产业涉及多个环节。上游主要包含电极、算法、BCI 芯片等软硬件设备；中游为脑机接口相关企业及合作伙伴；下游为应用领域，多集中于科研设备和医疗健康领域。以下是一般情况下脑机接口产业的上下游产业环节，并附上相应的产业链图示：

上游供应链

————————————————

EEG 设备制造商

硬件组件供应商

算法和软件开发

————————————————

中游脑机接口

————————————————

脑机接口设备制造商

脑机接口系统集成商

应用开发者和服务提供商

————————————————

下游应用环节

————————————————

医疗机构和康复中心

虚拟现实开发商和游戏公司

教育和培训

智能设备和人机交互界面

————————————————

随着计算机科学、神经生物学、数学、康复医学等多个学科的深入研究和融合，BCI 技术正在从基础研究走向商业化。一方面，从本质上了解大脑的作用机理，可以为脑部疾病的治疗提供新的思路。另一方面，以脑机接口为基础，以心念控制机器、脑控开关为基础的新一代交互方式，在医疗、教育和消费品等领域具有较大的应用前景。目前，BCI 已经成为世界上各个国家竞争的新的主要领域之一，BCI 技术已经进入了实际应用的实验阶段。

现状：从研究走向商业化

政策：作为我国国家战略的脑科学和类脑研究

脑科学和类脑研究已成为我国国家战略。2016 年我国启动中国脑计划——脑科学和类脑科学研究。在"十四五"规划和《2035 年远景目标纲要》中，人工智能和脑科学为国家战略科技力量，规划进一步指出需要加强原创性和引领性科技攻关，集中优势资源攻关科技前沿领域。

我国脑计划分为两个方向：第一，以探索大脑秘密并攻克大脑疾病为导向的脑科学研究；第二，以建立并发展人工智能技术为导向的类脑研究。2017 年四部委联合印发《"十三五"国家基础研究专项规划》明确提出了脑与认知、脑机智能、脑的健康三个核心问题。目前的布局可用"一体两翼"来概括，即以研究脑认知的神经原理为"主体"，其中又以绘制脑功能联结图谱为重点，而研发脑重大疾病诊治新手段和脑机智能新技术为"两翼"。2021 年 9 月，科技部发布了《科技创新2030—"脑科学与类脑研究"重大项目2021年度项目申报指南的通知》，涉及59个研究领域和方向，国家拨款经费预计超过31.48亿元，指南的发布标志着酝酿6年的中国脑计划项目正式启动。

按照《指南》的要求，2021年开展的课题主要包括5个方面：大脑认知原理解析；认知障碍相关重大脑疾病发病机理与干预技术；类脑计算和脑机智能技术及其应用；儿童青少年脑智发展；技术平台建设。其中，类脑计算与脑机智能技术及应用领域研究内容包括新型无创脑机接口技术、柔性脑机接口、基于新型纳米器件的神经形态芯片、支持在线学习的类脑芯片架构、基于神经可塑性的脉冲网络模型与算法、面向运动和意识障碍康复的双向—闭环脑机接口等10个课题。

工业和信息化部总工程师赵志国在2023中关村论坛上表示，我国已经形成覆盖基础层、技术层与应用层的脑机接口全产业链，并在医疗、教育、工业、娱乐等领域应用落地。后续将把脑机接口作为培育未来产业发展的重要方向，加强脑机接口应用场景的探索，加速推动脑机接口产业蓬勃发展。

科技：硬件层 + 软件层

从技术体系角度，脑机接口主要分为硬件层和软件层。硬件层包括脑电采集设备和外控设备，其中脑电采集设备包括核心部件和器件、电极、芯片、电源和材料；外控外联设备包括机械臂、仿生手、无人机等。软件层包括生物信号分析、核心算法、通信计算和安全隐私。脑机理认知方面一定程度上也属于软件仿真和实现的重要方面。

脑科学研究是人类探索自身的研究过程，脑科学的研究始于1924年，并在近年逐渐展开了商业化的开发。脑科学研究大致可分为三个阶段：第一个阶段是脑结构理解，在1924年Hansberger发明了EEG脑电捕捉设备，实现了首次人类大脑电波获取，并在之后的几年尝试控制大脑信号并提出了脑机接口的概念；第二个阶段是脑部信息读取，21世纪初，BrainGate首次尝试了侵入式脑机接口并且有较为成功的效果，可以帮助患者控制机械做出简单动作；第三个阶段是商业化项目落地，随着科技硬件逐步成熟，脑机接口应用逐步以更多元的方式出现，BrainCo、NeuraLink等公司发布商业化产品。

当前，脑机接口技术正处在技术爆发的初期，随着技术的进步，其市场将会逐渐扩大。进入21世纪后，人脑的结构与功能逐渐被人们所重视，而脑机技术也逐渐被资本市场所青睐。近年来，多国陆续提出基于生物科学、信息科学的脑计划，推动了该领域的发展。如之前所述，脑机接口技术体系主要分为硬件层和软件层。许多企业制作的软件多出于自身硬件/设备需要，基本都属于自研自用，最后与硬件/设备一起输出为解决方案。从产业的上下游关系来看，BCI芯片和算法成为核心技术壁垒。

市场：在医疗健康领域大有可为

脑机接口技术在医疗健康领域有广阔的应用前景，是目前脑机接口最大的市场应用领域，也是增长最快的领域，主要集中在"监测""改善 / 恢复""替代"和"增强"四种功能中。脑机接口技术能够突破传统的脑信息输出途径，直接实现脑与外界的交互，在医学和卫生领域有着广阔的应用前景。与此同时，伴随着对大脑结构与功能的认识，人们对大脑运动、视觉、听觉、语言等脑功能区的认识也越来越深刻。利用脑机接口设备，对这些大脑区域进行采集和分析，在神经、精神系统疾病的体检诊断、筛查监测、治疗与康复领域，具有广阔的应用前景。

脑机接口在医疗卫生领域的特定应用有以下两类。第一类是辅助性脑机与康复性脑机接口。辅助脑机接口是利用脑机接口装置来获得病人的动作意愿，从而达到对诸如假肢、外骨骼或轮椅之类的外部装置进行控制的目的。例如 2019 年 BrainCo 旗下的BrainRobotics 可以直接与肢体残端的神经和肌肉对接，用户可以用自己的大脑来控制它。第二类是康复性脑机接口。在康复性脑机接口中，因为人的中枢神经具有可塑性，所以通过脑机接口装置对大脑进行重复的反馈刺激，能够加强神经元间的连接，从而完成修复。康复型脑机接口通常与虚拟现实技术相结合，构建脑机接口的闭环康复系统，以生成三维虚拟场景，并利用 VR 对使用者进行视觉反馈。

应用：走向大众

而在娱乐业方面，脑机接口已经开始向玩具、虚拟现实 /AR 等方向发展，研发出了脑控小车、脑控 VR/AR 等虚拟现实设备，甚至可以成为"元宇宙"的一种更具代入感的入口。美国的 Cognixion 公司于 2020 年推出了一款基于 BCI 技术的 AR 头盔，该头盔可以让用户在各种不同的环境中如屏幕，游戏，手机，办公视频等产生沉浸感。比如云睿智能（EEGSmart）公司，就研发出了一款名为"Udrone"的思维无人机，它是一款以脑机接口为基础，通过思维进行控制的"思维无人机"。

当前，BCI 类游戏产品多是以评估专注力为主的初级游戏。游戏的玩法比较简单，就像是手机游戏中最早的"切水果""捕鱼"一样。

在教育方面，BCI 技术将在注意力监控、应激监控、教学设计、智能学习与记忆强化等方面取得重要进展，并有望在将来颠覆传统的教学模式。从 BCI 在教育界的应用来看，有资料显示，BCI 在儿童如诵读困难、多动症等方面有很好的疗效。清华大学心理与教育研究院的课题组前期研究表明，数学期末考试中可以记录到与学生数学焦虑特质显著相关的神经生理标志物，利用 BCI 技术及神经反馈技术对其进行调节，可以通过调控该神经生理标志物达到减轻和改善学生数学焦虑的目的。

另外，被动 BCI 技术还可用于应急管理部门、安全防护、电力、铁路、交通等领域。其中，疲劳监控是研究的热点。澳大利亚 SmartCap 公司研发的"智慧头盔"（SmartCap）能够对驾驶人（特别是矿山、物流、客运等行业）进行实时采集和分析，实现对驾驶人疲劳程度的准确判定。

洞察："脑机接口 +N"

当下脑机产业尚未形成体系，企业、研究机构大多自给自足，场景覆盖面较窄。随着技术愈发成熟和资本的持续入场，康复医疗已然成为主要市场，随着技术的推进和医疗商业化的奠基，有望推动脑机接口 +N 个行业的深度结合。

未来 10 年将是脑机接口高速发展的 10 年，全球多家脑机技术创业公司崛起，商业发展潜力巨大。创新技术将推动市场应用的想象力，未来脑机接口不再单一出现，而是与商业生态系统共进退。以康复医疗为标杆，脑机接口将落实到多行业生态之中。

像谷歌，微软，Facebook 这样的网络技术巨人，也都在为发展底层技术而进行着努力。阿里、百度、科大讯飞等企业在 2014 年开始了以投资并购方式入局脑机接口领域的布局，并相继发布了自己的 AI 大脑项目。比如，科大讯飞致力于提高课堂教学质量，并对其进行有效的评价；淘宝意念购物下单；游戏公司米哈游戏公司已经和高校达成了协议，将脑机技术技术融入到了"虚拟世界"中。

根据中国电子技术标准化研究院的《脑机接口标准化白皮书2021》，2019 年全球脑机接口市场规模约 12 亿美元，预计 2027 年达 37 亿美元，年复合增长率 15.5%。目前脑机接口主要以非侵入式为主，用于诊疗康复领域，其中医疗保健领域占比 62%，剩余为疾病治疗领域。脑机接口技术的发展将撬动医疗健康、教育、游戏甚至智能家居行业，麦肯锡 *The Bio Revolution Report* 预计未来 10—20 年，全球脑机接口产业产生经济规模将达到 700 亿—2000 亿美金。

随着人口老龄化的加剧，脑—机技术在神经类疾病中的应用潜力巨大。我国正在加快进入老龄化社会，老年大脑疾病的病人可能占到了老年人总人数的10%，而神经系统疾病的病人大部分都是以老年为主。面对如此庞大的疾病人群，脑机接口在脑疾病的康复治疗中起到了无可替代的作用，在我国，脑机接口在医学领域的应用将会有更大的发展空间。

此外，随着数字时代到来，更为智能化的生活模式，将会推动脑—机技术在智慧生活、教育、娱乐等新领域的应用。在科技进步的今天，"智能化"已经成为人类生活的一种主要发展方向。脑—机技术能够为用户提供良好的人机交互体验，在元宇宙等新型智能生活模式中有着巨大的应用潜力。

随着人们对大脑工作机制的深入了解，所收集到的数据规模将会逐渐变得无比庞大，并将会相继面临海量数据的压缩、存储、高通量、无线传输等挑战。另外，基于脑电的信息认证，以及信息的安全性与隐私保护，也将成为软件层面的一个重要课题。侵入式与非侵入式两种技术都有各自的优势和劣势，不能互相取代。这两种技术将会在很长的一段时间内共存，共同发展，开发包括脑机接口在内的多种认识大脑的工具能够增强人对大脑的理解，促进脑科学的发展；脑科学的发展，又有助于开发出更有针对性且性能更好的认识大脑工具，从而构成一个良性循环，共同加速了脑机接口技术成熟度的提升，推动细分市场的产生。

脑机接口的市场化落地存在着不确定性。当侵入式脑机接口技术在市场化落地的时候，它对基础理论研究和工程实现都有着非常高的要求，它的投资回报周期很长，对复合型人才的依赖度很高，开发成本很高，而且还需要进行临床试验等来证明安全性，所以从市场的角度来看，它的应用范围在短期之内依然较狭窄，在一段时间之内，它还主要集中在科学研究和重症医疗方面。从安全和伦理的角度，脑机接口技术存在黑客攻击、意念控制、数据窃取等隐私泄露风险。设备安全问题、个人隐私问题、知情和同意权问题、自主性和责任归属问题，以及使用脑机接口设备获取某种"能力"之后可能引起的社会公平公正问题都成为脑机接口发展的潜在挑战。

未来政策及监管制度随着技术更新而持续完善。随着 BCI 发展到更多的领域，现有的问责制和执法结构可能无法应对新型 BCI 应用程序所带来的挑战。为了促进隐私和负责任地 BCI 使用，可能还需要新的政策方法来减轻潜在风险。

结语：加强脑机接口应用场景的探索

脑机接口产业是一个新兴的领域，其规模和市场潜力正在逐渐展现。工信部将把脑机接口作为培育未来产业发展的重要方向，预计随着技术的进步和应用领域的拓展，脑机接口市场将逐步增大。在产业界共同努力下，我国已经形成覆盖基础层、技术层与应用层的脑机接口全产业链，并在医疗、教育、工业、娱乐等领域应用落地，加强脑机接口应用场景的探索，加速推动脑机接口产业蓬勃发展。

生物安全：随生物医药"水涨船高"

概述：保障公众健康安全

生物安全产业是为了预防、检测和应对生物危害、风险和灾害所构建的产业体系。生物安全产业的概念和定义可以从以下几个方面来理解。

生物危害和风险预防：生物安全产业致力于预测、评估和防范可能对人、动物、作物和环境带来风险的生物危害，包括传染性疾病、生物恐怖主义、传染病爆发、生物污染等。

灾害应对和响应：生物安全产业关注灾害事件的发生和应对，包括自然灾害，如疫情爆发或自然灾害导致的生态系统破坏，以及安全性事件，如破坏性的生物恐怖主义袭击。

面临的挑战和需求：生物安全产业紧密关注不断变化的生物威胁和挑战，以及应对这些挑战的需求。例如，新病原体的出现、抗生素耐药性等都是当前生物安全产业面临的挑战，同时也是发展创新解决方案的机会。

工具和技术的发展：生物安全产业需要不断发展并应用新技术、工具和方法，帮助提前预警、监测、侦测、诊断和治理生物危害。这包括生物监测设备、通信技术、生物安全防护装备、疫苗研发等领域的创新。

生物安全产业的上游产业中，生物研究与开发包括生物学基础研究、新药研发、疫苗研究等。生物资源与样本供应涉及生物样本采集、管理和供应，包括生物库、生物材料供应商等。设备与仪器制造用于生物实验、分析和检测的仪器设备的研发、制造和供应。

核心产业包括生物安全防护与监测，如生物安全设施、生物安全装备、防护用品等的研发、制造和供应等等，以及生物安全检测与验证，如生物危害物质检测、生物安全验证与评估等的技术研发和提供等等。

下游产业有生物安全管理与培训，如生物安全规范和操作培训、生物安全管理咨询和服务等等，以及生物安全系统集成与解决方案，如提供整体生物安全系统的集成和定制解决方案供应商等等。

下图是生物安全产业的简化产业链图示，显示了上述几个方面的主要环节和关联关系：

上游产业

生物研究与开发

生物资源与样本供应

设备与仪器制造

核心产业

生物安全防护与监测

生物安全检测与验证

下游产业

生物安全管理与培训

生物安全系统集成与解决方案

　　生物安全产业是由相关机构和企业组成的一个涵盖预防、应对和对抗生物危害、风险和灾害的产业体系。它旨在保障公众的健康安全、维护环境的生物多样性和生态稳定，同时促进社会的稳定和可持续发展。

现状：生物安全将迎来整体大幅提升

政策：生物安全攸关国家战略安全

　　生物安全关系到民众健康、社会安定和国家战略安全。2020 年 2 月 14 日，习近平总书记在中央全面深化改革委员会第十二次会议上强调，要从保护人民健康、保障国家安全、维护国家长治久安的高度，把生物安全纳入国家安全体系，系统规划国家生物安全风险防控和治理体系建设，全面提高国家生物安全治理能力。要尽快推动出台生物安全法，加快构建国家生物安全法律法规体系、制度保障体系。

　　2021 年 4 月 15 日，《中华人民共和国生物安全法》正式施行，该法的颁布和实施具有重大的里程碑意义，也标志着我国在生物安全领域进入依法治理时代。

2002 年起，科技部等 14 个部门开始立法研究与起草工作，2005 年完成《中华人民共和国生物安全法》（送审稿），2019 年 10 月《生物安全法》提请全国人大常委会一审，2020 年 4 月 26 日再次提请十三届全国人大常委会第十七次会议审议，2020 年 10 月 17 日第十三届全国人民代表大会常务委员会第二十二次会议通过，2021 年 4 月 15 日起施行。从起草到颁布实施历时近廿载，足以说明生物安全法涉及面之广、立法难度之大。

《生物安全法》以保障我国人民生命健康为立法宗旨，共十章八十八条，针对重大新发突发传染病、动植物疫情，生物技术研究、开发与应用，病原微生物实验室生物安全，人类遗传资源和生物资源安全，生物恐怖袭击和生物武器威胁，生物安全能力建立分设专门章节做出针对性规定。

随着生物安全法等法律法规的实施，以及政府对公共医疗卫生体系建设的不断推动，再加上"数字中国"战略目标下国家对新一代信息技术与行业深度融合的要求，生物安全产业发展迎来风口期。

市场：随生物医药产业整体发展而壮大

生物安全的发展离不开生物医药产业的整体进步。总体看，基于未来生物医药产业的技术属性，全球未来生物医药产业发展基础呈现出鲜明的资本市场和研发创新相互促进的良性发展格局。根据 Frost&Sullivan 的数据，以市场收入计算的全球生物医药市场规模 2016—2021 年复合年增长率为 3.9%，保持稳定增长态势，预期 2025 年全球生物医药市场收入将达到 1.71 万亿美元。

目前，全球生物医药行业呈现集聚发展态势，主要集中分布在美国、欧盟、日本、新加坡、中国等国家和地区，其中美国、欧盟、日本等发达国家和地区占据主导地位。美国生物医药产业已在世界上确立了代际优势，研发实力和产业发展领先全球，生物药品已被广泛应用到癌症、糖尿病、慢性疾病的治疗之中。欧盟凭借坚实的产业基础和技术优势紧随美国走在世界前列，日本起步虽晚但迅速发展成为亚洲领先。由于得到本国政府的积极培育和扶持，中国、印度、新加坡等亚洲国家的生物医药产业也快速发展起来。亚洲已经成为全球生物医药产业除北美、欧洲以外的另一个中心。

生物医药行业主要从生物技术的创新突破中获得发展，具有产业规模巨大、发展潜力巨大、市场表现活跃的发展前景。生物医药行业具有以下六个特征。一是知识驱动发展。生物知识的倍增期在缩短，产业化速度在加快。二是技术资本高度密集。生物医药行业是典型的知识密集型产业。三是高风险、高投入、高回报。生物医药行业的投入需要耗费巨额经费。四是产业研发周期较长。许多产品如生物药品（如疫苗、抗肿瘤药）等，从开始研制到最终转化为产品要经过许多环节，每个环节又有极其严格、复杂的审批程序。五是产业结构不对称性较强。企业形态不对称性、产业与市场之间的不对称性。六是产业集群现象明显。产业在空间聚集形成创新网络雏形，表现出明显的知识溢出效应。

中国生物医药产业已进入快速发展阶段，集聚发展态势明显。经过 30 年的发展，中国生物医药产业在环渤海、长三角、粤港澳大湾区和中西部地区初步形成四大产业集群，各自围绕着自己的中心产业园区，向外围辐射：长三角地区的上海张江药谷和苏州 BioBAY；环渤海地区的北京中关村生命科学园；粤港澳大湾区的广州科学城、国际生物岛和深圳国际生物谷；中西部地区的武汉光谷生物医药产业园和成都天府生命科技园等。

研究发现，在生物产业领域的生产加工，由跟踪仿制模仿创新再到原始创新，附加价值迈向价值链中高端，产业链呈现"微笑曲线"特征。

随着生物医药产业发展，生物安全的产业规模有望"水涨船高"。

科技：核心技术和新兴技术并行

生物安全产业的核心技术包括以下这些。

第一，生物安全规范和实践。该技术领域关注生物实验室和生物工作场所的规范化及其实践，包括设备和操作规程的设计、生物材料管理和处置、生物防护设备的使用等，确保实验室操作符合生物安全标准和实践。

第二，生物样本和生物材料管理。该技术涉及对生物样本和生物材料的采集、标记、储存和管理。包括对生物样本的追踪、质量保证及信息化管理的完善，确保生物样本的安全性和可追溯性。

第三，生物安全柜和防护设备。生物安全柜和防护设备是实验室生物安全工作不可或缺的一部分，其设计和技术应能提供实验操作中的生物防护及安全环境。这包括生物安全柜、生物防护装置、个人防护设备（如防护服、面罩和手套等）等。

第四，生物安全采集和运输技术。在采集、处理和运输生物样本和病原菌时，这些技术可以确保人员及环境的安全。它涉及到样本采集器具的选择、采样操作准则、运输容器的设计和防护方法等。

第五，生物信息安全和数据管理。针对生物安全产业中产生的大量数据，包括基因序列数据、研究数据和个人信息等，需要安全而精确地进行管理和分析。包括数据加密、网络安全、数据共享策略、数据存储和个人隐私保护等技术。

第六，生物风险评估和应急处理。该技术涉及对生物合成技术和生物安全实验中的潜在风险进行评估，以及在面临生物事故或泄露时进行快速响应和紧急处理。包括制定风险评估指南、生物灾害应急计划和危机管理等。

随着技术的不断创新和发展，生物安全产业需要继续关注和推动这些核心技术的进步和应用。同时，密切跟踪新兴技术的发展也是至关重要的，如基因编辑技术、人工智能在生物安全中的应用等，新兴技术对生物安全产业将产生深远的影响。

应用：行业端前景可观

在行业端，生物制药、CRO 等相关市场迎来长足发展和可观前景，整体市场容量和规模不断增加，行业规范化要求日益提升，生物安全需求不断扩容。Frost & Sullivan 数据显示，中国生物药的市场规模由 2012 年的 627 亿元人民币增长至 2018 年的 2622 亿元人民币，年复合增长率为 24.9%；中国 CRO 市场从 2014 年的 17 亿美元增长至 2018 年的 58 亿美元，复合增速高达 29.2%。

可以看出，国内生物安全产业将迎来整体规模的大幅提升，同时对技术性、智慧化和规范性等方面有一定要求。

洞察：探索细分产业，寻找投资"洼地"

当前生物安全产业的热门投资方向主要集中在以下领域。

第一，疫苗研发和生产。疫苗是预防传染性疾病的重要工具，在公共卫生和生物安全领域具有广阔的市场潜力。投资者青睐于疫苗领域的新技术和创新，如基因工程、细胞培养和合成生物学等领域的进展，以提高疫苗的效力、安全性和生产效率。

第二，检测和诊断技术。随着病原体的不断进化和全球化的危害增加，投资者对于新的检测方法和技术非常感兴趣，如基因测序技术、快速诊断试剂盒、生物传感技术等，以实现更快速、准确和便捷地检测和诊断各种生物危害。

第三，生物传感器和智能监测设备。生物安全领域的传感器和监测设备有助于及早预警和监测生物威胁，以实时监测和响应潜在的生物安全风险。包括空气监测传感器、快速生物检测仪器、远程监测系统等。

第四，生物安全教育和培训。人员教育和培训在生物安全产业中扮演着关键的角色，投资者对相关的教育和培训项目投资兴趣增加。包括提供生物安全培训课程、开发教育工具和技术，以培养专业人才和提高公众对生物安全的认识和参与度。

第五，生物安全信息技术和人工智能。投资方向包括基于大数据分析的预测和预警系统、生物危害数据管理和共享平台等，以提高生物安全管理和应对能力。

生物安全产业中长期投资主要有以下5个方向。

第一，创新疫苗和治疗方法。生物技术和生物医药的发展将推动新一代疫苗和治疗方法的问世，其中包括个性化和精准医疗的应用。投资者可能更倾向于支持创新的疫苗和治疗方法的研发和商业化。

第二，关键设施和基础设施建设。随着全球化和社会进步，投资者可能更注重建设和拓展生物安全设施和基础设施。包括生物安全实验室、生物样本存储中心、生物安全仓库等关键设施，以支持疾病监测、疫苗生产和医学研究。

第三，技术驱动的监测和预警系统。投资者可能寻求支持技术驱动的传染病监测和预警系统的发展。包括使用分子生物学方法、生物传感器、智能感知网络等新兴技术来提高传染病的早期检测和预测能力，以及提供实时的警报和响应。

第四，生物安全教育和专业培训。随着生物安全意识的不断提高，投资者可能会投资于生物安全教育和专业培训。包括开展相关课程和专业认证项目，培养具备生物安全知识和技能的专业人才。

培训项目可能同时面向从业人员和公众。

第五，生物安全投资领域的整合和并购。在资本市场的发展过程中，生物安全领域可能会出现整合和并购的趋势。投资者可能寻求通过并购或合作来拓展市场份额和增加产业链的纵深，加强公司竞争力和创新能力。

生物安全带动的细分产业或是未来三年的产业投资"洼地"。近期顶层推动加快推进人口健康、生物安全等领域科研力量布局，整合生命科学、生物技术、医药卫生、医疗设备等领域的国家重点科研体系。医药生物技术产业的相关领域具有高科技的重要消费属性同时，也是"新基建"领域的重要组成部分。伴随新一代信息技术的推动，食品安全、生物信息溯源、医疗信息化、医疗设备智能化、基因检测、生物疫苗及创新药研发等细分领域受益于生物安全主题的发酵，将是生物安全与新基建的共同发力所在。

作为新兴赛道，生物安全产业的整体发展未来依然面临考验。行业政策制度规范能否及时配套？产品和技术自主性能否实现突破？这些都有可能成为制约行业发展的因素。但可以坚信的是，在政策指引下，生物安全快速发展的多米诺骨牌已经推倒，产业总体发展形势值得期待。而对企业来说，在产业利好背景下和行业探索前进中，既要能抓住机遇享受红利，又要通过战略布局走准方向、合理经营规避风险，这才是长久发展之道。

结语：生物安全需要各方共同努力

生物安全产业正处于快速发展的阶段，需要政府、企业和学术界等各方的共同努力。通过持续的投资、创新、国际合作、规范监管和公众参与，可以进一步推动生物安全产业健康发展，并为社会和经济的可持续发展带来巨大的收益。

合成生物：共赢生物经济新时代已经来临

概述：以前沿科技推动生物经济

合成生物产业是指利用生物学、化学、工程学等学科的知识和技术，通过设计、合成和改造生物体的基因、生物分子和代谢途径等，以实现特定功能或生产特定产品的产业。它集合了生物技术、合成生物学、生物工程等多个领域的知识与技术，具体而言，主要包括基因编辑、合成生物学、合成基因组以及合成生物分子等方面的研究与应用。

合成生物产业的上游产业包括基因合成和合成生物学工具的研发和制造、生物学研究和生物工程技术的发展等。下游产业包括生物医药、农业生物技术、工业生物技术和环境保护等。在合成生物产业的产业链中，上游产业提供基础的技术和工具支持，包括基因合成和合成生物学工具的研发和制造。中游产业主要是生物学研究和生物工程技术的发展，通过对生物体的研究和改造，开发出各种应用。下游产业则是利用合成生物技术在不同领域进行应用，包括生物医药、农业生物技术、工业生物技术和环境保护等。这些环节相互依存，形成了完整的合成生物产业链。

以下是合成生物产业的产业链图示：

基因合成和合成生物学工具的研发和制造

↓

生物学研究和生物工程技术的发展

↓

生物医药　农业生物技术　工业生物技术　环境保护

合成生物产业的理论基础是生物学理论体系，在此基础上发展出基因编辑、合成生物学、合成基因组和合成生物分子等技术手段，通过对生物体的设计、改造和合成，以达到特定功能或生产特定产品。它对于推动生物与医药领域的科学研究、创新和产业发展具有重要意义。

现状："绿色＋数字"带来新活力

市场

合成生物学概念提出已有 20 年，20 年来，伴随着生物学、生物信息学、计算机科学、化学等学科快速发展，合成生物领域实现了从简单基因线路设计到基因组合成，多领域产品成功上市。仅仅在 2022 年一年内，全球就有 5 家公司上市，预示着合成生物学迎来新的发展阶段。根据市场研究机构的数据，合成生物产业的全球规模正在迅速增长。高效基因组编辑技术与 DNA 合成技术等核心技术助力合成生物学行业加速发展，合成生物学一级市场投资热度显著上升。

虽然具体的数据可能会因为定义和统计方法的不同而有所差异，但可以明确的是，合成生物产业在全球范围内具有巨大的市场潜力。预计到 2024 年合成生物市场规模将达 189 亿美元，2019—2024 年复合年增长率达 28.8%。生物制药市场预计到 2027 年将达到 5500 亿美元以上。这主要包括生物制药品的研发、生产和销售等环节。生物农业、生物能源和新兴领域等等都具有巨大的市场潜力。其中生物农业市场主要包括转基因作物、生物农药、生物肥料等领域，生物能源市场包括生物柴油、生物乙醇等，新兴领域市场包括合成生物材料、合成生物制品、合成生物酶等等。

合成生物产业是一个多元化的领域，涵盖了多个细分赛道。合成生物医药包括合成基因组、合成细胞、生物药物、生物制剂等方面的研究和应用。合成生物医药的发展涉及到药物研发、新型疗法的创新、定制化医疗等领域。合成生物农业是将合成生物学应用于农业领域。它包括转基因作物、生物农药、生物肥料、抗病虫害的研发与应用等。合成生物农业的发展旨在提高农作物的产量、品质和抗逆性，减少对化学农药和化学肥料的依赖，实现可持续农业发展。

合成生物能源利用合成生物学技术生产可再生能源。它包括生物柴油、生物乙醇、生物气体等生物能源的研发和产业化。合成生物能源的发展旨在减少对传统化石能源的依赖，降低温室气体排放，实现能源的可持续利用。合成生物材料赛道涉及使用合成生物学技术制造可持续、环境友好的材料。这些材料可以应用于建筑、纺织、包装、电子等领域，具有可降解性、生物相容性和可调控性等特点。合成生物材料的发展旨在减少对传统材料的依赖，推动可持续发展。

就生物酶的应用，合成生物酶利用合成生物学技术生产特定酶。这些酶可以应用于工业生产过程中的催化剂、催化反应、生物催化转化等领域。合成生物酶的发展旨在提高生产效率、降低生产成本，推动工业过程的绿色化和可持续化。在食品领域，生物技术的革命在食品领域将聚焦于 CRISPR（Clustered Regularly Interspaced Short Palindromic Repeats，即基因组编辑技术）、微生物组、蛋白质技术的应用，细胞构建、高精度控制、细胞改造能力提升、高通量研发手段等等构成生物技术的革命性能力。

科技

科学技术的不断进步是推动合成生物产业发展的重要驱动力之一。随着基因编辑、合成生物学、合成基因组等关键技术的不断突破和发展，研究人员能够更好地理解和利用生物体的基因组和代谢途径，实现对生物体的设计和改造。新技术的出现和应用为合成生物产业提供了更多的机会和可能性。

合成生物学呈现理论方法和应用实践螺旋上升的态势。基因电路的研究建立了模块化工具库，基因编辑技术的突破加快了细胞代谢网络调控的研究，工程应用的提升扩大了合成生物学的研究领域。面对生命科学的复杂问题，合成生物学需要积极引进 AI 等数字化技术，建立结构化和抽象化的科研方法，以提升研究效率，赋能产业化。可以预计，数字化技术将给合成生物学带来活力，研究者可以多加关注。我们可以看见，先进技术正在推动行业发展。高效基因组编辑技术与 DNA 合成技术是合成生物学核心使能技术，CRISPR 于 2020 年获得诺贝尔奖，芯片合成技术实现高通量基因合成，核心技术迭代更新带来合成生物学行业快速发展。

政策

随着技术的发展，合成生物产业已经覆盖医药制造、化工生产、创新能源、新材料、食品、农业等多个行业。中国将合成生物作为生物经济发展的重要技术，发布了积极的市场政策。国家重点研发计划"合成生物学"重点专项引领新的技术潮流。此外，中国对转基因来源食品添加剂的监管逐步进入常规化审批。

2021 年 12 月 29 日农业农村部印发《"十四五"全国农业农村科技发展规划》，明确"突破合成生物技术，构建高效细胞工厂和人工合成生物体系"，发展未来食品制造的"合成蛋奶油、功能重组蛋白等营养型食品的培养和制造技术"。2022 年 5 月 10 日国家发改委印发《"十四五"生物经济发展规划》，是中国首部生物经济五年规划，确定了生物经济发展的具体任务，明确提出"发展合成生物学技术，探索研发'人造蛋白'等新型食品，实现食品工业迭代升级，降低传统养殖业带来的环境资源压力"。2022 年 10 月 16 日，党的二十大报告中提出"树立大食物观""构建多元化食物供给体系"，推动包括生物技术在内的战略性新兴产业发展，构建新的增长点。

以合成生物学为技术革新的源头，可以带动一系列产业变革。利用基因工程、代谢工程、蛋白质工程等一系列生物技术构建细胞工厂，是生物食品产业中最前沿与最活跃的领域。配合下游发酵技术、分离纯化技术等科学方法，将理论研究成果转化为实际产品，构建生产过程和系统服务的全面产业，从而创造新的生产模式和经济形态。在"双碳"潮流的背景下，"负碳"导向的产业应用将迎来更多机会。

应用

从"降碳"角度，合成生物制造过程兼具绿色环保与降本增效优势。生物技术的应用可以降低工业过程能耗15%—80%，原料消耗35%—75%，减少空气污染50%—90%，水污染33%—80%。据世界自然基金会（WWF）估计，到2030年工业生物技术每年可降低10亿至25亿吨二氧化碳排放。

合成生物学正在推动一场制造业革命，探索替代原料和原有生产工艺，并进一步延伸到性能更好的产品开发。由合成生物学驱动的下一代生物制造带来新的优势：第一，替代原有制造路线（化学合成或者天然提取），通过提高生产效率，提升经济效益；第二，创造疗效更好的药品、性能优越的化学品或材料等新产品的潜力；第三，实现可持续的"循环"生产模式，使用可再生生物质原料，显著减少对化石燃料的依赖，让产业走向"绿色"。

洞察：产业需求与放量增长前瞻

整体而言，合成生物产业的发展通常经历以下几个阶段。

第一，基础研究阶段。 在这个阶段，主要聚焦于合成生物学的基础研究，包括对基因组、代谢途径和细胞工程等方面的研究。重点是理解生物系统的运作原理，寻找潜在的生物部件和生物合成路径，并建立相关的技术平台和工具。此阶段的关键是技术创新和知识积累。研发阶段需要充分预见和解决问题，提早布局下游环节（如游发酵工程、纯化工艺等），将助力产业化的成功。

第二，技术开发阶段。 在基础研究的基础上，开始开发和优化合成生物学的关键技术和工具。这包括高效的基因合成、定点基因编辑、代谢工程等技术的研发，以及相关的生物传感器、高通量筛选平台和数据分析工具等设备的开发。重点是提高技术的可行性和可扩展性，为后续的应用奠定基础。

第三，应用验证阶段。 在技术开发的基础上，开始探索和验证合成生物学在不同领域的应用潜力。这包括生物医药、农业、能源等多个领域。在这个阶段，重点是建立合作关系，与相关行业和应用领域进行合作，将技术转化为实际应用。同时，也需要考虑技术的可行性、成本效益和商业化的可行性。

第四，商业化阶段。 经过应用验证，成功的应用会进入商业化阶段。这包括建立生产工艺和生产线、大规模生产和市场推广。在这个阶段，重点是建立供应链、确保产品的质量和安全性，同时开拓市场，提高市场份额，并积极与相关产业链和价值链进行合作。

此阶段需要注重市场营销、品牌建设和商业模式的创新。

第五，**持续创新和发展阶段**。合成生物产业的持续创新和发展是一个不断循环的过程。在商业化阶段，需要继续关注技术创新、产品改进和市场需求的变化。同时，也需要不断扩大合作网络、积极参与行业协会和国际合作，以保持竞争力和持续增长。

根据目前合成生物产业的发展趋势和市场观察，可能的短期投资有以下几个方向。

第一，**生物医药大领域的投资**。生物医药领域一直是合成生物产业的热门领域，预计在短期内仍将保持强劲增长。特别是在基因治疗、细胞疗法和精准医学等领域，有望出现更多的创新和商业化机会。

第二，**可持续发展和环境领域的投资**。随着全球对可持续发展和环境保护的重视，合成生物产业在能源、环境和工业领域的投资也有望增加。这包括生物能源、生物降解塑料、碳捕获和利用等方面的项目。

第三，**数据和人工智能的投资**。合成生物产业对数据处理和人工智能技术的需求快速增加。投资者可能会关注生物信息学、合成生物学仿真和预测模型、高通量筛选和数据分析等方面的项目。

第四，**初创企业和创业投资**。合成生物产业是一个较为创新的领域，预计在短期内会持续出现许多初创企业和创业投资的活动。这些企业可能会聚焦于技术创新和商业模式创新，寻求在合成生物产业中寻找商业机会。对于产品应用公司来说，首先需要重点考虑核心产品所在细分领域的市场空间，以及产品性能、成本等核心竞争优势，其次需要考虑公司是否具备核心技术与持续研发能力，最后也需要考虑公司的产业化生产与经营能力，是否具备稳定生产能力以及强大市场推广能力。对于技术赋能公司来说，领先的技术能力与先进的技术平台是其核心竞争力，一方面可重点关注其核心技术的应用广度与成功应用的产品案例，另一方面也要持续关注其技术平台的迭代研发能力。

合成生物产业的中长期投资有以下几个方向。

第一，农业与食品领域的投资。 合成生物学在农业与食品领域的应用也具有广阔的发展前景。投资者可能会关注作物遗传改良、农业生态系统优化、食品创新等方面的项目。

第二，工业领域的投资。 合成生物学在工业领域的应用也有较大的潜力，包括生物化学品生产、生物材料和生物合成等方面。投资者可能会关注生物催化剂、生物聚合物和生物制造等领域的项目。

第三，数据和人工智能的投资。 合成生物产业对数据处理和人工智能技术的需求不断增加。投资者可能会关注生物信息学、合成生物学仿真和预测模型、高通量筛选和数据分析等方面的项目。

展望未来 1—3 年，以技术驱动的新食品作为大众消费品必将走向规模化和产业化。任何从实验室走向产业化的技术或产品，都会经历研发与产业化之间的鸿沟，企业应当有足够的技术和产品的储备，并提前思考产业需求与放量增长问题，才能有望在多赛道获得成功。

结语：合成生物的潜力与挑战

中国已展现出对合成生物技术主导的新食品的政策利好态势，将助推生物经济产业迅速成为新的增长引擎。在"双碳"大背景下，合成生物有望展现更大潜力。同时合成生物产业的发展也面临着挑战，如技术瓶颈、法规限制、伦理道德等方面的问题。但总体而言，合成生物产业具有巨大的发展潜力，将对经济增长和社会发展产生重要影响。

基因和细胞治疗：双轨监管下的蓬勃蓝海

概述：CGT 走向精准治疗

细胞和基因疗法（Cell and Gene Therapy，CGT）是继小分子、大分子靶向疗法之后的新一代精准疗法，专注于遗传性或获得性疾病的根本原因，目的是预防、治疗或治愈疾病。细胞和基因治疗产业是一门利用基因工程技术和细胞重新编程技术来治疗疾病的领域。它结合了基因编辑、基因传递和细胞重组等技术，利用修饰、操控和转移个体的基因或细胞，以达到预期的治疗效果。

基因治疗是利用基因工程技术，通过转入正常基因、抑制受损基因或影响基因表达的方式，纠正人体体内异常基因的治疗方法，以改善或预防疾病。细胞治疗是指运用器官或组织内专门的细胞或外源的细胞经调控后，移植或输入患者体内，以替代受损细胞，或者使之具有更强的免疫杀伤功能，从而达到治疗疾病的目的。细胞治疗包括细胞移植和细胞工程疗法，利用培养、扩增、改造或替代患者的细胞来恢复、调控或修复组织和器官的功能。细胞和基因治疗将细胞和基因技术相结合，通过精确的基因操作和细胞改造，实现基因和疾病关联的相关变化，以治疗特定疾病、预防疾病或者降低风险。

细胞和基因治疗产业的上下游关系如下所示。其中，箭头表示依赖关系，从上游到下游表示产业链的方向：

基础科学研究

↓

技术开发

↓

载体制备

↓

细胞和基因治疗产品生产

↓

临床试验和治疗

↓

医疗机构

↓

患者

总体而言，细胞和基因治疗产业正在成为全球医疗关键领域，投资和研发活动不断增加，有着庞大的市场规模和增长潜力。然而，由于该产业尚处于发展中，仍面临一些技术挑战、道德和伦理问题，需要持续的科研和监管支持。

现状：技术加持，市场扩容

市场

细胞与基因治疗市场持续扩容，2016 年至 2020 年，全球 CGT 市场从 0.5 亿美元增长到 20.8 亿美元，年复合增长率为 153%。预测未来 CGT 市场规模仍保持快速增长趋势，预计于 2025 年全球整体市场规模为 305.4 亿美元，2020 年到 2025 年（估计）全球 CGT 市场年复合增长率为 71%。2016 年至 2020 年，中国 CGT 市场从 0.02 亿美元增长到 0.03 亿美元，年复合增长率为 12%。预测未来中国 CGT 市场规模仍保持快速增长趋势，于 2025 年整体市场规模为 25.9 亿美元，2020 年到 2025 年（估计）中国 CGT 市场年复合增长率为 276%。

值得关注的一点是，CGT 药物新浪潮中 CDMO 扮演了至关重要的角色，因此细胞与基因治疗 CDMO 市场规模也正在快速增长。相关数据显示，全球 CGT 的 CDMO 市场规模将在 2025 年达到 114 亿美元（2021—2025 年的年复合增长率达 37%）；中国 CGT 的 CDMO 市场规模将在 2025 年达到人民币 113 亿元（2021—2025 年的年复合增长率达 40%）。

过去 30 多年来，CGT 领域经受了一个又一个的时间节点的考验。从 20 世纪 90 年代首项相关临床试验启动，到 21 世纪头十年里，因出现严重不良反应，整个领域遇冷，之后在人才、资本和政策的多重利好下，CGT 重焕新生。数十款包括嵌合抗原受体（CAR-T）疗法、干细胞疗法、溶瘤病毒疗法和基因疗法等在内的创新产品涌现，带动了产业链上下游发展。常见的细胞和基因治疗产业包括基因治疗、细胞治疗、肿瘤治疗、遗传疾病、心血管和代谢性疾病等细分赛道。

基因治疗赛道专注于利用基因工程技术来治疗疾病。这包括通过基因传递手段进行修复、替换或删除缺陷基因来治疗遗传性疾病和慢性疾病。例如，通过向细胞输送正常基因的载体（如病毒载体）来纠正单基因缺陷病。细胞治疗赛道关注利用细胞重编程和加工技术，进行细胞修复、替代或再生。这涉及到使用患者自身或特定的细胞载体进行细胞干预，例如免疫细胞疗法，即采集、增扩、改造并重新输送患者自身的免疫细胞来治疗癌症。肿瘤治疗赛道专注于利用细胞和基因治疗技术来对抗肿瘤。这包括个性化的肿瘤免疫疗法，如 CAR-T 疗法和切换受体 T 细胞（TCR）疗法，甚至通过 RNAi（RNA 干扰）等技术来抑制癌症相关基因的表达。遗传性疾病赛道关注治疗遗传性疾病和罕见病，旨在通过基因治疗或细胞重构来插入或纠正患者体内异常基因。这可能包括治疗囊性纤维化、遗传性失明、先天性免疫缺陷等疾病。心血管和代谢性疾病赛道专注于利用细胞和基因治疗技术来治疗心血管疾病、糖尿病等代谢性疾病。这包括通过基因治疗或细胞介入来改善心血管功能或调节代谢异常的方法。此外，细胞和基因治疗产业还拓展到再生医学、感染性疾病防治等多个领域，每个领域都具有独特的细分赛道。

政策

自 20 世纪 50 年代 DNA 双螺旋被发现以来，基因概念深入人心。1990 年，美国批准开展全球首例以逆转录病毒为载体的基因治疗临床试验。此后 10 年整个行业呈现欣欣向荣的发展态势。但 1999 年，一例腺病毒基因治疗发生患者死亡事件，2002 年两名患者治疗后罹患继发白血病，导致 2003 年美国食品药品监督管理局（FDA）叫停所有逆转录病毒的临床试验。2009 年，宾夕法尼亚大学利用腺相关病毒载体成功治愈患者，自此 CGT 重回大众视野。2012 年，腺相关病毒衍生的基因治疗药物 Glybera 首获欧洲药品管理局（EMA）批准上市，开启基因治疗新时代。2016 年，EMA 批准第二款治疗 ADA-SCID 的干细胞基因治疗药物 Strimvelis，2017 年，FDA 批准了基因治疗药物 Luxturna 上市。

我国近年来从国家层面相继出台多个产业鼓励政策，多次提到"基因治疗""细胞治疗"等关键技术，大力支持 CGT 行业发展，旨在构建具有国际竞争力的医药生物技术产业体系。2021 年 6 月和 9 月 NMPA 分别批准首款 CAR-T 产品奕凯达，以及首个 1 类新药 CAR-T 产品倍诺达。中国 CGT 产业监管曾经相对滞后，但经过自由发展、调整阶段目前已进入到规范化发展阶段，鼓励推动的政策方向不会变，确保引导产业健康稳定地发展。

科技

CGT 的开展基础是：细胞是所有生物的基本组成部分，基因是携带遗传信息的 DNA 功能片段，是决定人类生老病死的密码。CGT 将外源遗传物质导入靶细胞，以修饰或操纵基因的表达，改变细胞的生物学特性以达到治疗效果。细胞基因相关技术连续三年被

Nature 评为具有重大影响的生物技术。细胞基因治疗处于创新生物技术的关键时期，如同小分子药物、大分子抗体药物引领生物医药的前两次产业变革，基因治疗目前正处于技术的导入期，有望引领生物医药的第三次产业变革。

中国是仅次于美国的全球第二大研发市场，大部分集中于临床早期。从临床管线地区分布看，中国作为重要的销售市场在研管线占比高达 30%。同时，中国管线集中在临床 I、II 期，合计占比高达 93%，尚处于早期萌芽阶段。CGT 行业未来几年将进入快速发展阶段。随着产品陆续获批及销售额爬升，CGT 行业市场规模快速扩张。根据 Frost & Sullivan 数据，较为成熟的细分 CAR-T 在 2025 年产品全球销售规模将达到 90.5 亿美元，5 年复合增速为 53.0%。根据 Evaluate Pharma 数据，全球细胞和基因治疗及核酸疗法 2024 年销售规模为 437 亿美元，3 年复合增为 54.3%。

应用

细胞和基因治疗直接在基因层面操作和治疗，有望根本性治愈疾病，尤其在罕见病等传统药物较为局限的领域具备较高临床价值，应用前景广阔，将步入收获期。2021 年全球 CGT 行业融资额达 227 亿美元，全球在执行基因治疗和细胞治疗临床管线为 1941 个和 925 个，均为历史高位。目前大部分管线还处于早期阶段，预期随着研发向后期推进，行业 2025 年后将进入到快速发展阶段。

自 2017 年多个里程碑产品陆续获批开始，资本市场关注度不断提高，良好的融资环境为 CGT 这一新兴赛道的蓬勃发展提供了源动力，并为研发需求提供充足的资金支持，细胞和基因治疗行业融资热度升高，2021 年全球 CGT 行业融资额达 227 亿美元，处于历史高位。基因治疗管线储备丰富，多处于临床前及临床早期阶段，具备深厚潜力。从阶段看，大部分管线处于早期，预期随着研发推进，后续获批产品将增加。CAR-T 是细胞治疗中布局最多的细分赛道。全球研发管线较为集中，在研细胞临床试验中 48% 为 CAR-T 细胞，中国占比则高达 89%，相比全球在技术路径选择上更为集中。其余占比较高的细分包括 NK&NKT，全球占比 9%，以及 TCR-T 占比 5% 等。

洞察：随生物医药产业迸发活力

细胞和基因治疗产业的发展可以分为以下几个阶段。

第一阶段是基础科学阶段。细胞和基因治疗产业的发展始于对细胞和基因的基础研究。这个阶段关注于了解细胞和基因的生物学功能和相互作用，以及开发和优化相关的基础技术和工具。此阶段的重点是推动基础研究的进展，为产业发展奠定科学基础。

第二阶段是技术突破与临床试验阶段。在这个阶段，核心目标是将基础研究成果转化为临床实用的治疗方法。通过技术突破、针对特定疾病的临床试验和相关验证研究，确定治疗的安全性和有效性。这包括寻找理想的细胞载体、优化基因传递技术、建立临床样品库等。

第三阶段是商业化与临床应用阶段。在背靠临床试验的成功数据上，开始注重治疗的商业化和市场应用。这包括与监管机构沟通、制定产品开发计划、建立生产制造流程，确保生产所需设施、质量控制系统等。重点转移到产品结构、实际扩增规模和市场渗透率等实际商业化和营销方面。

第四阶段是个性化与定制医疗阶段。随着技术的发展和疗效的验证，个性化和定制化的细胞和基因治疗变得更加可行和实用。这扩展了疾病治疗范畴，为患者提供更精准的治疗选择。

在不同的发展阶段，产业应该关注不同的方面。基础科学阶段重点是加强基础研究，深入了解细胞和基因的生物学特性，掌握核心技术的开发与改进。技术突破与临床试验阶段应关注技术的突破和验证，特别是在关键疾病领域的临床试验，目的是确保治疗的安全性和有效性。商业化与临床应用阶段聚焦于建立商业化模式、制定市场计划、开展监管策略并建立质控系统，确保产品进入市场并进行有规模的制造。个性化与定制医疗阶段重点是开发个体化治疗解决方案，针对不同的遗传背景和疾病类型提供定制化的治疗选择。

整体而言，细胞和基因治疗产业的发展和生物医药行业的整体活力密切相关。根据 IT 桔子数据库，2021 年，我国生物医药行业投融资达到顶峰，发生投融资事件共 1009 起，投融资金额共 2563.8 亿元。而后呈现断崖式下跌，2022 年，我国生物医药行业发生融资事件 779 起，较上年下降 22.8%；融资金额为 1781.37 亿元，较上年下降 30.5%。2023 年上半年，我国生物医药行业发生融资事件仅 251 起，融资金额为 508.09 亿元。

当前细胞和基因治疗产业的热门投资方向包括以下几个方面。首先是细胞疗法和细胞工程技术，特别是 CAR-T 细胞疗法作为一种个体化的治疗方式在抗癌领域表现出色。投资焦点可能集中在加强细胞治疗工程技术，提高生产质量和成本效益，改进大规模生产工艺。其次是细胞和基因治疗的新型载体和递送系统，寻找新型病毒载体和非病毒载体，改进载体的传递效果、选择性和安全性，以推动细胞和基因治疗产品的商业化。第三是个性化基因治疗和精准医学，即投资个性化基因治疗技术，通过基因组学、转录组学和蛋白质组学的高通量技术，以及相关的数据分析和机器学习，为患者提供定制化的治疗方案。第四是细胞和基因治疗生产技术的优化，投资自动化生产技术和质量控制工艺，以提高生产效率和终产品质量一致性，并降低治疗产品的生产成本。第五是生物医学信息学和数据分析平台，其推动基因组学和生物信息学技术的创新和发展，以获得更多的疾病基因和基因相关信息，并提供细胞和基因数据分析及处理的软硬件工具。第六是临床试验和治疗规范的建立，要支持发展临床试验网络和加强全球合作，以推动基于证据的治疗方案的开发。同时，制定规范和准则，确保细胞和基因治疗的安全性和效果。

近年来，CGT 逐渐成为医药产业发展的重要方向，也是继小分子、大分子靶向疗法之后的新一代精准疗法，而细胞免疫疗法是最热的细分赛道。尽管优势显著，且拥有广阔的应用前景，但是整个 CGT 领域仍然面临诸多现实问题：技术如何从个性化向通用型转化，成本如何降低，药企如何在资本寒冬中融到足够的资金，支付方式如何惠及更多患者，商业化如何成功落地等。合作伙伴关系在细胞和基因治疗产业中的发展极为重要。建立学术机构、产业界、投资方和医疗机构之间的合作伙伴关系，促进知识共享、技术转让、市场渠道的开拓，有助于加快产业的进步和商业化发展。

结语：建立可持续发展的框架

细胞和基因治疗产业是充满潜力和机遇的领域。在科技突破和监管改革的推动下，持续加强跨领域合作、加大研究的投入以及积极参与国际合作是推动产业持续发展的关键因素。鉴于细胞和基因治疗产业涉及到基因编辑、细胞工程和人体试验等复杂的科学、伦理和法律问题，建立合理和可持续发展的法律和道德框架，为科学家、医生、制药公司和患者提供明确的指导和保护，有助于产业的稳定和安全发展。

未来智能

集成电路：数字时代的"工业粮食"

概述：现代电子信息产业的核心和基石

半导体（semiconductor）本义是材料学上的概念，是指常温下导电性能介于导体与绝缘体之间的材料。在广义上，以半导体材料制备的器件被简称为半导体。世界半导体贸易统计组织（World Semiconductor Trade Statistics，WSTS）认为半导体有四大类，分别是集成电路、分立器件、光电子器件和传感器。

而集成电路（Integrated Circuit，IC）是一种微型电子器件或部件。它采用一定的工艺，将多种电子器件（如晶体管、电阻、电容、电感等元件）和互连电路（如金属导线）等组合在一起，制作在一小块或几小块半导体晶片或介质基片上，然后再封装在一个管壳内，成为具有特定功能的微型集成电子电路，使电子元件向着微小型化、低功耗、智能化和高可靠性方面迈进了一大步。集成电路产业是指以集成电路技术为核心，涵盖设计、制造、封测、封装、销售和应用等一系列环节的产业链。

　　芯片在严格意义上是指集成电路内部的半导体芯片。按照处理的信号不同，芯片可以粗略地分为数字芯片、模拟芯片和混合芯片。数字芯片主要用于计算机、手机和智能设备，模拟芯片主要用于模拟音视频信号的处理，混合芯片主要用于通信、控制、测量领域。

　　由于集成电路占到半导体产品的 80% 以上，芯片又是集成电路的核心，所以人们经常会混用"半导体""集成电路"与"芯片"这几个概念。

　　集成电路的上游产业中，硅材料供应商提供用于制造半导体芯片的硅材料，如硅晶圆。设备供应商提供半导体生产所需的设备和工艺技术，包括晶圆制造设备、光刻机、蚀刻设备等。

　　核心产业中，设计公司负责进行集成电路的设计、验证和仿真等工作。制造厂商负责将设计好的电路转化为实际的集成电路产品。封装和测试企业对制造好的芯片进行封装和测试，确保其质量和性能。

　　下游产业中，终端设备制造商将集成电路作为核心部件广泛应用于各类终端设备制造，如智能手机、电脑、平板电脑、汽车电子等。电子系统集成商将集成电路及其他组件集成到整个系统中，并进行系统调试、优化和生产。

　　下面是集成电路产业的产业链树状图示：

```
│
├── 制造厂商
│
├── 封装和测试企业
│
├── 终端设备制造商
│
├── 电子系统集成商
│
└── 终端用户
```

集成电路以其高度集成、小型化、高速度、低功耗等特点，广泛应用于电子产品、通信设备、汽车电子、医疗器械、工业控制等领域，被认为是现代电子信息产业的核心和基石。集成电路产业的发展对于国家经济的增长、科技进步和国家安全具有重要意义。

现状：细分赛道不断涌现

市场

我国集成电路市场持续增长，产业结构不断优化。在率先经历全球产业转移和多次产业并购后，集成电路封测产业成为我国最具全球竞争力的半导体细分领域，2016 年以前销售额在三大环节中位列第一。

根据中国半导体行业协会数据，2010—2021年我国集成电路销售额从1424.0亿元增长至10 458.3亿元，年复合增长率为19.87%。近年来，以华为海思为代表的国内IC设计企业快速崛起，带动IC设计产业销售额占比快速提高，销售规模于2016年超过封测业位列第一。而中芯国际、华虹半导体等本土晶圆厂的崛起，也带动我国集成电路制造产业市场规模增长，于2020年超过IC封测位列第二。附加值更高的集成电路设计、制造产业占比提高，表明我国IC产业结构逐步优化，从封测业一家独大的模式不断发展为IC设计、制造与封测三业并举的完整集成电路产业链。

2022年半导体行业经历了产能紧张、芯片缺货、封控停工、消费电子市场下滑等动荡，半导体A股上市公司2022年业绩喜忧参半。据不完全统计，截至4月27日，在A股170家披露了2022年度业绩报告的公司中，仅有65.88%的公司实现营收增长；而盈利方面，有88家公司归母净利润出现同比下降，占比高达51.76%，超过5成。需要说明的是，入围2022年中国大陆上市公司半导体设备业务营收排名的TOP10与2021年TOP10设备商相同，没有新增。半导体上市公司市值变化同样反映出行业动荡，2022年前四个月各细分领域上市公司市值均急速下滑，随后大幅波动。

2023年开始，ChatGPT热度暴增，带动算力芯片、存储、光通信等相关概念股票价格上涨，人工智能带动芯片及上下游产业需求，将引领新一轮半导体周期。

据SEMI报告，2022年全球半导体制造设备销售金额达1076亿美元，同比增长5%，再创历史新高；2018年至2022年，全球半导体设备市场由 645 亿美元增长至 1076 亿美元，年复合增长率达到 13.65%；中国大陆半导体设备销售额 283 亿美元，仍是全球最大半导体设备市场。2022 年中国大陆设备商半导体装备业务营收排名 TOP10 合计近 300 亿元，同比增长 56%，业绩十分亮眼。在自主安全和国产替代背景下，本土化成为趋势，半导体设备进口替代成为必然。随着晶圆厂加大国产设备导入力度，半导体设备各环节国产替代有望加速发展。

半导体产业常见的商业模式有以下几种。

芯片设计与开发商业模式：这种商业模式专注于集成电路设计和开发，在市场上提供创新的芯片解决方案。设计公司通常投入大量资源用于研发、验证和仿真，然后将设计好的芯片方案授权给制造厂商或进行外包加工。收入主要来自设计费和授权费。

厂商与代工商业模式：这种商业模式专注于芯片的制造和生产，将来自设计公司的芯片设计方案转化为规模化生产。制造厂商通常会投资大量资金和设备来建设生产线，以满足市场需求。代工公司则提供生产能力，接受来自不同设计公司的订单进行芯片生产。收入主要来自芯片销售和代工费。

封装与测试商业模式：这种商业模式专注于芯片的封装和测试。封装企业将制造好的裸片进行封装，以提高芯片的性能可靠性和使用便捷性。测试企业则对封装好的芯片进行功能和性能测试，确保产品质量。收入主要来自封装和测试服务费。

终端设备制造商商业模式：这种商业模式专注于将芯片应用于终端设备的制造。终端设备制造商将芯片作为核心组件，结合其他硬件和软件，生产出各类终端设备，如智能手机、电脑、平板电脑等。收入主要来自设备销售和品牌溢价。

电子系统集成商商业模式：这种商业模式专注于将各种芯片和其他组件集成到整个电子系统中。电子系统集成商负责将芯片、封装件、电池、屏幕、操作系统等组装成完整的电子产品，并进行系统调试、优化和生产。收入主要来自电子系统销售和增值服务。

政策

我国从"十五"至"十四五"规划期间，均出台了一系列支持和引导集成电路产业的政策法规。2016 年的"十三五"规划中提出，重点发展第三代半导体芯片和硅基光电子、混合光电子、微波光电子等器件的研发与技术的应用。2021 年"十四五"规划中提出，集成电路方面，注重集成电路设计工具、重点装备和高纯靶材等关键材料研发。其中，"新型显示与战略性电子材料"重点专项里面特别强调，第三代半导体是其重要内容，项目涵盖新能源汽车、大数据应用、5G 通讯、Micro-LED 显示等关键技术。

近十年来，中国的半导体产业取得了长足的进步，但也正面临考验。从 2022 年公布的数字来看，中国的半导体产业增速仍保持正增长，芯片设计产业有望在 2027 年前突破千亿美元。但中国半导体行业在全球经济增长放缓和全球半导体行业步入下行周期的双重作用下，仍然存在着许多不确定的因素。要使中国的半导体产业能够崛起，需要政府、企业和学术界共同努力。政府可以通过制定相关政策来支持半导体产业的发展，例如加大对半导体产业的投入、鼓励企业创新等。企业可以通过加强技术研发、提高产品质量等方式来提升自身竞争力。学术界则可以加强对半导体技术的研究和发展。

科技

集成电路产业五大核心技术分别为：制程，封装测试，芯片设计，系统级封装，制造和设计自动化。制程技术是实现芯片制造和集成度提升的关键。随着制程技术的不断进步，芯片的集成度、性能和功耗指标得到显著提升。关键的制程技术包括摩尔定律、光刻技术、蚀刻技术、沉积技术、离子注入技术等。封装和测试技术是将芯片封装成最终产品的关键环节。封装技术包括封装类型（如BGA、QFN、CSP 等）和封装工艺（如焊接、金线连接等），它与芯片的引脚布局、散热和可靠性密切相关。测试技术则用于检测和验证芯片的功能和性能，确保产品质量。

芯片设计技术是实现芯片功能和性能的关键。通过不断创新和优化，芯片设计技术可以提高集成度、功耗和性能，同时减少电磁干扰、故障率和芯片面积。关键的芯片设计技术包括电路设计、芯片架构设计、时序设计、电源管理等。随着芯片功能的复杂化和系统规模的增大，封装技术也需要不断创新。封装技术与芯片间的连接、信号传输、散热和小型化等问题密切相关。系统级封装技术将多个芯片、模块和其他组件集成到同一封装中，以实现更高的集成度和性能。工业自动化是提高生产效率、降低成本和改进品质的有力工具。通过自动化技术，生产线和设计流程可以更加智能和高效地运转，从而加快产品开发和制造周期，提高生产质量和一致性。

应用

半导体下游应用广泛，涵盖智能手机、PC、汽车电子、医疗、通信技术、人工智能、物联网、工业电子和军事等各行各业。从下游需求结构看，计算机（以 PC、服务器为主）和通讯产品（以智能手机为主）构成全球半导体需求的主要需求来源，二者合计占比接近四分之三。根据 IC Insights 数据，2020 年计算机领域销售额占半导体下游比重为 39.7%，通信领域销售额占比 35.0%，其次为消费电子与汽车电子，分别占比 10.3% 和 7.5%。

集成电路产业的细分赛道有以下几个方向。

第一是通信与射频电路。其涵盖了无线通信、射频信号处理、调制解调、无线局域网等领域。在这个领域，集成电路被用于设计和制造无线通信设备、移动电话、基站、卫星通信等关键技术。

第二是汽车电子。其涉及车载娱乐系统、导航系统、安全控制系统、驾驶辅助系统等应用，同时也包括汽车电池管理、电动车控制系统等领域。

第三是工业自动化集成电路。其用于控制系统、传感器、工业机器人、PLC（可编程逻辑控制器）、数据采集与处理等关键应用，提高了工业生产效率和自动化水平。

第四是医疗电子集成电路。医疗电子领域需要各种类型的集成电路来实现医疗器械和设备的功能，为医疗行业带来新的发展机遇。这些应用包括心脏起搏器、生理监测器、医疗成像设备、健康监测设备等。

第五是消费电子集成电路。这个方向包括手机、平板电脑、家庭影音设备、电视机、游戏机和智能家居产品等。在这个细分赛道中，集成电路的性能和功耗成为消费者关注的重点。

随着技术的不断进步，新的细分赛道不断涌现，为集成电路产业提供了更广阔的发展空间。如航空航天、能源、物联网等。

洞察：走向绿色化转型

中国大陆的半导体产业要想崛起，需要在技术、投入、政策、人才、市场和合作等方面进行全面优化和提升。同时，也需要保持耐心和持久性，因为半导体产业的投入回报周期很长，需要长期稳定的投资和发展。在今后的半导体投资中，应重点关注三大热门方向。第一，AI 的硬件架构和基础设施，AI 的发展离不开 CPU（中央处理器）、GPU（图形处理器）、DPU（数据处理器），以及光通信芯片等核心技术的支持。第二，是在半导体装备和原材料上，美国不断针对半导体先进制造与先进封装产业链发布新规，在生产端限制芯片的进一步发展，高端国产替代大有可为。第三，在车用芯片方面，我国新能源车对汽车芯片的需求大量增长，国产汽车品牌引领市场，推动了国内汽车芯片的成长。

就投资趋势而言，AI 和 5G 是两个最重要的关注点。另外还有物联网相关的芯片和解决方案供应商、供应链和设备制造商。智能汽车和电动汽车的兴起带动了对汽车电子的需求增加。集成电路产业在汽车电子控制单元（ECU）、传感器、无线通信芯片、自动驾驶芯片等方面的应用前景受到广泛关注。随着光纤通信、激光雷达、光电传感器等领域的发展，集成光电子芯片和传感器的需求逐渐增长。集成电路产业在光通信芯片、激光雷达芯片、光电传感器等领域的投资潜力较大。

集成电路产业将朝着绿色化发展，减少资源消耗和环境污染。通过技术创新、合作共享、环境管理和意识提升，集成电路产业可以推动可持续发展并为实现低碳经济贡献力量。

集成电路产业的绿色化发展有 5 个关键方面。第一是芯片设计优化，即通过在集成电路的设计阶段采取绿色设计策略，如减少功耗、优化电路逻辑、降低散热等，可以使芯片在使用过程中更加节能高效。第二是芯片工艺改进，即采用更加先进和环境友好的工艺技术，如低功耗工艺、半导体材料的可回收利用等，可以减少芯片生产过程中的能源消耗和排放。第三是延长芯片使用寿命，即提高芯片的可靠性和耐用性，减少设备更新和废弃，从而降低资源消耗和电子废物的产生。第四是循环经济管理，即采取循环经济的理念，在芯片制造、使用和废弃的各个环节进行资源回收和再利用，最大化地减少对原材料的需求，并有效减少废弃物的处理和污染。第五是芯片能耗监控与管理，即通过动态调整电源供应、优化电路控制、减少能耗等手段，提高能源利用效率，加强中央处理器和其他集成电路的能耗监控与管理。

结语：向着国产化前进

集成电路是数字经济的核心基础设施之一，它为各种数字技术和应用提供支持。发展集成电路产业可以推动数字化技术的不断进步，提高数字基础设施的性能、效率和安全性。通过开发和应用先进的集成电路技术，可以实现工业自动化、智能制造、物联网等数字化转型的目标。目前国内集成电路产业中契机、人才、资金、时间四大要素均具备，处于发展的黄金时期，其国产化进程将催生众多发展机会。

智能计算：人类文明发展的重要动力

概述：重塑传统计算

计算是人类文明发展的重要动力，新的计算理论、架构、方法、系统和应用在大数据、人工智能和物联网时代推动着数字革命。近年来，我们见证了智能计算的出现，智能计算能够模拟人类智能行为和决策，新的计算范式和计算系统正在重塑传统计算。

智能计算融合了计算技术、数据分析和决策支持等领域，智能计算产业本身是通过结合计算能力和智能化算法，推动智能化计算系统和解决方案的研发、部署和应用的产业，以基于智能化算法和模型的计算能力的应用为核心，广泛应用于各个行业和领域，通过数据的智能分析和优化决策，提升效率、降低成本、创造价值，推动科技创新和推动社会进步。同时，它也与其他领域如传感器技术、网络和云计算等相互联系，推动产业的协同发展。

智能计算产业的上下游产业涵盖了从芯片制造到应用开发等多个领域。上游产业包括芯片制造和硬件设备两大板块。芯片制造是智能计算产业的核心环节之一，包括集成电路设计、芯片制造、封装、测试等。硬件设备是指智能计算系统的基础架构部分，包括服务器、计算机、物联网设备、通信设备等等。

中游产业包括软件开发工具、算法和模型设计以及数据处理和存储三大板块。软件开发工具包括调试工具、编程平台、开发环境等，以支持应用程序的开发。算法和模型设计是智能计算的灵魂，包括机器学习、深度学习、图像处理算法等。数据处理和存储支持智能计算的海量数据处理需求，包括大数据存储、数据中心技术、分布式计算等。

下游产业包括应用开发和解决方案提供商、云计算和边缘计算两大板块。应用开发和解决方案提供商基于智能计算技术，设计和开发各种应用程序和解决方案，例如人工智能、物联网、虚拟现实等。云计算和边缘计算为大规模智能计算应用提供基础设施、服务和平台，包括云计算服务提供商、边缘计算数据中心等。

智能计算中心可提供数据服务、算力服务、算法服务、生态服务等全面服务。上游供应商涉及 IT 基础架构供应商，如 AI 服务器供应商、存储设备供应商；土建基础设施供应商如水电供配系统供应商、电信运营商等等。中游涉及智能计算服务供应商、云服务供应商、IDC 服务商等等。下游涉及金融行业、电信行业、元宇宙产业、自动驾驶产业等等。需要注意的是，智能计算产业链并非线性且固定的。同一公司和组织可能在产业链中扮演不同的角色，各类供应商在产业链位置上存在交叉和重叠的情况。此外，技术和商业模式的变化也会导致智能计算产业链的调整和重构，引起产业链的不断演化和迭代，产业链有着很大的变化发展空间。

现状：结合 AI 与算力的新时代

市场

经典的超级计算机不适合人工智能对计算能力的需求。虽然算法优化可以在一定程度上减少对计算能力的需求，但它不能从根本上解决这个问题。智能计算将人工智能技术与算力相结合，从架构、加速模块、集成模式、软件栈等多个维度进行全面优化，以更好地满足实际应用场景的复杂计算需求。随着智能算法的发展，拥有丰富计算资源的机构可能在技术上有先发优势。

算力资源是数字经济发展的重要底座。工信部日前发布的数据显示，2022 年，全国在用数据中心机架总规模超过 650 万标准机架；近 5 年，算力总规模年均增速超过 25%。随着数字经济蓬勃发展，数字化新事物、新业态、新模式推动应用场景向多元化发展，算力规模也在不断扩大，算力需求持续攀升。

在此背景下，国家正在积极推进智算中心。当前我国超过 30 个城市正在建设或提出建设智算中心，整体布局以东部地区为主，并逐渐向中西部地区拓展。据国家信息中心数据，未来 80% 的场景都将基于人工智能，所占据的算力资源将主要由智算中心提供，而未来，智能计算中心的布局将会逐渐加快，并孵化多行业大模型，推动 AI 应用的落地。

政策

2022 年 1 月，国务院印发的《"十四五"数字经济发展规划》中提出"打造智能算力、通用算法和开发平台一体化的新型智能基础设施"，在过往几年中，国家发布大量智能计算相关政策，对于国内人工智能产业发展给予了高度重视，并逐渐夯实智能算力发展的基础。未来，随着"东数西算"工程全面实施，智算中心建设会进入加快发展的新阶段，智能计算也将为经济增长提供数字转型、智能升级、融合创新的新动力。

技术

就智能计算产业的核心技术来讲，主要有以下几个方面：人工智能（AI）和机器学习、深度学习、边缘计算、自然语言处理（NLP）、计算机视觉、大数据分析、量子计算等，这些核心技术相互交织并驱动着智能计算产业的创新和发展。而目前国际上只有美国、英国、加拿大、以色列、中国等几个国家的产业技术得到了广泛的认可并被视为全球领先者。中国智能计算领域的产业技术虽然得到了国际的关注，但尚未处于完全优势领先地位，仍需与各国进行合作交流，发挥大国作用，促成世界范围内的产业技术发展。

我国需要加强自身智能计算产业技术的能力，通过以下六个方面，可以在下一阶段商务智能计算产业核心技术上做出一些突破。

第一是芯片设计与制造。作为智能计算产业的核心基础，芯片设计与制造是中国下一阶段可以突破的重点领域。在人工智能芯片方面，中国可以加大对于 AI 专用芯片的研发和生产，提高性能和效能。此外，中国还可加强对半导体产业的发展支持，提升国内芯片设计和制造能力。

第二是人工智能算法和应用。中国在人工智能领域已经有很好的基础，但下一步可以进一步加强对核心算法的研究和创新，如自然语言处理、计算机视觉、强化学习等。并结合具体应用场景，开展行业领域的人工智能应用研究和产业化实践。

第三是边缘计算与物联网。发展边缘计算是智能计算产业的新趋势之一，中国可以在边缘智能计算、边缘数据存储和边缘通信等方面做出突破。此外，积极发展物联网技术与智能计算相结合，推动物联网的智能化和智能设备的广泛应用。

第四是大数据分析与隐私保护。中国面临大量数据收集和分析的挑战，因此在大数据分析领域可以积极研发高效的数据挖掘和分析技术，并注重数据的隐私保护、合规安全共享等问题。

第五是量子计算和量子通信。量子计算是下一代计算技术的前沿，中国可以增加对量子计算与量子通信的研究投入，推动量子科学技术的发展，并在量子算法、量子模拟、量子加密等领域实现突破。

第六是创新产品和解决方案。不仅要注重核心技术的发展，还需要在智能计算产业中积极推动创新产品和解决方案的开发。这包括了智能城市解决方案、智能无人驾驶系统、智能医疗和健康辅助技术等新兴领域。

应用

从算力到大模型，从 Prompt（人工智能提示词）到 AIGC（生成式人工智能），从 AI Being 到前端设备，让个人和企业的效果、效率、效验都得到显著提升，让先增效再降本成为可能。业内巨头率先看到这种可能性并付诸实践，比如微软、谷歌、Adobe 和 Amazon，国内的百度、阿里和字节跳动也有亮眼的表现。中小企业比如 SoulMachine、MidJourney，或国内的金山办公和小冰，也各有突破。各方或将出现一个全新的端到端创新生态。

企业需要根据资源和各自特色，选择发展的路径。首先，可以是面向企业，将智能算力和大模型注入到现有的平台级产品中，提供 To B 服务。以微软的 "Azure+OpenAI"、Amazon 的 "Bedrock+Titan"、阿里的 "灵骏 + 通义千问" 为代表，延续云计算时代的优势。也可以选择面向最终用户，提供现有产品的升级体验。比如，微软的 "New Bing+GPT4"，谷歌的 "Google+BARD"，阿里的 "钉钉 + 魔法棒"，字节的 "飞书 +MyAI"，金山办公的 "WPS+WPS AI"。此外，面向企业和最终用户，提供基于大模型底座，具有多种 AIGC 能力的人工智能数字人，创造多元的应用场景。这些数字人，大多可交互、有情感、真实自然，能在不同的智能设备和场景中，为用户提供知识、服务或情感陪伴。美国以 SoulMachine 的数字员工为代表，国内则以小冰的 AI Being 为代表。

洞察：标准化需求激发行业活力

智能计算产业的热门投资方向从宏观角度来看，主要包括以下几个方向。

第一是人工智能。人工智能是当前智能计算产业的热点领域。投资者对于在机器学习、深度学习、自然语言处理等方面具有突破性技术的初创公司和研究机构非常感兴趣。此外，人工智能在各个行业中的应用也是一个重要的投资方向。

第二是大数据和数据分析。数据是智能计算的重要基石。投资者对大数据采集、存储和分析能力强的技术公司和解决方案提供商十分积极。特别是在提供智能决策、商业洞察和个性化推荐等方面的数据分析技术和应用。

第三是边缘计算和物联网。随着物联网和边缘计算的兴起，投资者对于能够提供高效的边缘计算基础设施、边缘智能设备和物联网解决方案的公司非常关注。拥有技术特色和竞争优势的初创企业吸引了许多投资。

第四是量子计算与量子通信。量子计算被认为是未来重要的计算方法。对于在量子计算硬件、量子算法、量子模拟和量子通信等方面取得突破性进展的公司和研究机构，投资者表现出极大的兴趣。

第五是企业服务和解决方案。智能计算技术的应用涵盖各个行业的企业需求，因此，投资者对于提供智能企业服务和解决方案的公司有较高的投资意愿。这包括智能营销、智能供应链、智能客户服务等领域。

除了这些热门投资方向外，投资者还需持续关注那些具有独特技术优势、市场发展潜力、可持续增长能力的公司以及能够将智能计算与其他领域如医疗健康、农业、能源等相结合的创新项目的公司。

从智能计算的近期发展角度，可以关注以下几个方面。

第一是人工智能应用的扩展。 随着人工智能技术的不断发展和进步，越来越多的行业和领域将开始应用人工智能。投资者可能更加倾向于投资那些在人工智能应用上已经取得成功并有良好前景的公司。

第二是云计算和边缘计算领域的增长。 云计算和边缘计算已经成为支撑智能计算的重要基础。投资者可能对云计算和边缘计算解决方案提供商、数据中心和边缘设备制造商等领域感兴趣。

第三是物联网和智能设备。 物联网的应用在各个行业中都展现出了巨大的潜力。投资者可能会对与物联网相关的解决方案、智能设备和传感器的制造商感兴趣。

第四是数据隐私和安全。 随着数据泄露和个人隐私问题的加剧，数据隐私和安全保护变得越来越重要。相关技术和解决方案供应商可能会引起投资者的关注。

从智能计算的中长期发展角度，则可以关注以下四个方面。

第一是数据驱动的决策和洞察。 数据将继续成为智能计算产业的核心。投资者可能会寻找那些提供多维数据分析、数据驱动的智能决策和洞察的解决方案。相关技术包括大数据分析、机器学习模型等。

第二是**自动化与智能工业化**。智能计算技术的发展将推动自动化和智能工业化的广泛应用。投资者可能会对提供智能制造、智能物流、智能机器人、自动驾驶等解决方案的公司感兴趣。

第三是**物联网的普及和应用**。物联网连接了越来越多的设备和系统，产生了海量数据和互联互通的可能性。投资者可能会关注物联网的支持基础设施、物联网平台和解决方案供应商。

第四是**增长行业的数字化转型**。随着数字化转型的加速，许多传统行业需要智能计算技术的支持来提升竞争力。投资者可能会寻找在金融、零售、医疗保健、能源和交通等领域正在经历数字化转型的机会。

未来，智能计算产业的可持续发展需要全面梳理智能计算产业标准化需求，制订并持续优化智能计算标准体系。具体而言，围绕"基础通用""计算技术""计算架构""应用""计算安全"5个方面开展标准制修订工作，联动产业平台和创新载体，结合智能计算技术发展趋势和行业应用需求，在存算一体、图计算、类脑计算、光电计算、超算互联网、科学计算等关键技术领域加快标准研制工作，持续开展智能计算标准需求征集，激发智能计算行业创新活力。

结语：万物互联，走向星辰大海

智能计算是支撑万物互联的数字文明时代的新型计算理论方

法、构架体系和技术能力的总称。智能计算正在全面赋能社会治理和科学研究，将伴随着数字化的发展，融入到社会科研、教育、生产、生活等方方面面，成为支撑智慧社会的基础，智能时代的基石。

量子科技：可望可及

概述：量子理论提供解决方案

量子科技产业是指以量子物理和量子信息为基础，通过应用量子力学原理开发量子技术，提供具有独特能力和特性的产品和解决方案。它涵盖了量子计算、量子通信、量子仿真、量子传感等多个子领域。量子科技产业近年来发展迅猛，其主要特点是利用量子理论的特性，例如量子叠加态、量子纠缠和量子隐形传态等，实现比传统技术更高效、更安全的信息存储、传输和处理。

量子科技产业主要涵盖以下几方面内容。

量子计算：利用量子位和量子门等量子特性，执行超高速的计算任务，解决传统计算机难以完成的问题。

量子通信：利用量子隐形传态和量子密钥分发等技术，实现更安全的通信和数据传输，抵御窃听和破解行为。

量子仿真：通过模拟量子系统来研究和解决复杂的物理、化学以及材料科学问题，对量子材料和量子物理学的研究具有重要意义。

量子传感： 利用量子干涉和量子测量技术，实现高灵敏度和高精度的测量，应用于精密测量、地质勘探、生物医学等领域。

随着量子计算机各个路线研发工作的逐步推进，整机所需的上游硬件设备与器件选型逐渐清晰，同时，量子计算机的软件系统也在不断跟进，整个产业链上下游各环节的构成逐渐清晰与完善，各环节的参与者也在逐渐增多。

下面是一个简化的量子科技产业链图示：

下游产业

应用开发与集成 ---> 软件与算法开发 ---> 系统集成与部署

————————————————————————————

上游产业

设备与仪器生产 ---> 科学研究与理论 ---> 材料科学与制备

————————————————————————————

我们预计，到 2027 年，全球量子计算行业的产业规模将达到 87 亿美元；而到了 2028 年将快速增长到 319 亿美元，行业进入爆发增长期，到 2030 年整体产业规模预计将达到 1197 亿美元，行业应用实现较大规模的推广，整机采购、云服务与应用解决方案将获得庞大的采购量；在随后的 5 到 10 年内，该产业规模将增长到 2035 年的 6070 亿美元。

现状：全新的模式，全新的时间

市场

量子计算基于量子力学的全新计算模式，理论上具有远超经典计算的强大并行计算能力，可以为人工智能、密码分析、气象预报、资源勘探、药物设计等所需的大规模计算难题提供解决方案，并可揭示量子相变、高温超导、量子霍尔效应等复杂物理机制。全球范围内的量子计算整机开发以原型机为主，目前仍处于 NISQ（中等规模带噪声量子器件）时代的早期阶段。量子计算机的研发离实用化还很远，全球范围内可以验证的应用几乎都是在量子计算模拟器上进行的。尽管受限于真实量子计算机的研发进度，尚无法提供量子计算机的强大算力来实现完整的量子应用，但目前完全可以开发各类垂直行业应用的量子算法，利用数字计算机的算力来验证，从而为未来的实际应用做好积累和准备。

量子计算机实现的主要途径是超导量子计算机和离子阱量子计算机。虽然一项新技术的出现势必引来资本和社会的追捧，泡沫的产生存在一定的合理性。

2022 年，量子计算的发展成果呈现多元化特征，量子计算的各技术路线末端收敛的特点越发明显，各个路线均有不同程度上的突破。伴随着量子纠错的主趋势，全球量子计算的先驱者们正快速穿越 NISQ（含噪声的中尺度量子计算）时代，其中超导量子比特数量有望在新的一年里进入千位量子比特时代。

在 2022 年，量子比特数量、门保真度、量子体积、相干时间等关键指标均突破原有记录，纠错、控制等方面也取得较大进展。如果从超导、离子阱、光量子、中性原子、硅自旋、拓扑等主要六种技术路线的发展态势进行总结和分析，目前硬件层面的主要发展方向还是在于增加量子比特数量、密度和连通性，提高量子比特的质量，包括更好的相干时间和门保真度，以及设计和实施新的架构，包括 3D 设置和新的组装技术。

科技

量子科技产业的核心技术包括量子计算、量子通信、量子模拟与化学、量子传感与测量、量子材料与器件、量子软件与算法。目前量子计算的多种技术路线边并驾齐驱，各自展示着自己的优势，每条路线都有机会大放异彩。

量子计算： 量子计算是基于量子比特（qubit）的计算模型，利用量子叠加和纠缠等特性，能够在特定情况下实现指数级加速，从而解决复杂运算问题。其中核心技术包括量子比特的制备和控制、量子门的设计和实现、量子纠错和错误容忍等。

量子通信： 量子通信致力于实现量子级别的安全通信。关键技术包括量子密钥分发（QKD）用于安全的密钥分发、量子随机数生成、量子中继和量子网络的实现。

量子模拟与化学： 量子模拟利用量子计算和量子通信技术模拟复杂量子系统，以研究材料性质、分子相互作用和生物分子等。在这个领域，核心技术包括量子模拟算法和量子模拟平台的实现。

量子传感与测量： 量子传感基于量子力学的特性，利用量子态的敏感性实现高精度的测量。关键技术包括利用量子纠缠和量子叠加提高传感器的灵敏度，以及设计和实现适用于特定测量领域的量子传感器。

量子材料与器件： 量子科技产业需要高质量的量子材料和器件，如量子点、超导材料、光子集成器件等。关键技术包括材料制备、器件设计、集成以及实验室向工业化的转化。

量子软件与算法： 量子软件和算法在量子计算和量子模拟等领域发挥关键作用。关键技术包括量子算法的设计和优化、量子编程语言和开发工具的开发、量子错误纠正和优化等。

量子纠错在未来将长时间都是发展的主旋律，在各个国家争相实现量子优越性之后，量子计算正式进入含噪中等规模时代，如何理解和克服噪声成为量子计算迈向实用化的研究重点。

纵观整个量子计算的硬件系统，就目前来看，虽然有不少科研机构乃至量子公司布局了各式各样的辅助系统，但从结果来看，预计量子存储器的发展将最为迅猛。可以预见，在不久的将来，随着量子比特数目成倍递增，硬件辅助或将迎来一轮爆发式的增长。

从宏观产业链角度上来看，量子存储器虽然只占很小的一个部分，但却十分重要，2023 年 IBM 计划推出 1000 个量子比特以上的超导量子芯片，在这个数量级之上，分布式的量子计算以及大规模的量子互联、量子存储器都将成为重要的组成部分。此外，开发可组装和集成大型量子处理器的工业规模制造设施，演示不同量子计算机之间的互联和信息交换，也有广阔的前景。

政策

有关机构通过资金投入、研究成果、研究员数量、专利数量、论文发表数量和量子公司数量 6 个维度，对目前全球主要量子参与国家进行评估后可以发现，目前居于领先位置的是美国和中国，其次是欧洲各国如德国、法国等。此外加拿大与澳大利亚在专利申请数量上也位于前列。

综合来看，资金主要的投入领域包括量子计算、量子人才、建立量子研究机构等。量子计算方面，2022 年 2 月，以色列拨款 6200 万美元建造该国第一台量子计算机；10 月，德国投资 2 亿欧元开发基于离子阱的量子计算机。

以 G7 为核心的西方发达国家在 2022 年明显地加强了科技联盟的行动，互相开展政府层面的战略合作，合作培养下一代量子人才与共同投入研发基础设施等，以促进量子技术研究与量子产业发展。在过去的一年，已经看到有越来越多不同国家的大学、科研机构以及公司企业间亲密合作，共同完成对于量子计算行业某一前沿课题的研究。两国、三国，甚至更多国家之间的科研合作比比皆是。

量子信息科技对于中美来说是公平的，美国没有太多先发优势，至少目前中国企业没有被落下太多。目前，中国更多是依靠自己内部人才、技术、上游设备与器件供给，来实现量子技术的进步。为了量子信息科技的进一步发展，中国需要建立一个互相信任和充分合作的系统，共同制定发展规划或共同投入资金开发量子项目。

应用

量子科技产业涵盖了多个细分赛道，每个赛道都聚焦于特定的应用领域和技术方向。以下是一些常见的量子科技产业细分赛道。

量子计算赛道中，量子算法与量子软件开发适用于量子计算机架构的算法和软件工具，提升计算效能。量子硬件研究和开发量子比特与量子门的物理实现以及优化量子计算机的硬件结构。量子计算系统软件进展主要体现在纠错当中，编译软件方面则是多数硬件厂商均发布了自己的量子计算编程语言。

量子通信与加密赛道中，量子密钥分发（QKD）与量子安全通信使用量子力学原理实现更高安全性的通信，抵御窃听和破解风险。量子通信设备生产和开发用于传输和接收量子信号的设备，如量子中继器、量子调制解调器。

量子传感与测量赛道中，量子精密测量仪器与设备开发利用量子特性进行高精度、高灵敏度测量的仪器和传感器，如量子陀螺仪、量子放大器。量子成像与光学技术使用量子探测、量子干涉等技术实现超高分辨率的成像和光学检测。

量子仿真与优化赛道中，量子模型与模拟工具开发和应用量子模型和计算方法，解决复杂物理、化学和材料科学等问题。量子优化算法利用量子计算的性质进行组合优化、排程、路径规划等任务的求解，提升效能。

量子感知与安全赛道中，量子雷达与成像利用量子精密测量和散射物理原理进行目标探测、成像和跟踪。量子安全检测与监测应用量子特性实现安全检测与监测，如量子隐秘 Markov 模型和量子态陀螺仪。

量子材料与器件赛道中，量子薄膜和纳米器件的内容包括研发、制备和应用量子效应在纳米尺度和薄膜中的材料和器件，如量子点、量子井、量子阱材料。

这些细分赛道不仅代表了量子科技产业中的不同技术和应用领域，还为产业链提供了多个研发和商业化的机会。各个赛道之间的交叉和互动也将推动整个量子科技产业的持续发展和创新。比如，对于软件开发工作来说，未来的社区开源将成为主流模式。对于应用软件的研发来说，主要还是不断拓展与下游行业的联系，深度挖掘下游不同领域的企业需求，找准量子并行运算的优势。

经典计算机的生态圈是围绕着操作系统而存在的，量子计算机也不例外。同样，编译软件、软件开发工具和行业应用算法与软件也一样不可缺少。从各国量子计算机系统软件、量子算法和量子软件技术发展水平上来看，2022 年美国无论是在量子算法，软件及开发工具包还是在纠错软件等方面，都处于世界领先地位。中国、加拿大、日本和法国等国在各个细分领域也都有各自突出的表现。其他国家如德国、西班牙及英国等也对部分细分领域做出了重要的贡献。

洞察：NISQ 时代开启

2027 年会是量子科技产业发展一个重要的时间点。大公司将较大概率完成各自的技术路线图目标。在这之前的几年，量子科技将仍然处于 NISQ 时代的关键阶段。一方面，通用量子计算机将在比特数与保真度等方面可以实现技术突破，但是由于通用量子计算机只能满足科研实验室以及极少部分云平台的商业需求，增长稳定但缓慢。另一方面，专用量子计算机有可能实现部分应用，即相干操纵数百个量子比特，应用于组合优化、量子化学、机器学习等特定问题，指导材料设计、药物开发等。

未来量子计算的发展将集中在三个方面。

第一，继续提升量子计算性能。为了实现容错量子计算，首要考虑的就是如何高精度地扩展量子计算系统规模。在实现量子比特扩展的时候，比特的数量和质量都极其重要，需要每个环节（量子态的制备、操控和测量）都要保持高精度、低噪声，并且随着量子比特数目的增加，噪声和串扰等因素带来的错误也随之增加，这对量子体系的设计、加工和调控带来了巨大的挑战，仍需大量科学和工程的协同努力。

第二，实现专用量子模拟机并继续探索量子计算应用。这个方向是指相干操纵数百个量子比特，应用于组合优化、量子化学、机器学习等特定问题，指导材料设计、药物开发等。从当前到 2030年，全球的主要研究任务应当集中于此。

第三，实现可编程通用量子计算机。这个方向是指相干操纵至少数百万个量子比特，能在经典密码破解、大数据搜索、人工智能等方面发挥巨大作用。对于规模化的量子比特系统，通过量子纠错来保证整个系统的正确运行是必然要求，因为量子比特容易受到环境噪声的影响而出错。这也是一段时间内面临的主要挑战。由于技术上的难度，何时实现通用量子计算机尚不明确，国际学术界一般认为还需要 15 年甚至更长时间。

目前全球量子计算人才短缺，需要培养更多的人才以加速推进量子计算的发展，已有科技巨头、研究机构和初创企业等设计量子教育业务。量子教育产品帮助学生及大众通过更为直观的方式对量子计算有进一步了解。丰富校园物理实验课程，有助于引导更多人才产生对量子计算学科的兴趣，从事量子科技相关工作。

结语：算力需求下的量子未来

量子科技产业呈现出巨大的创新和应用潜力，可以为信息技术、通信、能源和材料等领域带来颠覆性的变化，推动社会经济的发展和进步。我们可以清楚地认识到，人类对于算力的需求是持续增长的。因此，我们对全球量子计算机产业的未来仍然抱有极大的信心和热情，量子计算机有望将人类的未来推向星辰大海！

人工智能：扩展智慧的边界

概述：因 ChatGPT "出圈"

人工智能产业的核心是计算机学习和算法，通过从大量数据中提取特征、训练和优化模型，使机器能够根据实际情况做出预测、分类和决策。该产业的主要目标是通过模拟人类认知和学习能力，使机器能够理解、推理、学习和解决问题，并在各个领域实现自主决策和执行任务。

人工智能产业涵盖了多个核心技术领域，如机器学习、深度学习、自然语言处理、计算机视觉和强化学习等。其应用领域非常广泛，包括但不限于机器人技术、无人驾驶、智能家居、金融和医疗等。

根据国际数据公司（IDC）的预测，到2024年，全球 AI 市场规模将达到3060亿美元，年复合增长率将达到16.5%。

人工智能产业的上下游产业相互关联，构成了完整的产业链。以下为简化版的人工智能产业链图示：

数据采集与处理 --> 数据存储与计算 --> 算法开发与优化
|
模型训练与推理
|
平台与工具（开发框架、自动化建模工具）
|
应用开发与集成 --+-- 服务与解决方案
|
硬件与芯片技术 --> 人工智能设备与系统

如今 AI 产业的最大热点，莫过于 ChatGPT 带来的搜索、问答功能以及类人互动体验，它使 AIGC 这一概念彻底出圈。对于国内的人工智能芯片公司、互联网巨头、"数据飞轮"的解决方案商，以及 AIGC 领域的初创公司来说，这都是一次巨大的机遇。ChatGPT 的兴起，给社会带来了诸多可能性。

现状：人工智能的燎原之势

政策

ChatGPT 之火点燃了人工智能燎原之势，使人工智能成为热点话题。聚焦通用人工智能发展，2023 年 7 月 6—8 日在上海举办的世界人工大会可谓举世瞩目。中国政府明确将人工智能发展视为国家战略。的确，中国在人工智能领域的发展非常迅速。

在全球范围内，在各国政府政策的推动下，许多国家也致力于人工智能产业的建设。比如，以多伦多、蒙特利尔等城市为中心，加拿大聚集了众多享有国际声誉的学术机构和研究实验室。美国众多的人工智能企业、研发机构和顶级大学，在机器学习、深度学习、计算机视觉和自然语言处理等方面取得许多突破。英国在人工智能研究方面也具有卓越的实力和很高的声誉。此外，其他国家和地区如以色列、德国、日本等也在人工智能领域有着重要的贡献和发展。

市场

随着人工智能在数据、算力、算法、工具、模型等方面的技术推进，AI 已实现由实验室到产业应用的层级跃升，更广范围、更深层次地影响着中国的经济发展与生产生活方式变革。作为可承担发展引擎功能的新兴技术，AI 已成为国际科技竞争的焦点。顺应生成式 AI、预训练大模型、国产 AI 芯片商业化落地、虚拟数字人等技术热潮，中国将持续加强人工智能布局，发挥政府及市场的积极性，共同推动普惠 AI 高质量发展。

如何在 AI 新一轮发展热潮中抢抓机遇，是 AI 产业链各环节企业关注的核心议题。从业务持续的角度考虑，把握技术变革与产品应用的融合界限，致力解决质量、ROI、安全可信等核心瓶颈；根据企业产业链角色和应用场景特点，定位各类型厂商的差异化路径深耕实践，或是 AI 企业的制胜之路。

纵观近五年来的 AI 技术商业落地发展脉络，产品及服务提供商围绕技术深耕、场景创新、商业价值创造、精细化服务不断努力；需求侧企业也在从单点试验、数据积累到战略改革的发展路线上与 AI 技术逐渐深度绑定。AI 成为企业数字化、智能化改革的重要抓手，也是各行业领军企业打造营收护城河的重要方向。落地 AI 应用对企业业务运营的商业价值与战略意义越来越明确。

中国人工智能行业在 2022 年的总体趋势是稳定向好的，以 7.8% 的速度增长。在这一年里，业务增长主要来自于由智算中心的建设和大型模型训练等应用需求所带动的 AI 芯片市场、由非接触服务所带动的智能机器人及对话式 AI 市场。当前，中国各大企业已经开始计划和投资人工智能技术，随着中小企业的广泛应用，以及大企业的稳步发展，人工智能技术将在 2027 年实现，其市场规模有望达到 6122 亿元。

产业链中的数据、算力、算法、工具、应用层都已经逐渐进入了一个良性循环的驱动阶段，人工智能产业链也在逐渐成熟。在人工智能的新一轮发展浪潮中，如何抓住机会，成为了各个领域企业共同关心的焦点问题。以商业可持续性为出发点，掌握技术创新和产品应用的结合边界，努力解决关键技术瓶颈，如质量，投资回报率，安全可信度等；以企业产业链角色和应用场景的特征为依据，对不同类型的厂商进行差异化的深入实践，或者可以说是 AI 企业的制胜之路。

科技

人工智能产业发展中关键的核心技术有以下几个方面：

机器学习（Machine Learning）：机器学习是人工智能产业

最核心的技术之一，它通过让计算机从数据中学习和改进，实现模式识别、分类、预测等任务。常用的机器学习方法包括监督学习、无监督学习和强化学习。

深度学习（Deep Learning）：深度学习是机器学习领域的一个重要分支，通过多层神经网络模拟人类大脑的神经元结构，进行特征提取和模式识别。深度学习在计算机视觉、语音识别、自然语言处理等领域有广泛的应用。

自然语言处理（Natural Language Processing，NLP）：自然语言处理技术使计算机能够理解、处理和生成人类自然语言。主要包括文本处理、文本分类与情感分析、命名实体识别、机器翻译等。

计算机视觉（Computer Vision）：计算机视觉技术使计算机能够感知、理解和分析图像和视频。其中涵盖了图像识别、目标检测与跟踪、图像生成与合成等领域。

强化学习（Reinforcement Learning）：强化学习是一种通过试错反馈来训练智能体学习如何做出决策的方法。它用于在环境中完成目标任务和最大化长期奖励。强化学习主要应用于自适应控制、智能游戏、机器人等领域。

边缘计算（Edge Computing）：边缘计算是一种将计算和数据存储设备置于离数据源和终端用户近处的计算模式。它可以提高实时性、降低网络延迟，并减少对云计算的依赖性，适用于实时和大规模数据处理的人工智能应用。

可解释性人工智能（Explainable AI，XAI）：可解释性人工智能旨在提供对人类可解释和理解的解释，以解释系统为何做出特定的推断、决策或预测。它是为了提高人们对人工智能系统决策过程的理解和信任。

这些核心技术相互关联且相互促进，同时也与其他技术领域（如大数据分析、云计算、物联网等）相结合，推动人工智能产业的创新和应用。

人工智能框架的性能和四种基础能力密不可分：软硬件协同优化能力（计算、内存、通信、数据等），分布式并行处理能力，从模型开发到部署的端到端支持能力，超大规模模型训练能力。

首先，面向未来产业发展对高性能计算的迫切需求，人工智能架构厂商应通过软硬件的协同优化，实现计算、存储、通讯、数据等资源的有效协调，并积极构建可支撑异构计算（CPU，GPU，NPU 等）的通用人工智能软硬件平台。

其次，支持分布式并行处理能力越来越成为衡量人工智能框架性能的重要指标，领先的人工智能框架厂商应该积极增强框架的分布式并行处理能力。

端到端的能力可以极大帮助人工智能企业和开发者实现人工智能项目的规模化应用，框架厂商应该为开发者提供端到端的支持，从开发到部署再到生产运维。支持人工智能项目从 0 到 1 更快落地，帮助企业从 1 到 100 实现规模化和商用化，支持千行百业实现转型升级。

最后，人工智能框架厂商应该提供覆盖端、边、云的全场景人工智能框架，云端服务可以让众多用户共同分担软硬件基础设施的投入成本，有效降低 AI 应用落地的算力资源、工程运维、数据服务等成本投入。框架厂商应该基于端、边、云的架构，构建人工智能数据平台，赋能中小型企业以及传统企业。

自 2022 年 OpenAI 发布 ChatGPT 以来，全球爆发生成式 AI 热潮，诸多科技类企业纷纷推出生成式 AI 模型、产品和相关底层基础设施及服务。

近年全球数据规模持续增长，IDC（国际数据公司）预计到 2025 年全球数据规模将达到 175ZB，为人工智能模型训练提供海量数据资源；高性能 AI 芯片的推出为大规模预训练模型提供重要算力支撑；伴随技术的不断发展，Transformer、BERT、LaMDA、ChatGPT 等模型实现快速迭代优化。在数据、算力和模型的共同推动下，全球生成式 AI 产业得以迅速发展，相关场景应用也不断丰富。

应用

值得关注的是，随着人工智能应用场景的不断拓展，数据安全和隐私保护将成为一个越来越重要的问题。中国可以在数据共享、数据匿名化等方面进行深入研究，推动数据的安全和隐私保护的技术发展。

应用场景的培育是重中之重。中国拥有全世界最完整的工业体系，几乎所有工业门类都在中国都找得到应用场景，这些丰富的下游行业应用场景和巨大的市场需求为人工智能的落地提供了坚实的发展基础。目前，中国人工智能厂商在视觉、自然语言处理、语音识别、强化学习等方面已经处于全球领先水平。而一些热门的人工智能应用已经成为行业热点并产生商业价值，比如异常检测、建模仿真或数字孪生、工业质检、智能客服和语音助手、预测性分析、客户体验、流程优化、设备监测和控制等。框架厂商应该与开发者和下游用户一起，培育更多应用场景。

值得注意的是，人工智能技术的应用涉及一系列伦理和道德问题。监管机构需要关注并引导人工智能技术的合理和正义应用，避免对社会或个体产生负面的冲击。随着人工智能技术的发展，多个系统和技术将相互连接和交互。监管可以关注和推动互操作标准和合作，促进各技术之间的互联互通，提高技术的效能和适用性。

洞察：算法、算力、数据和场景联动

虽然人工智能行业市场巨大，机会众多，但发展仍然面临一些挑战。人工智能所面对的下游行业纷繁复杂，应用场景多种多样，需求千差万别。而目前大多数的人工智能项目算法模型缺乏泛化能力，需要定制化开发。定制化的开发模式造成项目开发成本高，落地困难，无法规模化和商业化。

人工智能项目的成功，取决于算法、算力、数据和场景四大人工智能要素。人工智能框架是人工智能的操作系统，将这四大要素紧密有机地连接在一起。

人工智能产业对不同类型的投资人提供了多种投资机会。人工智能产业的特点是技术导向、创新性强，并且在风险和回报上存在一定挑战。技术专家和学术机构能够对相关技术的发展有较好的了解，可以通过投资支持公司或自主开展项目参与产业发展。在某些垂直领域，如医疗健康、智能交通、金融科技等，有经验且了解行业需求的企业和企业主，由于具备行业洞察力，能够准确把握市场需求和商机，并将人工智能技术应用于现有业务中，对人工智能产业有着独特的投资优势。人工智能产业的风险较高，但同时也有潜力带来丰厚的回报，需要投资者有一定的承受风险能力。对有长期投资意愿的投资人群体，入局人工智能产业需要对产业发展的不同阶段有更深入的了解，在投资上"扬长避短"。

在下一阶段，在科技层面，我国的科研机构、科技公司等产业参与者可以在以下几个方面做出突破。自主创新算法方面，中国可以进一步加强对人工智能算法的研究和创新，特别是在机器学习、深度学习、强化学习等领域，发展出更高效、更准确、更具实用性的算法模型，提高人工智能技术的核心竞争力。在多模态融合上，利用跨模态信息获取和语义理解的技术，将语音、图像、文字等多种数据进行学习和融合。可以改善人工智能系统的交互和理解能力。此外，强化学习被认为是实现人工智能自主学习和智能决策的关键技术之一。中国可以在强化学习领域推动更多的研究和应用，尤其是在自动驾驶、智能机器人和自动化等领域能够取得突破。可解释性人工智能（XAI）技术使机器学习和深度学习的决策过程能够解释和可视化，增加人们对人工智能系统决策的信任和理解。中国可以加强对 XAI 技术的研究和开发，提高人工智能系统的透明度和可解释性。结合边缘计算和集群联合训练的技术，提高人工智能系统在资源受限环境下的计算效率和响应速度。中国可以在边缘智能设备、边缘系统优化等方面发展应用落地的技术。

人工智能技术的迅猛发展取决于用于训练的数据的规模和质量，但人工智能没有自己的价值观，无法自己判断什么是符合伦理道德的（比如自动驾驶定责问题等），人工智能伦理问题在人工智能商业化发展中正变得越来越重要。长期发展而言，人工智能的发展需要不同角色之间的紧密合作和协同。公司之间、学术界和产业界之间、政府和企业之间等各方都需要分享知识、合作创新和推动产业生态环境发展。

结语：应用场景融合赋能

人工智能产业化进程正从 AI 技术与各行业典型应用场景融合的赋能阶段，逐步向效率化、工业化生产的成熟阶段演进。随着预训练大模型技术研发进展和 ChatGPT 这一"现象级"语言大模型产品的发布，政府引导、资本入场、巨头布局、产业链企业积极投入，AI 产业又现蓬勃发展态势，AI 工业化生产进程将再次提速。

6G：驱动应用场景加速升级

概述：对 5G 的演进和发展

6G，即第六代移动通信标准，也被称为第六代移动通信技术。它是对当前第五代移动通信技术（5G）的进一步演进和发展，旨在提供更高的速率、更低的延迟、更大的网络容量和更广泛的连接能力。6G 产业即第六代移动通信技术产业。

具体而言，6G 产业有以下这些特征。第一是更高的速率。6G 将进一步提升移动通信的传输速率，预计达到每秒几十到上百个 Gbps 的速率，大大提高了数据传输和应用的效率。第二是更低的延迟。6G 将致力于降低通信的延迟，将延迟控制在毫秒级别，从而实现更紧密的实时互动和应用场景，如远程医疗、自动驾驶等。第三是更大的网络容量。通过引入更高频段的无线通信技术和更多的天线资源，6G 将提供更大的网络容量，能够支持更多的设备和用户同时连接，满足未来智能设备和物联网的高速传输需求。第四是更广泛的连接能力。6G 将进一步拓展和扩大连接范围，从城市到农村、从地面到空中、从海洋到太空，实现全球范围内的无缝连接，为各种应用场景提供更广阔的可能性。第五是更多创新的应用场景。6G 将促进人工智能、物联网、虚拟现实、增强现实等领域的深度融合，推动技术创新和商业模式的转变，为未来智能社会和数字经济提供更多的机遇和发展空间。

以下是一个简单的 6G 产业链图示，显示了各个环节之间的关系和依赖：

芯片设计与制造

↓

网络设备制造商

↓

通信技术研究与开发机构／企业

↓

通信运营商（建设与管理 6G 网络）

↓

数据中心与云服务提供商

↓

应用开发商

↓

智能终端设备制造商

考虑到 6G 的高速率、低延迟、大容量和广泛连接等特点，以及广阔的发展空间，预计 6G 产业规模将会非常庞大。6G 产业涉及到设备制造商、通信运营商、芯片制造商、网络设备供应商、软件开发商等多个参与方。同时，它也将推动各行各业的数字化转型和智能化发展，影响到医疗健康、交通运输、工业制造、农业、教育、娱乐等。

现状：打通信息大动脉

政策

2023 年 6 月，在由工信部主办的、主题为"打通信息大动脉，共创数智新时代"的第 31 届中国国际信息通信展览会上，工信部部长金壮龙表示，将前瞻布局下一代互联网等前沿领域，全面推进 6G 技术研发。从产业的数字化和智能化发展趋势来看，医疗健康、交通运输、工业制造、农业、教育、娱乐以及其他领域的数字化和智能化发展趋势会带来对 6G 技术的需求。

市场

6G 产业发展的驱动力是巨大的。目前的预测显示，6G 网络传输能够达到每秒 1 太比特（Tbps）的最大速度，比 5G 快 100 倍。随着人们对更快速、更可靠、更低延迟的网络连接的需求不断增加，和移动通信技术的不断进步，能提供更高速率、更低延迟、更大容量和更广泛连接的 6G 应运而生是必然趋势。

企业服务的推广、运营和商业要素都与个人服务有诸多不同，5G 是个人与企业服务的分界线。从目前各类机构对 6G 技术应用的预期来看，很多 5G 专网的应用场景都已被覆盖。与 5G 相比，6G

将使用更先进的无线电设备以及更大的无线电波数量和多样性，包括极高频（EHF）频谱，可在短距离内提供超高速和巨大容量。可以想见在未来几年的业务推动和市场培育方面，会有大量资源向这些领域倾斜。因此，无论是技术本身还是 B 端用户的认知，都会得到很大改观。也基于同样的原因，未来几年内，对于 6G 在相关领域的深入试点将更加广泛地出现。

从总体上讲，我国的移动通信已经进入了技术和业务双线发展时期。在此基础上，要有许多周边企业来共同推动试点工作。根据当前运营商系统发布的数据显示，单是在 2023 年，在我国，就将构建 3000 多个虚拟专网，实现 100 多个企业服务解决方案的突破，创建 3—5 个地区的示范标杆。这样，无论大小公司，对"控制层"的稳定性担忧都会减少，为未来 6G 企业服务铺路。而在此期间，通信之外的信息技术也将在本轮试点潮中被促进。如果能够让中国企业从被动选择，转变为积极寻求技术方案，6G 的商用将会变得更加顺畅。

6G 产业的商业模式可以包括以下几种，参与者可以结合自己的优势和现有条件，选择性进行参与。首先是通信服务提供商模式。通信运营商作为 6G 产业的核心参与者，提供 6G 网络和通信服务。他们通过向消费者和企业提供数据、语音和增值服务来获取收入，例如提供高速数据传输、智能家居、虚拟现实等服务。其次是应用开发与销售模式。应用开发商开发 6G 应用程序和解决方案，如增强现实、虚拟现实、智能交通等，然后将其销售给消费者、企业或其他组织。他们可以通过应用程序的购买、广告收入或订阅服务来获得收入。第三是数据服务与分析模式。6G 产业将产生大量的数据，数据服务商可以通过收集、存储、分析和提供数据服务来创造商机。他们可以为企业提供数据分析、洞察和决策支持，帮助企业优化运营、制定战略等。第四是基础设施建设与管理模式。6G 基础设施的建设和管理是一个重要的商业模式。包括网络设备制造商、基站建设商、天线供应商等，他们通过制造、销售和管理 6G 基础设施来获取收入。第五是硬件设备销售与服务模式。智能终端设备制造商通过制造、销售和提供与 6G 技术兼容的智能手机、智能穿戴设备、智能汽车等硬件设备来获取收入。他们还可以提供硬件设备的维修和售后服务。第六是新兴产业合作与合作模式。6G 产业的发展需要不同行业的合作。例如，与汽车制造商合作，将 6G 技术应用于智能交通和自动驾驶；与医疗机构合作，将 6G 技术应用于远程医疗和无人手术等。这种合作模式可以促进产业创新和新兴产业的发展。

科技

对于科技公司而言，在技术层面进行进一步发展也大有可为。对于 6G 产业的发展，以下是一些核心技术。

第一，毫米波通信技术。毫米波通信是 6G 的重要技术之一，它利用高频段的电磁波进行通信，具有高速率和大容量的特点，能够支持更快的数据传输和更低的延迟。

第二，智能天线技术。智能天线技术在 6G 中起到关键作用，它可以根据信号的方向、位置和波束形成来实现更好的信号接收和传输，提高信号质量和网络容量。

第三，**全球定位技术**。6G 将进一步提升全球定位技术的精度和准确性，以满足高精度定位的需求。通过使用多种技术，如卫星导航、辅助定位和环境感知，能够在室内和城市峡谷等复杂环境中实现准确的位置服务。

第四，**边缘计算与网络**。6G 将进一步推动边缘计算和边缘网络的发展。边缘计算将数据处理和应用推向网络的边缘，减少延迟和网络拥塞，并提供更高效的计算资源和服务。

第五，**人工智能与机器学习**。人工智能和机器学习在 6G 产业中具有重要作用，可以实现智能网络管理、资源优化、数据分析和决策等应用。通过深度学习和自主学习等技术，能够实现网络的自适应和自主决策。

第六，**安全与隐私保护技术**。6G 的发展将提出更高的安全和隐私保护要求。包括身份认证、数据加密、网络安全和隐私保护等技术，以确保用户和数据的安全。

第七，**多模态感知技术**。6G 将进一步发展多模态感知技术，包括视觉、声音、运动和环境感知等。这些技术可以实现更智能的交互和环境感知，促进增强现实、虚拟现实和智能交通等应用的发展。

6G 技术的推进研发、创新应用和 6G 为产业数字化智能化数字化发展带来的潜在生命力，使得 6G 产业具有强大的生命力。6G 产业的发展需要产业链上下游的合作和协同，还将涉及到各个行业的企业、研究机构和学术界的合作。各方的共生将长久推动 6G 产业的商业化和可持续发展。

应用

6G 产业发展将涉及到设备制造商、通信运营商、芯片制造商、网络设备供应商、软件开发商等多个参与方的合作，更将带来一系列产业的联动发展。

从更具体的细分领域和各参与方的发展前景来看，对通信设备制造商，6G 时代将需要更先进、更高性能的通信设备，如基站、天线、传输设备等。通信设备制造商将扮演重要角色，满足市场需求。对芯片制造商，6G 技术将需要新一代的芯片，以支持更快速、更复杂的处理需求。芯片制造商将研发和生产 6G 芯片，满足新一代高速通信的要求。对网络设备供应商，6G 将需要新的网络架构和设备，如云计算、边缘计算、网络切片和虚拟化等。网络设备供应商将提供与 6G 技术相适应的新型网络硬件和解决方案。对应用开发商，随着 6G 的商用化，各行各业将需要针对 6G 网络的新型应用和服务，如增强现实（AR）、虚拟现实（VR）、智能交通、智能城市等。应用开发商将为 6G 网络提供丰富的应用程序和解决方案。此外，在数据安全与隐私保护层面，随着 6G 网络的普及，数据安全和隐私保护将成为重要的议题。相关安全技术和解决方案的开发和提供将成为独立的产业赛道。垂直行业应用将进一步拓宽 6G 产业的外延。6G 将推动各行各业的数字化转型和智能化发展，包括医疗健康、交通运输、工业制造、农业、教育、娱乐等。针对这些垂直行业的 6G 解决方案和应用将形成独立的产业赛道。

在高分辨率 3D 显示终端设备不断进化的大背景下，以"数字孪生 +AI+ 全息显示"的全息通信将成为可能。未来的全息通信能够将真实或虚拟的 3D 显示信息与其他多通道感官信息自然逼真地还原，并将人—机—物—环境紧密联系起来，重塑新型的通讯模式和交互模式。全息通信将广泛应用于未来的文化、教育、医疗、娱乐等多个行业和领域，使用户能够打破时空的限制，实现具身交互，远程面面交流，真正获得虚实融合的全新体验，让用户能够真正得获得身临其境的沉浸感。

洞察：促进 6G 通信设备和终端发展

就投资机遇而言，首先，6G 基础设施建设将是一个热门的投资方向。各国政府和电信运营商将加大对 6G 网络建设的投资，推动基础设施建设的快速发展。投资于 6G 通信设备、网络设备和相关基础设施建设的企业有望受益于这一趋势。其次，投资于 6G 相关的先进通信技术和标准的企业也具备潜力。这包括毫米波通信、多天线和波束成形技术、超高频频段的通信技术等。在 6G 技术研发和标准制定方面具备先发优势的企业有望受益于这一趋势。第三，边缘计算和边缘网络是 6G 产业的重要发展方向之一。边缘计算和边缘网络技术的研发和商业化具有潜力，投资于边缘计算平台、边缘服务器和边缘智能调度等方面的企业可能会受益。

6G 产业的中长期投资趋势可能会随着技术和市场的发展而变化。长期而言，投资于 6G 产业中的应用创新和行业应用是具有潜力的方向。6G 产业的长久发展离不开创新的应用和行业应用的推动，用 6G 在智慧城市、智能交通、工业自动化、医疗健康、虚拟现实、增强现实和物联网等领域进行创新应用的企业可能具有良好的前景。对 6G 潜在关键技术进行突破，将产业界的力量集中起来推动我国 6G 通信设备和终端形成产业规模，促进国内 6G 通信设备和终端的发展，在国际产业分工体系中占据有利地位。有以下这些参考路径和措施。一是增加科研经费，成立多个细分研究方向的专项团队，重点研究新一代信道编码，新一代射频，新一代太赫兹通信，软件无线电，卫星互联网，人工智能，区块链，动态频谱资源分配等。二是大力推动核心行业的核心技术，特别是在基础行业（如半导体材料），以及在高频率设备（如高频率设备）等前沿行业（如高频率设备）上，通过政策和资金的倾斜，鼓励高频率、大带宽射频设备、测量仪器设备等企业进行技术攻关。三是支持企业对 6G 的各种应用进行前瞻性的探索与实验，并积极指导有关公司进行跨界合作，推动全链条中各个环节共同发展，共同构建起一个完整的供应链体系，为 6G 的发展奠定坚实基础。

6G 产业适合什么类型的群体入局？正如其他技术导向、创新性强的产业，对相关核心技术本身有了解的投资人群体，相对而言能更敏锐地洞察机遇。6G 产业涉及到先进的通信技术、人工智能、边缘计算、物联网等领域，对科技投资者来说是一个有吸引力的投资领域。此外，在 6G 产业的上下游产业有积累的参与者也可以寻觅机会。比如，电信运营商通常拥有丰富的行业经验和资源，可以通过在 6G 基础设施建设方面的投资，拓展市场份额。

从 6G 未来月均接近 6 万亿 GB 的数据流量来看，通信运营商在这一领域将发挥无法替代的作用。并且以运营商为核心，将带动产业链中及产业链外多板块协同发展，形成"硬软科"三线并立共同进步的局面。

对投资人而言，了解全球范围内的 6G 产业发展动态可以帮助决策判断。中国的一些科技巨头，如华为、中兴等，已在 6G 技术研发和商业化方面取得了重大进展。韩国在移动通信技术领域一直处于世界领先地位，对于 6G 产业也有着积极的发展计划和投资。日本的一些科技公司已经开始研发 6G 技术，并与国内外的合作伙伴共同推动 6G 的商业化。瑞典的爱立信公司在 6G 技术研发和商业化方面具有重要影响力，并与全球各地的合作伙伴共同推动 6G 的发展。美国的一些科技公司，如苹果、高通等，已经开始投资和研发 6G 技术，并与学术界、政府合作推动 6G 的商业化。

结语：6G 有望实现全面覆盖

从构建"数字中国"的大背景，以及结合今后科学技术发展的方向，不难发现，在信息技术领域，数据的价值将愈发凸显。因此，在数据流动中，数据的秩序、数据的归属、数据的权利和责任等问题，都是值得关注的问题。6G 技术极大地提高了人们的生活质量，所涵盖的领域非常广泛，更需要和其它产业协同发展。第六代移动通讯技术有望在将来实现空间上的全面覆盖，从而达到无处不在、安全可靠的智能互联。6G 将在形成行业跃迁的同时，带来新的应用场景和产业变革。

智能终端：改变习惯，未来触手可及

概述："互联网＋"的重要载体

智能终端产业是指涉及智能手机、平板电脑、智能手表、智能穿戴设备、智能家居设备等智能终端设备的研发、制造和销售的产业。概括来说，智能终端产业集中了各类智能设备，通过结合计算能力、人工智能、科技创新等技术，将传统的终端设备与互联网、云计算、大数据等技术相融合，提供更加便捷、智能、智能化的用户体验。

在智能终端产业的上游，芯片制造商设计和制造智能终端所需的各种芯片，如处理器、存储器、传感器等。元器件供应商提供智能终端中使用的各种元器件，如显示屏、摄像头、电池、射频芯片等。操作系统开发商开发和优化智能终端的操作系统，如 Android、iOS 等。设备制造商负责智能终端的组装和制造，包括电子产品制造商和代工工厂。软件开发商开发和提供支持智能终端运行的各种应用软件、系统应用和服务。

在智能终端产业的下游，终端品牌商负责研发、设计和推广智能终端的品牌，如手机、平板电脑和智能手表等。销售渠道包括线上和线下的销售渠道，如电商平台、零售店、运营商等。应用开发者和内容提供商开发和提供各类应用软件、游戏、媒体内容等，以满足智能终端用户的需求。

下面是智能终端产业链的简单图示：

智能终端具备信息采集、处理和连接能力，并可实现智能感知、交互、大数据服务等功能，智能终端的产品界定和种类随着技术的不断发展，是"互联网＋"、人工智能的重要载体。

现状："扬帆"向数智

市场：多元产品速览

智能终端产品包括智能硬件，智能穿戴设备，智能家居等，都形成了广阔的市场。智能硬件是以智能传感互联、人机交互、新型显示及大数据处理等新一代信息技术为特征，以新设计、新材料、新工艺为载体，具备感知、联网、人机交互和后台支撑服务等功能的智能终端产品。近年来，中国智能硬件市场规模呈高速增长的态势。数据显示，2021 年中国智能硬件市场规模约为 12 003 亿元。2017—2020 年的年复合增长率约 39%。

智能穿戴设备即直接穿在身上，或是整合到用户的衣服或配件的一种便携式设备。智能穿戴设备不仅仅是一种硬件设备，更是通过软件支持以及数据交互、云端交互来实现强大的功能。2022 年前三季度，全球智能可穿戴腕带设备整体同比增长 3.4%，出货量达到 1.32 亿台。

智能家居是以住宅为载体，融合自动控制技术、计算机技术、物联网技术等，实现环境监控、信息管理、影音娱乐等功能的有机结合，智能家居终端产品包括智能音箱、智能照明、智能电视、扫地机器人、智能门锁等产品。近年来，我国智能家居出货量快速增长。数据显示，2020 年中国智能家居终端设备出货量为 2.2 亿台，预测 2023 年中国智能家居设备出货量将达 2.5 亿台。

从长期发展趋势来看，汽车是继手机之后的又一大智能终端赛场。近年来，得益于消费者对汽车智能化接受度的逐渐提高，我国智能网联汽车出货量增速较快。数据显示，2021 年我国智能网联汽车出货量达 1370 万辆。预计在 5G 和智能网联技术迅速推广的背景下，2023 年我国智能网联汽车出货量将达 1880 万辆，2025 年出货量将增至 2490 万辆。

在智能终端产业快速发展的大背景下，智能终端测试服务也有广阔的需求。智能终端测试服务是指针对智能终端产品的性能、产品质量提供的专业测试服务，覆盖整个智能终端产业链。持续涌现的移动智能终端爆品进一步带动测试服务市场的发展。数据显示，中国移动智能终端测试服务市场规模由 2017 年的 113.91 亿元增长至 2020 年的 233.06 亿元，年复合均增长率为 27.81%。中商产业研究院预测，2023 年中国移动智能终端测试服务市场规模将达 456.87 亿元。

政策：智能终端"扬帆"前行

近年来，国家积极推进网络强国和数字中国建设，5G、千兆光网等新型信息基础设施建设和应用普及全面加速，政府相关部门发布了多项政策支持智能终端行业的发展，如《"双千兆"网络协同发展行动计划（2021—2023 年）》《5G 应用"扬帆"行动计划（2021—2023 年）》等。政策的发布为智能终端产业链相关企业提供了较好的经营环境，企业发展有望迎来新机遇。

随着国内新型信息基础设施建设的加速推进，5G、WIFI6 技术逐步普及，将带动物联网和人工智能应用的落地和推广。宽带入户进一步下沉市场，运营商持续加大 5G 建设力度，促进 5G 产业繁荣。全屋智能化驱动市场规模持续增长，智能终端的市场规模将不断扩大。上海出台的《上海市促进智能终端产业高质量发展行动方案》更是详尽擘画了智能终端产业的路径和未来。《行动方案》中提到："产业规模稳步增长。到 2025 年，上海智能终端产业规模突破 7000 亿元，营收千亿级企业不少于 2 家、百亿级企业不少于 5 家、十亿级企业不少于 20 家。新增智能工厂不少于 200 家，实现整车企业 100% 达到智能工厂水平。其中，智能网联汽车产值超过 5000 亿元，具备先进智能网联功能的新车产量占比超 50%。培育千亿级智能家居、智能穿戴、虚拟现实等电子终端产业、百亿级智能机器人产业。"

科技：为用户提供更智能、便捷和个性化的体验

智能终端产业的发展离不开一些关键核心技术的支持。《上海市促进智能终端产业高质量发展行动方案》中提到："核心技术加快突破。推动核心芯片、基础软件等关键技术创新突破，加快智能驾驶、智能网联、智能座舱等终端系统技术产业化。"以下，我们再列举了几个对产业发展至关重要的核心技术。

人工智能是智能终端的核心技术之一，包括机器学习、深度学习、自然语言处理等技术，使智能终端能够具备感知、理解、学习和决策的能力，从而实现更高级的功能和智能交互。大数据技术能够通过数据采集、处理和分析，获取用户行为和需求的信息。这些信息能够帮助智能终端企业实现更精准的用户定位、个性化推荐和智能决策。

5G 技术是下一代移动通信技术，将提供更快的速度、更低的延迟和更可靠的连接。这将推动智能终端的快速发展，并支持更多的高级功能和应用场景，如增强现实、车联网等。边缘计算是将数据处理和计算功能移至接近数据源和终端设备的边缘节点上，并通过与云计算相结合，使智能终端能够更高效地处理和分析数据，并迅速响应用户需求。生物识别技术如指纹识别、面部识别、虹膜识别等，为智能终端提供了更安全、便捷的用户身份验证和权限管理方式。感知技术包括各种传感器技术，如加速度传感器、陀螺仪、环境光传感器等，使智能终端能够感知周围环境的状态和用户操作，从而实现更精确的响应和智能交互。这些核心技术共同推动了智能终端产业的不断创新和发展，为用户提供更智能、便捷和个性化的体验。

智能终端产业的发展还需要强劲的软硬件基础支撑。《行动方案》中提到的软硬件基础支撑体系包括："18. 提升核心芯片支撑能力。加快手机处理器芯片、高性能中央处理器（CPU）芯片、车规级微控制单位（MCU）芯片等高端芯片技术突破，提升先进工艺和特色工艺晶圆制造能力。19. 提升关键部件技术能力。支持智能网联汽车'三电''三智'等核心部件突破，发展 5G 通信模组、光学模组等部件，加快微型有机发光显示（Micro-OLED）、微型发光显示（Micro-LED）等新型显示技术研发应用，推进生物体征、环境感知、图像获取等智能传感器发展。20. 加快布局基础软件。推进操作系统、分布式数据库和中间件等基础软件发展。聚焦指令集、内核架构等关键技术提升产品能级。积极推进云原生、多源异构数据处理等前沿技术攻关。21.加快布局行业软件。发展面向汽车、工控领域的实时操作系统，实现电子设计自动化（EDA）、辅助分析（CAE）、辅助制造（CAM）等关键环节突破。强化系统可靠性与安全性，形成面向场景化、数字化、智能化三层架构的行业软件新供给。"

应用：智能终端的内涵与外延

结合《上海市促进智能终端产业高质量发展行动方案》中的内容，可以管窥智能终端产业的广阔应用场景和产业的内涵与外延。由于篇幅限制，本文不做详细引述。读者可自行查阅。

洞察：智能终端，互联全球

在全球范围内，多个国家在智能终端产业的商业发展上取得了较大的成功。中国在智能终端产业的商业发展上也表现出色，尤其是在智能手机领域。中国有很多备受关注和世界知名的智能终端企业，如华为、小米、OPPO、vivo 等，它们凭借技术创新、营销策略和市场细分等手段取得了商业上的成功。中国台湾省在电子产业和智能终端制造领域具有重要地位，有许多高品质的智能终端设备制造企业，如台积电、华硕、宏碁等。其在制造技术和供应链管理方面的优势为智能终端产业提供了稳定的商业发展和市场份额。

美国是智能终端产业的领先者之一，拥有众多技术创新和市场化运作的先驱企业，如苹果、谷歌、微软等。这些公司通过创新产品、高度整合的生态系统和强大的全球市场份额取得了商业上的成功。韩国的智能终端产业也取得了许多商业成功，尤其是在智能手机和电子元件领域。三星作为韩国的领军企业，在市场份额和技术创新方面取得了重大突破，在全球范围内取得了商业上的成功。德国在智能终端产业商业发展方面也取得了一定的成功。主要体现在德国企业在工业自动化设备、家用电器和汽车电子等领域的技术领先地位，并且通过高品质和创新赢得了国际市场的商业成功。

更多类型的智能终端设备将被投放到商用市场上，例如蓝牙耳机在智慧零售领域的应用，VR/AR 设备在智慧办公领域的应用，以及机器人在智慧制造和智慧医疗等领域的应用，将进一步推动行业数字化转型。据 IT 桔子数据，2022 年 1—11 月，包括机器人、智能家居、无人机、AR/VR 设备、可穿戴设备、消费电子等产品在内的智能终端行业投资数量达 402 起，投资金额达到 831.28 亿元，行业投资火热。

当前智能终端产业的热门投资方向包括以下几个方面。5G 技术的商用推广将为智能终端产业带来大量机会。投资者趋向于资助基于 5G 和物联网的智能终端设备和解决方案，如智能家居、智能城市、车联网等。人工智能在智能终端领域的应用不断拓展，包括语音识别、人脸识别、图像处理等。投资者关注投资发展智能化的芯片、算法和平台，用于实现更智能化和个性化的用户体验。智能健康和医疗设备正迎来快速增长，涵盖了智能手环、智能血压计、智能血糖仪等。投资者倾向于投资创新的医疗设备和技术，并为人们提供更便捷、准确和个性化的医疗健康解决方案。增强现实和虚拟现实技术为智能终端产业带来了全新的交互和娱乐方式。投资者对于公司和产品的增强现实和虚拟实境技术发展寄予了很高的期望。

智能出行和智能交通领域正迅猛发展，包括共享出行、智能车辆、车联网等。投资者对于这些领域的技术和平台感兴趣，并期望通过投资来推动智能出行与交通的创新。随着智能终端设备数据的快速增长，边缘计算和云服务成为满足数据处理和存储需求的关键。投资者趋向于在该领域投资，以提供创新的边缘计算设备和构建可靠的云服务平台。数字化转型刺激商用终端需求多元化。更多类型的智能终端设备将应用在商用市场上，例如蓝牙耳机在智慧零售领域的应用，VR/AR 设备在智慧办公领域的应用，以及机器人在智慧制造和智慧医疗等领域的应用，将进一步推动行业数字化转型。

长期而言，随着科学技术的不断突破和创新，智能终端产业将持续发展和演进。中长期来看，投资者可以看好具备创新能力和技术应用拓展能力的企业，例如在人工智能、物联网、VR/AR 等领域的技术探索和应用。随着市场逐渐饱和，智能终端企业需要通过差异化产品和个性化需求来赢得竞争优势。投资者可以关注那些有着独特产品定位、良好用户体验和强大品牌影响力的企业，以及具备持续创新能力的企业。此外，尽管成熟市场的智能终端市场增速有相对饱和的趋势，但在新兴市场，尤其是新兴国家和地区，智能终端需求仍有较大的增长潜力。投资者可以关注那些有前瞻性市场布局、与新兴市场消费者需求相契合的企业。随着可持续发展成为全球关注的重要议题，并对各个行业的投资趋势产生深远影响。智能终端产业也不例外。投资者可以关注那些推动可持续发展和环境友好型产品的企业，例如能源效率提升、废弃物减少和可再生能源的应用等方面具备领先优势的企业。

智能终端产业的整合与合作是未来发展的重要趋势。投资者可以关注具备整合能力和跨界合作的企业，例如与云计算、大数据、人工智能等领域展开战略合作的企业。

结语：新业态、新服务、向未来

智能终端产业是一个庞大且快速增长的全球产业。随着5G、大数据、物联网等技术的发展，以及新型基础设施建设的加速推进，我国智能终端市场前景广阔。企业可以抓住智能终端互联互通、高度融合的发展趋势，以市场需求为导向，以应用场景为切入点，瞄准新市场、新业态、新服务、新需求，打造市场接受度高、市场空间大、市场竞争力强的智能终端产品，推动产业链与创新链有效衔接，引领智能终端产业发展。

未来空间

绿色建筑：为碳中和碳达峰筑基

概述：环境友好的建筑模式

绿色建筑的概念和定义是，在建筑设计、建材选择、施工过程、使用阶段以及拆除或再利用过程中，以减少对环境的负面影响为目标，通过采用可持续发展的原则和技术，最大程度地提高建筑的资源利用效率、能源效率和环境影响的可控性，从而实现对环境友好、节能减排、生态保护的建筑模式。

绿色建筑产业上游为绿色建筑科技服务业，包括绿色建筑的策划和规划设计、针对环境场地以及建筑的勘察检测，针对建筑材料的认证服务以及新技术、新方法、新设备、新材料的研究开发。

中游为绿色建筑制造业，包括工业化建造、绿色建材（包括建筑材料回收再利用）和设备制造以及绿色施工等。

下游产业是指接收和使用绿色建筑产品和服务的终端用户或承接绿色建筑的运营和管理的产业环节。下游产业中的绿色建筑配套服务业主要包括绿色运营管理，包括绿色建筑本身的节能、节水、节材和室内环境管理，以及以绿色建筑为载体和主体开展的绿色相关综合服务业务。

　　这些产业基于循环经济的理念形成了一条关于绿色建筑的完整的产业链，经济活动在此产业链上不断循环往复。经济利益驱动物质流和能量流在产业链上下游之间不断循环，达到环境效益、资源效益、经济效益的最优化。

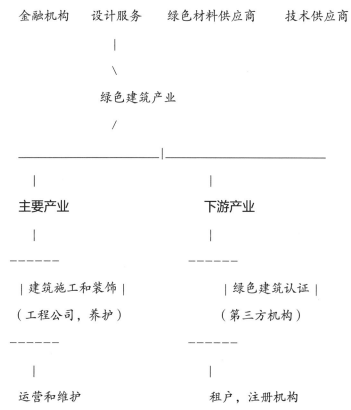

上游产业

金融机构　　设计服务　　绿色材料供应商　　技术供应商

绿色建筑产业

主要产业　　　　　　　　**下游产业**

｜建筑施工和装饰｜　　　　｜绿色建筑认证｜
（工程公司，养护）　　　　（第三方机构）

运营和维护　　　　　　　　租户，注册机构

随着"双碳"政策的出台，"绿色"已经成为了近年业界最热

门的词汇，也是今后发展的主要方向。绿色低碳、绿色建筑材料等与之有关的议题，也逐渐成为业界关注的热点。在建筑寿命周期内，构建绿色、低碳、降低碳排放的建筑体系，对"双碳"目标的实现具有重大意义。

趋势：走向绿色，走向智能

市场：环境友好是核心驱动力

消费者对环境友好产品和服务的需求越来越高，促进了绿色建筑的发展。绿色建筑满足了这一需求并提供了良好的生活和工作环境，提高了员工舒适度和生产效率。投资者和购房者日益重视绿色认证和可持续性评级，促使开发商和建筑业者转向绿色建筑。科技的进步和创新对绿色建筑产业发展起到极大的推动作用。新的建筑材料、可再生能源技术、智能控制系统等的快速发展，为绿色建筑提供了更多的选择和解决方案。

长期而言，数字化、智能化和融合化发展将给绿色建筑产业注入更多生命力。各种传感器可以用于采集各建筑单体内外的空间状态参数，并链接相关的空间设施。数据驱动的运营模式可以动态调整建筑的照明、能耗等，提升绿色建筑的运营效率。可再生能源系统如果引入绿色建筑，则可以进一步减少其运转过程中的碳排放。

政策：新型城镇化拉动绿色建筑发展

我国是一个能源消耗大国，其中建筑、工业和交通是能源消耗的三大主要领域。根据住房建设部的统计资料，我国的建筑能耗（包括建材生产、建造能耗、生活能耗、采暖空调等）占全社会能耗的 33.3%，其中，营建过程中的能耗占到了建筑能耗的 70%，而建筑业的二氧化碳排放量则占到了全国碳排放量的 43.7%。在城市化速度不断加快的情况下，建筑业能耗将继续增加。所以，要转变建筑领域的发展模式，大力推行绿色建筑，打造生态城市。这既是节能减排和应对气候变化的重要措施，也可以有效地提高人民的生活质量，这对于推动新兴产业发展、转变经济发展方式和生态文明建设都有着十分重要的作用。

2016 年，国务院办公厅印发了《关于大力发展装配式建筑的指导意见》，提出力争用 10 年左右的时间，使装配式建筑占新建建筑面积的比例达到 30%。2022 年 3 月住建部发布的《"十四五"建筑节能与绿色建筑发展规划》再次强调 2025 年装配式建筑占当年城镇新建建筑的比例达到 30% 的发展目标。

新型城镇化建设加快，拉动了绿色建筑需求规模增长。2022 年 6 月国家发改委、住建部发布的《城乡建设领域碳达峰实施方案》提出，要求持续开展绿色建筑创建行动，到 2025 年，城镇新建建筑全面执行绿色建筑标准，星级绿色建筑占比达到 30% 以上，新建政府投资公益性公共建筑和大型公共建筑全部达到一星级以上，并制定完善了绿色建筑、零碳建筑、绿色建造等标准。同时国家新型城镇化建设将绿色建筑、绿色建材、建筑工业化等列入发展重点，为绿色建筑、生态城市的规模化、快速发展提供了重大机遇。在政策的严格要求和持续发力下，我国新型城镇建设加快，城镇新建建筑中的绿色建筑面积要求占比不断提升，直接拉动了绿色建筑需求规模的增长。

装配式建筑方面，住建部再次强调 2025 年装配式建筑占当年城镇新建建筑的比例达到 30% 的发展目标。我国目前装配式建筑占当年新建建筑面积的 20.5%，装配式建筑占比从 20.5% 逐步提升至 2025 年的 30%，至 2025 年我国装配式建筑新开工建筑面积约 9.5 亿平米，市场规模达约 2.5 万亿。

绿色建材方面，在《"十四五"建筑节能与绿色建筑发展规划》中强调要进一步提高绿色建材应用比例，预计 2025 年绿色建材应用比例约 60%。2025 年绿色建材市场规模约为 1.5 万亿元左右，每年增速 5% 左右。

科技：节能、智能、循环

对气候变化和环境问题的日益关注是推动绿色建筑产业发展的核心动力。绿色建筑产业的技术发展在全球范围内都受到越来越多的关注和重视。全球范围内，瑞士的建筑行业在高性能、能源效率和节能建筑方面拥有丰富经验，并在可持续建筑设计和技术创新方面取得显著成就。德国的建筑和工程企业在技术创新、设计和施工管理方面都处于领先地位。德国政府推动了节能和可持续发展的政策，并建立了严格的绿色建筑标准。丹麦一直以来在可再生能源和绿色建筑方面处于领先地位，拥有先进的能源技术和高效建筑标准，积极推动可持续能源和绿建技术的创新和应用。新加坡在绿色建筑领域取得了迅速发展，成为亚洲地区的绿色建筑中心之一。其他国家如荷兰、瑞典、日本、加拿大等也在绿色建筑产业技术发展方面表现出色，并积极推动可持续发展和低碳经济转型。

绿色建筑产业发展非常重要的核心技术与关键技术领域有很多。

建筑节能技术：包括高效隔热材料、采光与通风控制系统、节能玻璃、建筑自动化技术等。

可再生能源技术：如太阳能、风能和地热能的利用，以减少对传统能源的依赖。

智能控制技术：包括建筑系统的智能监测、控制和优化，以提高能源效率和环境舒适度。

循环利用和节水技术：如水循环利用系统、雨水收集利用系统、节水器具等，以降低水资源消耗和废水排放。

绿色建筑材料技术：研发和使用环保材料，如可持续木材、无VOC（挥发性有机化合物）内墙涂料等，减少资源耗用和环境污染。

建筑信息模型（BIM）技术：通过全过程数字化建模与协同设计，提高设计效率、减少资源浪费和错误。

可持续供应链管理：从建筑材料采购到运输和施工的环节进行整合和优化，实现可持续发展目标和减少碳足迹。

这些技术的创新和应用有助于推动绿色建筑产业的发展，并实现可持续发展目标。

应用：走向绿色智能大都市

我们举例说明绿色建筑在生活中的应用。

地铁场所人群密集，环境湿热且较为封闭，易滋生细菌、病毒、空气异味。上海地铁十五号线全线 30 座地下车站采用负离子建材，用以保障长期处于地下车站的工作人员和乘客的健康。坐落于新天地的"中共一大纪念馆"设有地下展厅和水下展厅，既要做好太平湖下方的防水工作，又要让观展者在整个看展的过程中感觉舒适。设计团队一方面从控制温度、湿度着手，另一方面在展厅内铺设了负离子健康板，让观众有如同在森林中漫步的清新感。

在《国际数字之都 2：中小企业数字化转型灯塔集》的案例中，某国际知名品牌的咖啡产业园将可持续发展理念运用到其建筑中，充分考虑到自然光的利用、生理节律照明、室内温湿度及新风控制等与员工健康息息相关的维度。

值得关注的还有绿色建筑与时尚消费和文旅行业的碰撞。在上述咖啡产业园的场景中，绿色建筑为消费者带来新的观光体验。游客进入建筑伊始，即踏入数字化体验之旅。在绿色建筑中融入生活化、体验化的场景，可以让绿色建筑产业更具有观赏性。世界范围内其他大都市中，绿色建筑为城市增添亮色。比如，新加坡的许多建筑，像滨海湾金沙酒店和绿色之墙购物中心，都采用了绿色设计和技术，包括绿色屋顶、雨水收集系统和节能建筑材料。可以预计，随着人们越来越关注生活体验和品质，城市中的绿色建筑将拥有更多的发展机遇。

近几年，中国从旧有建筑的绿色化改造，到绿色建材，再到装配式建筑，已经在全国范围内实现了新建成的建筑物的节能目标。据住建部统计，中国新建绿色建筑面积占新建建筑的比例已经超过

90%，全国新建绿色建筑面积从 400 万平方米上升到 20 亿平方米。在 2025 年之前，城镇新建建筑全面建成绿色建筑，建筑能源利用效率稳步提升，建筑用能结构逐步优化，同时，还可以有效地抑制建筑的能耗和碳排放的上升势头，基本形成绿色、低碳、循环的建筑发展模式，为在 2030 年之前实现城乡建设的碳达峰打下了坚实的基础。

洞察：未来发展绿色建筑是必然选择

建筑业在各行业中碳排放占比最高，未来发展绿色建筑是必然选择。就投资机遇而言，目前在绿色建筑业中最热门的投资领域有以下三个方面。首先是建筑节能技术的创新。在建筑节能技术上，包括对建筑节能材料进行改良与开发，对建筑外墙与窗口进行高效隔热与智能控制，以及对建筑墙体与窗口的隔热等。其次是在可再生能源的系统整合方面，增加对太阳能、风能、地热等可再生能源的投资，发展并推动创新性的系统整合，使建筑物的能量来源多元化，可持续发展。再次是在绿色建材的研究与应用方面，加强对环保建材、轻质高强构造材料、可循环材料等方面的研究与创新。

此外，装配式建筑、绿色建材、节能环保等领域也是值得关注的。按照《标准》的要求，今后的绿色建筑将以装配式为主，特别是以钢架为主；同时，在建造传统建筑时，要尽可能地节省资源。在选择材料的时候，应该选择绿色建材，这样既可以在材料的生产过程中达到节约资源的目的，又可以在建筑的使用过程中发挥出绿色建材的特性，让建筑变得更加节能环保。在建筑类型上，应当积极选用超低能耗建筑、近零能耗建筑等被动式建筑类型，其中"安装型"太阳能光伏建筑（BAPV）/"建材型"太阳能光伏建筑（BIPV）是重要实施路径，未来潜在发展空间广阔。在运维方式上，由于建筑运行过程中能耗巨大，应当结合最新建筑科技成果进行智慧运维，实现建筑节能。

在政策要求下，绿色建材应用比例提高，市场规模达到每年万亿元的等级，增速在 5% 左右。其中值得关注的细分产品有保温材料、low-E 玻璃、铝模板等。

绿色建筑产业的中长期投资趋势可能会随着技术和市场的发展而变化。长期而言，随着物联网和智能化技术的迅速发展，建筑物的智能化水平将明显提高。可选择智能化建筑解决方案的项目进行投资，如智能照明系统、智能空调系统、智能安防系统等。或者投资于结合了人工智能、物联网和大数据分析等技术的项目，这样的项目将实现建筑智能监测、综合管理和优化控制，提高能源效率和居住体验。

城市可持续发展是绿色建筑投资的未来导向，城市可持续发展项目包括建设低碳城市、智能交通系统等，目的是提高城市的生态友好性和可持续性，具有广阔前景。

就投资而言，投资主体首先是对建筑产业本身有了解的投资人群体，这部分人员相对而言能更机敏地洞察机遇。比如大型房地产开发商和建筑公司，他们在投资时能够利用自身的资源和经验来推动绿色建筑的发展。建筑公司可以通过提供绿色建筑设计和施工服务来参与绿色建筑项目，并从中获得收益。绿色建筑产业涉及到建筑节能技术，对科技投资者来说是一个有吸引力的投资领域。此外，银行、基金公司和保险机构等金融机构可以提供资金和融资支持，为绿色建筑项目的实施提供资金保障。绿色基金专注于投资环境友好型项目，包括绿色建筑。它们可以提供风险投资和管理经验，推动绿色建筑项目的发展。

目前我国绿色建筑行业存在行业集中度低，行内企业内部业务混杂、低端低评级产品多而高端产品少等问题。但随着政策补贴和规定标准的提高，行业内部将大规模整顿，可以关注行业内部龙头以及同政府项目有合作的企业。

绿色建筑产业的商业模式主要包括以下几种，参与者可以结合自己的优势和现有条件，选择性进行参与。第一种是绿色建筑技术提供商模式。参与者从事绿色建筑相关的技术研发和创新，如智能控制系统、节能设备、太阳能和风能技术等，用于提高绿色建筑的能耗效率。第二种是建筑服务提供模式。参与者提供绿色建筑设计、建筑咨询和工程管理等服务，为客户提供定制的绿色建筑解决方案。第三种是绿色材料供应服务模式。参与者专注于生产和销售绿色建筑所需的环保和可持续材料，如节能窗户、绿色屋顶材料、环保墙面材料等。第四种是绿色建筑运营服务模式，包括绿色建筑物业管理公司、能源管理和监控系统供应商，他们提供绿色建筑的日常维护、运营和能源管理服务。第五种是租赁和能源服务模式。参与者提供绿色建筑租赁和能源管理解决方案，为客户提供能源效率改进和节能减排。

在我国"双碳"目标的背景下，绿色建筑材料是推动行业转型升级、提高居民消费质量的必由之路，承载着整个社会对绿色、低碳发展的期望。业界对绿色建筑材料的前景充满了期待，它已成为业界的"新宠"。到现在为止，已经有 51 个大类 350 多个小类的建材产品被列入了绿色建材产品认证目录，36 家认证机构向 1355 家建材生产企业颁发了 2850 份绿色建材产品认证证书。同时，还能促进相关行业的协调发展，让建筑业的产业链变得更长，更宽。

另外，建设绿色建筑行业专业服务平台也具有很好的发展前景。充分利用直播技术、移动技术、人工智能、区块链、云计算、大数据、物联网等，将产业人、物、建筑、企业、服务、数据全面连通起来，以云平台、物联网、大数据等为媒介，将多种采购管理模式和平台上海量的优质供应商相结合，为不同企业量身定制相匹配的数字化采购方案，从而帮助建筑企业降成本、控风险、提管理，助力绿色建筑发展。

结语：推广绿色建筑，建设生态城市

绿色建筑产业作为绿色发展的重要支撑，当前处于重要战略机遇期。转变建筑领域发展模式，推广绿色建筑，建设生态城市，不仅是节能减排和应对气候变化的重要举措，也将有效改善民生，对促进新兴产业发展、转变经济发展方式以及生态文明建设具有至关重要的意义。

空天科技：百年初心，历久弥坚

概述：上九天揽月

空天科技是高度综合的现代科学技术。力学、热力学和材料学是空天科技的科学基础；电子技术、自动控制技术、计算机技术、能源动力技术和装备制造技术对航空航天的进步发挥了重要作用；医学、真空技术和低温技术的发展促进了航空航天的发展。多门科学技术在空天科技的发展中不断交叉融合，持续促进颠覆性重大科研成果产生和科学技术的革命性变化。

"空天"概念一般指距离地面 20 公里以上的领域。这一领域既有属于大气层以内的航空科学研究内容，也包含了航天科学的全部应用范围。因此，空天科技是包含了空天飞行器系统技术、空天信息技术、空天材料技术、空天能源与动力技术等领域的综合概念，在遥感、导航定位、地理信息、空间科学探测等方面有着广泛的应用场景。

空天科技产业包括航空技术、航天技术、卫星通信与导航、空间探索与科学，以及航空航天工业等。航空技术运用科学和工程原理来研究和设计飞行器，并将其应用于民航、军航、航天、无人机等领域。航空技术涉及飞行器的飞行原理、航空工程、航空器系统和运行管理等方面。

航天技术涉及研究、设计和制造用于太空探索与利用的运载工具、航天器和相关设备。航天技术还包括卫星通信、空间观测、航天科学实验和行星探测等领域的研发和应用。卫星通信和导航是利用航天技术发展起来的应用领域。卫星通信系统通过发射和操作通信卫星提供远距离的通信能力，而卫星导航系统（如 GPS、北斗系统）则提供全球范围内的位置服务和导航功能。

空间探索和科学致力于通过运载工具和设备，探索宇宙和深太空的未知领域。包括载人航天任务、行星探测、天文观测等，以增进对宇宙起源、星系形成、外星生命等的认识。航空航天工业是基于航天科技和航空技术发展起来的研发、制造和服务业。包括飞机制造、火箭制造、卫星制造、发动机制造、航空航天材料研发、飞行员培训和设备供应等。空天科技产业的上游产业包括航空航天器研发和制造、航空航天材料的生产、航空航天发动机的制造等。下游产业包括航空航天器的运营和维护、卫星通信、航空航天科研和教育等。

以下是空天科技产业的产业链图示：

航空航天器研发和制造

航空航天材料的生产

|

|

航空航天发动机的制造

|

|

航空航天器的运营和维护　卫星通信　航空航天科研和教育

在产业链中，上游产业提供关键的技术和设备支持，中游产业主要是航空航天器的制造和关键材料的生产，下游产业则是利用航空航天器进行运营和维护，以及相关的科研和教育活动。这些环节相互依存，形成了完整的空天科技产业链。全球的商用航空事业，都在飞速发展。中国公司在这一行业有可能在世界范围内占有一席之地。在 2021 年，世界范围内，商用太空工业的营收达到了 3867 亿美金。空天科技在科技、经济、国防等领域都有着重要的作用。这在促进科技创新，扩大经济产业链，提高国家综合实力，处理国际问题等方面都起着举足轻重的作用。

现状：基础研究＋科技创新

政策

在"十四五"规划中，空天科技首先出现在"强化国家战略科技力量"部分。规划提到"在事关国家安全和发展全局的基础核心领域，制定实施战略性科学计划和科学工程。瞄准人工智能、量子信息、集成电路、生命健康、脑科学、生物育种、空天科技、深地深海等前沿领域，实施一批具有前瞻性、战略性的国家重大科技项目"。《规划》特别提到北斗系统，要求"深化北斗系统推广应用，推动北斗产业高质量发展"。对于如何构筑产业体系新支柱，《规划》从产业、企业、金融市场三个层面做出了指导。在产业层，深入推进国家战略性新兴产业集群发展工程，健全产业集群组织管理和专业化推进机制，建设创新和公共服务综合体，构建一批各具特色、优势互补、结构合理的战略性新兴产业增长引擎。在企业层，鼓励技术创新和企业兼并重组，防止低水平重复建设。在金融层，发挥产业投资基金引导作用，加大融资担保和风险补偿力度。

商业航天发射场的建设被提到了"十四五"规划之中，相信未来 5 年，民营航天将迎来更高速的发展。而支线机场、30 个以上民用运输机场的规划，对通航产业而言，是极大利好消息。值得关注的是，在《规划》"促进民营企业高质量发展"的篇章中，强调了支持民营企业开展基础研究和科技创新、参与关键核心技术研发和国家重大科技项目攻关。完善民营企业参与国家重大战略实施机制。这对于我国民营航空航天产业而言是意义深远的一项改革。

《规划》要求国防科技资源和科技成果面向国家战略需要进行共享，这意味着民营航空航天企业，有望站在国防科技的肩膀上更好地为国家战略服务，实现资源共享、成果共用、发展协同。规划还在"前瞻谋划未来产业"部分提到要在科教资源优势突出、产业基础雄厚的地区布局深海空天开发研究院，空天产业有望在税收、信贷、土地、补贴和科研等方面迎来配套支持。随着国家推动的研究院逐步落地，空天科技的科研成果和商业化速度可能迎来新一波爆发。同时，空中交通管制的改革也被列入《规划》之中，这意味着通航产业、无人机产业或将迎来基于空域开放改革的新一轮发展。

科技

航空航天产业作为国家综合国力的集中体现和重要标志，代表着一个国家的科学技术实力，其发展涉及到电子元器件、航天装备制造、电子通信、移动定位、科学观测等众多领域。尤其是电子装备系统，是航天器的重要支撑，宇航级芯片更是航天航空电子装备的心脏。为了能在星际空间的恶劣条件下工作，不仅要忍受极端温度，还要能应对强烈的宇宙辐射。航空航天所涉及的各行业的研制运营，整体带动了中国航空制造业产业链的升级，因此航空航天产业是推动国防建设、科技创新和经济社会发展的战略性领域。

随着新一轮科技革命、国防现代化、数字技术发展，航空航天产业将迎来重要机遇期，地信测绘、导航定位等领域细分市场也将呈现快速增长态势。航空工业整体竞争力不断提升，在产品先进性、自主创新能力、融入全球产业链等方面取得较大突破；航天业稳步发展，取得众多辉煌成就。中国航空航天行进在不断突破的道路上。

空天科技产业涵盖了多个细分赛道，每个赛道都有着自己的特点和应用领域。空中交通与规管赛道涉及民用航空、无人机航空和飞行器交通管理。它关注的是航空器安全、飞行安全，以及与飞行器通信、导航、交通管制和空域管理相关的技术和系统。该赛道还包括对新型空中交通系统的创新研究，如无人驾驶飞行器、航空电动化等。载人航天与太空探索赛道聚焦于载人航天任务和太空探索。它包括人类发射到太空的航天任务、国际空间站的运作、深空探测任务以及探索月球、火星等行星的研究和开发。该赛道还包括航天器的研发、太空食品、生命支持系统等关键技术和设备。

卫星应用与通信赛道涵盖了卫星通信、卫星导航与位置服务以及遥感和地球观测。它关注卫星的设计、建造、发射、运行和维护，以及利用卫星提供全球通信和位置定位服务。该赛道还包括利用遥感和地球观测卫星监测地球自然资源、环境变化、气候变化等领域的应用。科学研究与技术开发侧重于空天科技在科学研究与技术开发领域的应用。这包括空间物理学、天文学、地球科学、材料科学等在太空或大气中的实验和测量，以及研发新材料、新技术、新工具和仪器来支持空天科技的发展。

除了上述赛道之外，还有其他的辅助赛道和衍生赛道，如空天科技领域的教育与培训、航空航天器制造与维修、宇航员训练和太空旅游等。这些细分赛道各有其专门性，但都以推动空天科技的发展和应用为目标，共同推动了整个空天科技产业的成长。

洞察：空天科技商业化前景

当前空天科技产业的热门投资方向包括商业航天、卫星应用与通信、无人机技术与应用、空中交通管理、空间探索和科学研究。

商业航天领域目前正迎来快速发展，吸引了大量投资，包括载人航天、地球轨道飞行、月球和火星探索，以及太空旅游等商业化应用。商业航天吸引投资者的原因在于其持续增长的市场潜力、独特的商业模式和相对较高的投资回报。

卫星应用与通信是空天科技产业中另一个重要的热门投资方向。包括卫星通信、广播、导航与定位、遥感和地球观测等领域。随着5G网络、物联网和数字经济的发展，卫星通信和导航服务的需求与重要性不断增长，吸引着大量的投资。无人机技术在民用和商业领域的应用越来越广泛，吸引了大量的投资。无人机被应用于农业、测绘、物流和运输等领域，拓展了商业和消费市场。因此，无人机技术的研发、生产和服务提供商受到争相追捧。随着无人机和空中飞行器的增多，空中交通管理系统需要不断改进来确保安全和效率，空中交通管理成为一个紧迫的挑战。因此，从事于空中交通管理系统、航空器自动驾驶技术和智能空中交通管制等方面的企业和项目吸引了大量投资。

空间探索和科学研究一直是空天科技产业的重要领域，包括载人航天任务、深空探索、天体物理学和地球科学。此类项目需要巨额投资，但也可能带来非常高的回报和多项科技创新。中长期空天科技产业的投资趋势包括私人航天的商业化、卫星通信与导航市场增长、深空探索与环境保护以及空中交通管理的改进等。太空探索一直是空天科技领域的重要方向。持续的深空探索计划和未来的火星任务将带来投资和技术合作的机会，包括运载火箭、探测器技术、宇航员生命支持等领域。随着社会对环境保护和气候变化的关注，地球观测和环境监测领域将继续发展。卫星遥感技术和大数据分析可用于气候变化监测、自然资源管理和环境影响评估等方面。相关投资机会可能涉及遥感技术、数据分析和相关服务等领域。

毫无疑问，投资决策应该基于充分的市场研究、风险评估和专业投资咨询。特别是对于长期投资，投资者需要考虑技术发展、市场前景和长期战略规划等因素，以最大程度地降低风险并实现投资目标。

结语：大投入，大战略

未来战略应该基于充分的市场研究、风险评估和专业投资咨做出详细的规划。航空航天产业作为一国之大投入、大战略、大挑战的核心产业，反复出现在《规划》各个篇章之中，可见国家对于空天事业寄予的厚望和全面的支持。随着技术的进步和国际合作的深入，空天科技产业持续发展并有望创造更多的机遇和挑战。

深海探采：《海底两万里》走向现实

概述：深入认识大海

深海探采产业是指在海洋深处进行资源勘探、开采和相关技术开发的产业领域。它涵盖了快速发展的海洋工程技术、海底地质勘探、深海能源开发等诸多领域，旨在探索和利用海洋深处的资源，并面临着技术挑战和环境压力。

深海探采产业包括以下几个方面。

资源勘探：深海拥有丰富的矿产资源、石油天然气资源、可再生能源等，如多金属结核、富钴结核、可燃冰、深海热液等等；深海探采产业涉及使用先进的勘探技术和工具来搜索、评估和开发这些资源。

环境监测：深海生态系统脆弱复杂，在深海探采活动中保护和监测海洋生态系统的健康至关重要。该产业还包括设计和使用监测设备、海洋生物学研究等相关领域。

深海工程技术：深海探采活动面临极端温度、高压和其他环境条件，需要先进技术来设计和构建抵御压力、海浪、海底地形等挑战的设备和结构。

运输和物流：深海资源的高价值往往需要通过复杂的输送和提取系统进行远距离运输，要确保安全、可靠和节能的物流系统的设计开发。

深海探采产业的上游产业中，海洋探测与调查包括海洋勘探、地质调控和矿产资源调查等工作，旨在明确深海资源潜力和分布情况。海底设备与技术开发涉及设计、制造和维护深海探测装备和技术工具，包括遥控器水下机器人（ROV）、潜水器和深海航行器等。前期研究与工程规划进行深海环境和地质调查、资源评估、环境影响评估以及开发工程规划和设计等工作。

中游产业中，矿产资源开发和勘探涉及到石油、天然气、矿石等深海矿产资源的开采和勘探。海水利用与环境保护包括海洋能源开发利用、海洋生态环境保护等。

下游产业中，生产和制造深海探采设备、装备和工具，为深海开采和勘探提供支持。基础设施建设生产构建与深海探采相关的基础设施和设备。

以下是深海探采产业链的示意图：

深海地质调查和资源勘查→设计和制造深海探采设备和技术工具→深海探采作业→资源开采和勘探→产品制造和加工→成品供应和交付→销售和服务

海洋不但影响着地球环境的变化，其生态系统的供给功能、调节功能、支持功能和文化功能也具有不可估量的价值。伴随深海探测技术的发展，人类深入认识深海的时代正在来临。500 年前达·芬奇设计潜水服、150 年前凡尔纳写《海底两万里》，当时的科学幻想如今正在成为现实。

现状：海洋宝库仍待探索

市场：海洋经济潜力巨大

随着人类对资源的需求不断增加，陆地上的资源供给越来越乏力，一些国家和国际矿业公司正以极大的关注和热情瞄准深海矿产资源的开采。除了我们熟悉的石油和天然气，深海的资源还有：多金属结核、富钴结核、海底热硫化物、天然气水合物和生物基因资源等。

而海洋经济潜力巨大。1982 年通过的《联合国海洋法公约》中规定：国际海底区域（国家管辖范围以外的大洋底部）及其资源是人类共同继承的财产。海底有待开发的资源非常丰富，现在还只是起步阶段。从经济角度看，深海蕴藏着丰富的矿产、油气和生物资源。目前，海洋石油产量占世界石油产量的 30%，高居世界海洋经济首位，其中发展最快的是深水油田。近年来全球重大油气发现，70% 来自水深超过 1000 米的水域。

此外，海洋生命可谓"生命宝库"，海底的微生物新陈代谢极其缓慢，生殖周期在千年以上，但人类尚不知如何利用其"长寿"基因。太平洋一片深海黏土所含的稀土元素可供人类使用几十年，但开采利用技术尚待研发。

政策：海洋开发战略地位上升

海洋是宝贵的"国土"资源，蕴藏着丰富的生物资源、油气资源、矿产资源、动力资源、化学资源和旅游资源等重要资源，是人类生存和发展的战略空间和物质基础，也是人类生存环境的重要支持系统。进入 21 世纪以来，党和国家高度重视海洋的发展及海洋开发对我国可持续发展的战略意义。

2022 年，上海发布发展壮大未来产业集群行动方案，其中就有深海探采。

海洋产业已成为推动社会与经济发展的重要动力之一。海洋新兴产业的快速发展依赖于海洋工程科技的重大突破。提升海洋科技对海洋经济增长的贡献率，有关部门可以出台政策，发展深海矿产和微生物资源探测技术与装备，提升深海矿产资源勘查、开采、选冶能力，保障国家资源战略安全；积极开展海洋可再生能源综合开发与利用，解决东部能源供给紧张及海岛能源供给问题；推进海水淡化与综合利用技术研发与应用，解决我国沿海及海岛地区水资源短缺问题，发展海水淡化与综合利用装备制造业、打造产业链条，培育海洋经济新的增长点。

科技：深海科技发展迅速

我国深海科技起步较晚，但发展迅速。2012 年，"蛟龙"号载人深潜器下潜至 7062 米，创世界同类作业型潜水器最大下潜深度纪录。2017 年，4500 米型的"深海勇士"号载人深潜器正式投入使用，国产自主率超过 95%。

从技术类型上分，深海探测技术主要分为激光探测技术、声纳探测技术、地磁探测技术和地震探测技术。分别用于深海原位化学探测、深海地形探测、矿产勘探和油气勘探等方面。是现今深海探测的有力武器。

深海探测的激光技术主要是深海拉曼光谱仪。拉曼光谱仪是根据印度科学家拉曼发现的拉曼效应及其原理发明的光谱仪器，广泛应用于很多领域，如石油、食品、农牧、化学、高分子、制药、医学、刑侦、宝行业、古玩鉴定和地质行业等。美国和中国都研制了自己的深海光谱仪，分别是深海拉曼原位光谱仪（DORISS）和深海集成化自容式拉曼光谱仪（DOCARS）。

声纳探测技术也是一种很常用的海洋探测手段，分为军用和民用两大类。深海探测声纳技术主要是多波束测深技术、侧扫声纳技术和合成孔径声纳技术。

我国海洋工程与科技发展的重点领域与方向包括海洋综合观测技术和深海矿产与生物资源探测技术。海洋综合观测技术有助于构建海洋观测网，突破近海与深远海环境观测关键技术，形成实时、快速观测能力；深化海洋管理技术，提高海洋综合管理能力；发展水下机动观测系统，在敏感海域和重要国际海上通道进行实时目标态势感知和海洋环境观测与预报，保障国家海洋权益。

深海矿产与生物资源探测技术有助于研发国际先进的海底矿产和生物资源的探测、勘查、观测、取样和开采等关键技术与装备，建立深海热液区的资源探测与评价技术体系，以及深海环境与生物长期监测与评价技术体系，构建深海矿产与生物资源开发利用技术体系。

观测是海洋科学研究的基础，探测技术与装备是进行海洋观测的保障。海洋探测装备的发展对地球系统科学理论的创新和发展具有举足轻重的作用。

长期而言，发展深海探采要发展海底深钻技术，促进对地球深部结构及物质组成的认识，推进海洋地质、地球物理和极端微生物等学科的发展；要构建立体观测网络，揭示海洋动力过程；要开展深海热液喷口活动区域生物多样性观测与研究，揭示现代海底成矿过程和生命起源环境。

具体建设上，需要深水半潜式生产平台、水下生产系统、深水桩基油气生产平台等深水、超深水油气勘探开发装备，推动建立以 300 米级深水油田、1500 米级深水分散复杂油气田开发工程关键技术为代表的海洋及深水油气工程技术体系，加强适应深海、极地等复杂地质条件的海洋油气开发平台设计和高附加值海洋工程装备制造能力。推进宽频带深海水声传感、新型海洋环境传感、声学层析反演等共性技术攻关，推动深海结构、动力、导航、通信等技术在深海装备上的集成应用。

应用：非载人深潜器壮大我国深潜器阵营

随着自动化和人工智能的发展，探索深海可以减少人力资源。20 世纪 70 年代以来迅速发展的非载人深潜器，同样可以进行许多项目的科学探索，而且具有成本低、效率高的优势。世界上载人深潜器为数稀少，无人遥控潜水器则已广泛使用。由于有脐带缆和母船连接，遥控潜水器有充足的能源保障，不仅可用于长时间的科研考察，更是当前水下工程作业的主力。我国70年代末开始研制非载人深潜器，进展迅速，"海马"号4500米级遥控潜水器、"潜龙"号无人无缆自主潜水器、"海龙"号无人有缆潜水器等，正在壮大着我国深潜器的阵营。

洞察：走向海洋强国

深海探采产业发展的学科基础是海洋科学，这是一门以观测为最基本要求的学科，海洋技术的发展是推动海洋科学发展的原动力，现代海洋科学发展的历程实际上就是海洋观测技术不断发展的缩影。发展深海探测、运载和作业综合技术和装备，将为海洋科学研究提供有效的手段，极大地推动我国海洋科学事业的发展。整体来看，深海探采产业的发展，需要科研机构在深海探测方面拓展。由于1982年通过的《联合国海洋法公约》中规定国际海底区域及其资源是人类共同继承的财产，所以，在深海资源探测方面较为先进的国家就开始了对于海底采矿权的争夺。未来谁的探测技术好，谁就拥有海底宝藏的获得权。这使得各国都非常重视深海探测技术。

目前，我国在深海探测领域与世界先进水平仍有差距较大，有些科考船和深潜器还不得不配置国外品牌的探测仪器。随着国家的日益重视和我国科研和生产单位的攻坚克难，我国深海探测装备一定会赶上或者超过发达国家的水平。

海底蕴藏着的丰富资源有望持续吸引各方在深海探采产业上的投入。据中国国土资源部的一份报告估计，海底蕴藏有 880 亿吨稀土、10 亿吨钴、3 万亿吨多金属结核矿。这些矿产在电子、医疗设备、纺织、有色金属、汽车和化学等领域具有广阔应用前景。

中国目前已经供应着世界上 95% 的稀土，而风力涡轮和太阳能电池板等环保科技产品的新需求，甚至可能超过了中国的陆上供应能力，因此海底稀土的开发利用无疑具有重要的战略意义。中国在国际海底区域调查和研究工作始于 20 世纪 70 年代，目前已经在 4 个国际水域拥有采矿权。

作为海洋经济的重要组成部分，海洋固体矿产资源、深海生物基因等均为海洋新兴产业，发展潜力巨大，势必会成为推动国民经济快速增长的重要动力之一。发展深海矿产和微生物资源探测技术与装备，对提升深海矿产资源勘查开采、选冶能力，保障国家资源战略安全具有重要意义。

从可持续发展角度来说，构建海洋生态文明建设，走人海和谐的可持续发展道路，是长久之道。这需要提高人们保护海洋生态环境，预防和控制海洋污染，提高海洋防灾减灾能力的意识，需要进一步加强海洋环境观测、海洋生态监测能力建设，发展专业化、业务化的海洋探测技术与装备。

从技术上来看，深海机器人国产替代势在必行。

整体而言，深潜、深钻、深网是当今探索深海奥秘的三大手段，即深潜科学考察、国际大洋钻探和国家海底科学观测网建设。深潜是直观的深海探索，但在空间和时间上都存在局限性。深潜最深只能到海底，从海底往下得靠钻探，这就是深钻；深潜的运行时间只能以小时计，想要长期连续观测就得将传感器放到海底，联网观测，这就是深网。深潜、深钻和深网，共同担起深海探索的技术重任。目前，我国已建立起"三深"格局，深海科考进入快速发展期。目前，万米级全水深的载人深潜器已经处于试验阶段，我国正迈向国际深潜设施制造前列。正是通过载人深潜，我国在南海发现了海山上成片的多金属结核、古热液区和冷水珊瑚林，在西南印度洋勘查了金属硫化物矿点。

在深海机器人核心技术被"卡脖子"的大背景下，国内涉海企业面临装备承制及运维服务的多重挑战。探索深海，需要把核心装备的承制牢牢掌握在自己手中，保障能源及海洋安全。具体来说，需要投入产业链构建，聚焦深海油气开发、资源探采、线缆铺设、深海打捞等领域。深海探采可以融入数字科技，"机器人＋服务"的运行模式可以服务于科研教育、科学研究、水下考古、海洋探测、海洋作业、资源探采等多个领域。

结语：知海、用海、护海

深海探采产业正朝着可持续发展和高效合作的方向前进。通过技术创新、合作伙伴关系的建立、环境可持续性的重视，做好"知海、用海、护海"的根本保证，可以为产业的稳健发展提供支持，实现深海资源的合理开发与生态保护的良好平衡，建设一个海洋安全局面良好、海洋经济发达、海洋生态文明优良、海洋科技先进的综合性海洋强国。

未来生态

元宇宙：加速脱虚向实

概述：漫游 Metaverse

元宇宙是一个虚拟空间，一个虚拟的综合数字世界。元宇宙融合了虚拟现实（VR）、增强现实（AR）、区块链、人工智能（AI）等技术，为用户提供丰富多样的交互体验和数字化内容。元宇宙的概念源于虚拟现实的发展，但现在已经演变成更加复杂和综合的概念。总的来说，它是一个虚拟的数字生态系统，其中用户可以连通到多样化的虚拟环境、应用和服务中，与其他用户进行交互和合作，以实现各种虚拟体验和行动目标。

元宇宙产业是指涉及元宇宙开发、应用和服务的相关产业。产业参与者包括元宇宙平台开发商、虚拟现实技术提供商、增强现实应用开发商、内容创作者、数字资产交易平台、智能合约开发者等。元宇宙产业被视为未来数字经济的重要组成部分，预计将涉及众多行业，如虚拟旅游、教育、娱乐、社交网络、电子商务等，并为企业和个人带来新的商机和创新发展空间。元宇宙产业涉及到多个上下游产业。以下是一个简单的元宇宙产业链树状图，涵盖了主要的上下游产业环节：

上游技术与硬件供应商：

- 虚拟现实（VR）与增强现实（AR）技术供应商

- 人工智能（AI）技术供应商

- 感知技术供应商（传感器、摄像头等）

- 虚拟现实设备制造商（头戴式显示器、手柄等）

平台与应用开发商：

- 元宇宙平台开发商

- 虚拟社交平台开发商

- 虚拟商务应用开发商

- 虚拟现实游戏开发商

内容与创作者：

- 数字艺术家与设计师

-3D 建模与动画师

- 虚拟场景与环境设计师

- 虚拟物品与虚拟人物创作者

用户与市场：

- 元宇宙用户

- 虚拟社交用户

- 虚拟商务用户

- 虚拟现实游戏玩家

金融与投资：

　　– 虚拟资产交易平台与市场

　　– 虚拟货币支付服务商

　　– 投资机构与风险投资者

　　互联网正向虚实世界相结合的沉浸式、去中心化体验发展。这将极大地改变商业和消费者之间的互动，交易，社会和工作的模式。我们应该理解，元宇宙将成为互联网发展的下一步，虽然它的全部潜能可能要花上 8 到 10 年才能展现。为了帮助公司取得成功，公司应该把元宇宙作为一个长远的规划。

现状：虚实结合，软硬件协同

市场

　　元宇宙仍处于发展初期，其潜力对各行各业而言尚未可知。参与者可以结合自己的优势和现有条件，量力而行。元宇宙产业的商业模式多种多样。虚拟社交和娱乐包括虚拟社交平台、虚拟聚会、虚拟现实游戏、虚拟演出、虚拟现实电影院等，提供用户在虚拟空间中进行社交、娱乐和体验的平台和内容。

　　数字艺术和创意涵盖数字艺术作品的展示和交易，如虚拟艺术品市场、数字音乐、虚拟现实绘画、数字雕塑等，为艺术家、设计师和创作者提供展示和销售作品的平台。虚拟商业和电子商务包括虚拟商品交易平台、虚拟商城、数字货币支付、虚拟广告投放等，为消费者和企业提供虚拟商务和电子商务交易的场景和工具。

虚拟房地产和地产开发指在元宇宙中进行虚拟土地买卖、虚拟房产开发和设计等，为用户提供在虚拟世界中定制房屋、办公场所和虚拟城市的机会。虚拟教育和培训包括虚拟学习平台、虚拟实验室、远程培训与会议、虚拟现实培训等，为学生、教育机构和企业提供在线学习、培训和协作的环境。

虚拟医疗和健康涵盖虚拟医疗服务、远程诊疗、虚拟手术模拟、虚拟康复等，利用虚拟现实和增强现实技术，提升医疗和健康领域的诊疗和治疗效果。虚拟旅游和文化遗产保护提供虚拟旅游体验、文化遗产保护与传承的平台，让用户可以通过虚拟现实技术感受世界各地的景点和文化遗产。

金融和虚拟资产涉及虚拟货币、区块链技术、非可替代代币（NFT）、数字货币交易等，为用户提供虚拟资产的交易和管理服务。中国元宇宙的爆发点是 2022 年 7 月 5 日，呈现前低后高趋势。非常明确的信号是 2022 年各大行业都纷纷入局元宇宙营销，囊括 21 个大行业，元宇宙营销成为新的趋势。

科技

值得注意的是，对于科技公司而言，针对元宇宙产业需要的技术，在技术层面进行进一步发展也大有可为。以构建元宇宙体验的关键技术虚拟现实（VR）和增强现实（AR）技术为例，它们可以为用户提供身临其境的虚拟体验，并将虚拟和现实世界相结合，实现与数字环境的交互。

人工智能（AI）技术用于虚拟人物的智能交互、场景生成和环境感知、智能推荐和个性化服务等。3D 建模和动画技术为元宇宙中的虚拟环境和虚拟物体的创建和展示提供了基础。它们可以用于建立逼真的虚拟世界，创造各种虚拟对象和场景。感知技术和传感器用于实时捕捉用户的动作、表情和声音等信息，并将其转化为虚拟环境中的交互和反馈。区块链和加密技术为元宇宙中的交易、所有权和用户数据等提供了分布式和安全的解决方案。它们可以保护用户的隐私、确保虚拟资产的真实性和唯一性，以及实现可信的交易和合约。网络和云计算技术为元宇宙的实现和扩展提供了基础设施和支持。它们能够实现虚拟世界的实时传输、多用户的协同体验，以及大规模的存储和计算能力。自然语言处理和情感识别技术可以实现与虚拟人物的自然交流和情感沟通，为用户提供更丰富的体验和个性化的互动。这些技术相互交织，共同推动着元宇宙产业的发展。

重构时空的元宇宙需要六大板块，硬件、内容与场景、后端基建、人工智能、底层架构、协同方。混合平台包括人形机器人（以机器为载体）、脑机接口（以人为载体）。元宇宙实现了智能的"内在部分"，如果将人的身体看作"硬件"，智能的实现过程，也是新智能交互硬件层出不穷、旧硬件迭代甚至是重塑的过程。

元宇宙将成为因特网发展的下一步，虽然它的全部潜能要花上 8 到 10 年。为了帮助公司取得成功，公司应该把元宇宙作为一个长远的规划。未来，伴随着 AIGC 的成长，各大公司都将向元宇宙迈进。OpenAI 开放源代码为 Point-E，可以在 1—2 分钟之内完成三维建模。当下文本生成图像模型爆炸性增长，先进的模型在数秒钟

内，就能够根据自然语言描述，快速生成高品质图像，这和目前 3D
模型生成发展，产生极大的对比。而由于 3D 生成的使用可被用于
元宇宙中，在未来随着 AI+3D 生成的技术成熟，也将会加速元宇宙
的发展。

应用

事件营销仍然是企业在元宇宙领域的主要营销方式。相对而
言，事件营销是企业进入元宇宙领域的低门槛方式。但值得注意的
是，事件营销需要死磕创意，无创意不传播。营销出圈、爆款打造
依旧是企业的营销动力，我们相信，创意成为新的竞争力，2023 年
会有更多的企业脱颖而出。

品牌营销依然是企业的营销重心。吸引年轻用户关注，品牌年
轻化，以及在技术短期难以突破的现状下，品牌营销依然是头部企
业与中腰部企业快速切入的首选。但不可否认的是，随着元宇宙产
业链的逐渐成熟，更多的企业在能力上将会有所突破，未来，"品
牌营销＋能力打造"将是企业的营销重点。

元宇宙赋能实体产品将是企业在元宇宙营销的重点方向之一。
营销的核心是服务于产品售卖，正如淘宝、星巴克、蒙牛等企业一
样，将元宇宙营销赋能企业实体产品售卖、会员用户粘性提升等。
未来，将会有更多的企业将元宇宙的营销价值输入品牌、产品，以
此提升品牌生命力。

数字藏品、虚拟空间、数字人成为主要营销方向。邮电通讯行
业聚焦虚拟空间、数字人、数字藏品方向；商业及服务聚焦数字藏

品、虚拟空间、数字人；IT 产品及服务聚焦数字藏品；交通聚焦虚拟空间；衣着服饰聚焦数据藏品。不同行业聚焦的营销方向不同，需要针对性地进行开发。但随着数字藏品的热度消退，更多的用户已经对数字藏品的价值有更清晰的判断，企业需要思考新的出路。

洞察：探路虚拟空间

元宇宙产业的热门投资有以下几个方向。

第一个方向是构建元宇宙体验基础的虚拟现实（VR）和增强现实（AR）技术，包括开发 VR/AR 硬件设备、内容创作和应用开发等。

第二个方向是元宇宙平台和生态系统。元宇宙平台是连接用户、内容和服务的关键，因此投资元宇宙平台的开发和建设是热门方向之一。这包括建立开放的平台架构、提供开发工具和软件开发工具包（SDK），以及构建元宇宙的内容和社交生态系统。

第三个方向是虚拟物品和虚拟资产。元宇宙中的虚拟物品和虚拟资产具有价值和交易性，因此相关的投资也非常热门。这包括虚拟货币、数字艺术品、游戏道具、虚拟地产等的发行、交易和管理。

第四个方向是元宇宙内容创作和体验。元宇宙的成功离不开丰富多样的内容和优质的用户体验。因此，投资元宇宙内容创作和体验方面的公司和项目也备受关注。这包括游戏开发、虚拟社交平台、虚拟影视等。

第五个方向是元宇宙云服务和数据技术。元宇宙产生了大量的数据和计算需求，因此投资元宇宙云服务和数据技术也是一个热门方向。这包括为元宇宙提供高性能的云计算服务、数据存储和处理能力，以支持元宇宙的规模化和实时性。

元宇宙的开发投入大，周期长，风险高，对于众多企业来说，入驻元宇宙平台是不错的选择。长期而言，元宇宙产业的长期投资趋势可能涉及跨界合作与整合。由于元宇宙涉及多个领域，包括科技、娱乐、教育、工业等，跨领域合作与整合将会推动产业发展。投资者可能需要关注潜在的合作机会以及整合并支持元宇宙生态系统的企业。另外，数字人，特别是超写实数字人的空间广阔，随着技术成熟与成本下降，未来将会有更多企业选择打造自己的数字人，实现与用户新的连接。

值得注意的是，中国的科技巨头和互联网公司在元宇宙产业中扮演着重要的角色，并且是主要的投资者之一。以腾讯、阿里巴巴、百度、京东等为代表的公司在元宇宙领域投资并进行相关技术研发。对有科技从业背景的投资人而言，可以考虑对以下方面的技术进行投资。比如，物理仿真技术可以模拟真实世界的物理规律，并将其应用于元宇宙中的虚拟环境和虚拟物体。中国在物理仿真领域具有一定的实力，在元宇宙产业中可以继续深耕此领域，改进和创新物理仿真技术。图形处理和渲染技术是元宇宙中视觉效果实现的关键。中国可以在高性能图形处理器、实时渲染算法和光线追踪等方面进行研究和突破，提供更真实和逼真的图形渲染效果。多模态交互技术可以将视觉、听觉、触觉和其他感官融合在一起，提供更丰富和沉浸式的元宇宙体验。中国可以在多模态传感技术、交互设备和算法方面进行研究和创新。

元宇宙产业适合什么类型的投资人群体入局？无疑，科技投资者对于了解和评估相关技术的发展前景具有优势，并能够将资金投入到相关的创新项目中。此外一些大型科技公司已经开始在元宇宙产业中进行投资。这些公司通常具备丰富的资源和技术优势，可以通过收购、合作、投资等方式参与元宇宙产业的发展。元宇宙产业的发展也为创业者和初创企业提供了机会。有创造力和创新思维的创业者可以在元宇宙产业中发现商业机会，并筹集资金来实现其创业目标。元宇宙产业对于传统娱乐和内容公司提供了新的发展方向。这些公司可以通过将现有的内容和知识转化为元宇宙体验，拓展自己的业务领域。

就企业的投资回报比而言，最大的预期收益领域为收入和利润率增长、运营费用降低，以及从高成本实体店运营向低成本虚拟店销售转型。互联网正向虚实世界相结合的沉浸式、去中心化体验发展。这可能会在很大程度上重塑企业和消费者的互动、交易、社交和工作方式。能快速完成探索并部署解决方案以培训员工、吸引客户并在元宇宙中扩展品牌的企业，将很可能获得主导优势。

企业在引入元宇宙前应先切实形成商业应用，并将风险偏好考虑在内。元宇宙在改善品牌和客户体验方面也可能起到积极作用，但仍需一段时间发展。在企业中，元宇宙先行者可通过对元宇宙收益进行量化与宣传，以快鱼吃慢鱼的概念激励企业其他成员共同前进。

此外，元宇宙产业的发展可能会引发一系列的哲学问题和伦理问题。首先，元宇宙让人们能够进入一个虚拟的数字世界，这引发了对虚拟与真实的边界的思考。人们可能面临对身份和认同的重新定义，以及对虚拟体验和现实生活之间关系的思考。其次，在元宇宙中，人们可以创造二次元的自己，这引发了对自我认识与多元自我的讨论。例如，个体在虚拟空间中可以具备不同的外貌、性别、能力等特征，这对个体身份的理解和社会互动产生影响。再次，就隐私和数据安全而言，元宇宙中大量的个人数据和交互信息被收集和使用，这引发了对隐私和数据安全的关注。人们需要思考如何保护自己的个人隐私，如何平衡数据收集与个人权益之间的关系，以及如何防止数据滥用和侵权行为。

结语：开发元宇宙"属地"

元宇宙虽还处于初级阶段，但过去几十年的经验表明，新技术迅猛发展之时，会将反应不及者抛在身后。人们对元宇宙能够为信息企业和制造企业带来增值寄予厚望。元宇宙的潜力令人振奋，企业如何在元宇宙世界开发自己的属"地"、实现长期运营有着很大的想象空间。

绿色金融：可持续践行金融向善

概述：用金融支持绿色经济

绿色金融正成为全球金融市场的重要组成部分，越来越多的国家和机构开始意识到环保和可持续发展的重要性，并将其纳入金融决策的考量范围。绿色金融产业是以金融机构为主体，结合环境保护和可持续发展的目标，通过提供金融产品和服务，支持绿色经济项目和技术转型，推动经济增长、环境保护和社会效益的产业领域。它通过为绿色经济项目提供投融资支持和金融产品服务，引导资金流向可再生能源、清洁技术、能效改善、环境治理等领域，推动绿色产业的发展。绿色金融产业的目标是实现资本高效配置、提高资源利用效率、促进环境治理和打造可持续发展的新型经济模式。

具体来说，绿色金融产业通过各种金融产品和服务，如绿色债券、绿色贷款、绿色保险、绿色证券等，将资金和工具与环境相关问题结合起来。这些金融产品和服务不仅满足了企业和个人实现绿色项目和技术转型的需求，也为投资者提供了参与绿色发展的机会。

绿色金融产业无疑属于第三产业，是基于产业绿色化发展的服务活动而形成的。其上游产业可细分为以下6个产业：绿色技术产业，包括可再生能源技术、清洁能源技术、能源储存技术等；环境工程产业，涉及环境治理和保护领域，包括污水处理、废气处理、固体废弃物处理等；节能环保产业，涉及能源效率提升、节能减排技术、垃圾回收和资源利用等；绿色农业和食品产业，包括有机农业、生态农业、绿色食品生产等；可持续交通和城市规划产业，包括新能源汽车、公共交通、智能交通以及城市更新等；生物技术和生态产业，涉及生物医药、生物资源开发、生态旅游等。

下游产业中各个实体承担不同的功能。其中银行和金融机构提供资金支持、贷款和投资服务，如清洁能源项目融资、绿色贷款等。投资基金和私募股权用于支持绿色项目、绿色企业的成立和运营。保险业务和风险评估公司提供绿色项目的保险服务和风险评估，将环境风险纳入金融风险管理体系。资产管理和机构投资者投资绿色金融产品和项目，推动绿色基金等金融工具的发展。证券市场和交易所提供绿色债券、绿色指数基金等绿色金融产品的融资、交易和监管服务。

以下是绿色金融产业的简化产业链图示：

绿色技术产业→环境工程产业→节能环保产业→绿色农业和食品产业→可持续交通和城市规划产业→生物技术和生态产业

   ↑

银行和金融机构←投资基金和私募股权←保险业务和风险评估公司←资产管理和机构投资者←证券市场和交易所

现状：政策、框架、工具不断完善

绿色金融产业的发展不仅有益于促进可持续发展，保护生态环境和资源，还有助于推动经济增长、创造就业和提高经济效益。与传统金融相比，绿色金融产业更注重社会责任、环境风险管理，全面考虑经济、社会和环境三方面的可持续性。通过为绿色项目提供投融资支持和金融服务，绿色金融产业能够帮助实现企业的环境目标，推动低碳经济的转型和绿色发展的实现。2021 年是"十四五"规划的开局之年，也是碳中和元年。从此，中国绿色金融迎来大发展机遇，研究测算未来 30 年绿色低碳投资累计需求将达到约 487 万亿人民币（约 73 万亿美元）。

政策

从国内来看，绿色金融政策、框架与工具也在不断完善。2022 年 1 月，中国人民银行印发《金融科技发展规划（2022—2025 年）》，明确指出加强金融科技与绿色金融的深度融合，创新发展数字绿色金融，运用科技手段有序推进绿色低碳金融产品和服务开发，着力提升金融服务绿色产业的覆盖面和精准度。

市场

产业发展的驱动力来自于多方面因素。首先，全球范围内对环境和气候变化认识的提高促使政府机构、国际组织以及社会机构纷纷致力于推动绿色金融的发展，出台相应政策和支持措施。其次，企业和市场对可持续发展的需求不断增加，他们需要进行绿色投资和融资来支持绿色技术和环保行业的发展。再次，社会的认识和觉醒也对绿色金融产业的发展起到重要推动作用。同时，金融机构本身在面对环境风险和可持续发展问题时，也积极寻求绿色金融作为一个新增长点。

科技

中国在全球推动可持续金融方面发挥着越来越重要的作用。技术在支持绿色金融发展方面发挥了重要作用，并在绿色资产识别、环境和气候风险管理、环境数据共享等领域取得了成果。2021 年，金融科技在中国绿色金融领域的应用将继续深化，通过共享数据和优化模型，提高金融机构和相关方的工作效率。2021 年以来，金融科技支持绿色金融的深度和广度进一步扩大。围绕人工智能、区块链、大数据、云计算、移动金融等领域加大金融科技标准供给，推进金融标准化工作数字化转型，切实提高金融科技风险防范水平。同时，研究制定转型财务标准，明确提出"建立 ESG 评价标准体系"，促进经济社会绿色发展和低碳转型。

应用

在应用场景上，金融科技在绿色资产识别上已有较多实践，同时也稳步在绿色数据采集、环境风险预警与流程管理、环境信息披露等场景进行尝试。在试点领域上，中国人民银行等金融监管部门不断引导业界探索创新，金融机构和金融科技企业开始探索向绿色农业、企业碳账户构建、金融机构碳核算方法、金融支持生物多样性保护和转型金融等领域拓展。在此基础上，科技公司可以进一步关注金融科技支持绿色金融的技术创新，如区块链、物联网、遥感等技术创新；深化金融科技支持绿色金融的应用场景；凭借自身技术与数据积累，面向碳核算、转型金融、绿色普惠等领域提供解决方案。

从行业整体发展来看，银行业肩负着支持可持续发展的重任。在后疫情时代，经济形势和监管政策都影响和促进了绿色金融的深入发展。从战略规划、组织结构、制度建设、管理能力和产品创新等方面对银行业提出了新的挑战。除了大型国有银行和部分股份制银行外，大多数上市银行还处于绿色金融战略规划的初级阶段。在"碳峰值与碳中和"的背景下，向净零迈进是一项至关重要的战略举措，而与国际大型银行相比，中国银行业尚未设定"净零目标"。加强绿色金融能力建设是推动绿色金融发展的重要抓手。可以通过专业培训、信息系统支持、参与国际倡议、国际合作和第三方合作等方式提高相关能力。

洞察：多场景，全方位服务体系

在绿色金融产业发展的不同阶段，产业发展的焦点各不相同。起步阶段，需要建立政策框架和机构支持，明确绿色金融的概念和目标，并制定相关政策规划和规章制度，推动绿色金融的意识和需求。发展阶段，聚焦产品和市场发展，推动新的金融产品的创新和市场的开发，激励金融机构和投资者参与绿色金融交易。随着产业逐渐成熟，需要完善产业链和市场机制，建立绿色金融与传统金融的有机融合，提高绿色金融市场的透明性和资金流动性。

目前，绿色金融体系的顶层引导文件及绿色设计的纲领性文件已经成型，绿色金融及生态设计的发展脉络也正在逐步清晰。细分赛道包括但不限于：金融机构（如银行、投资基金）为绿色项目和企业提供资金支持和贷款，采用融资模式来推动绿色发展；金融机构可以开发和提供各种绿色金融产品，如绿色债券、绿色基金、抵押绿色房贷等，以满足投资者和客户对绿色投资需求；保险公司提供绿色企业风险评估和绿色项目保险，通过降低绿色项目的风险来推动绿色金融发展；评估和认证机构对绿色项目和企业进行环境和社会评估，评估其绿色性以及可持续发展能力，并提供绿色标准制定和证书认证服务；绿色数据和信息服务方提供绿色金融相关的数据分析、环境风险评估、可持续发展指标和信息报告等服务，为金融机构和投资者提供可靠的环境数据支持；绿色咨询和培训可以为企业、金融机构和政府等提供绿色金融相关的咨询和培训服务，如绿色金融政策咨询、绿色投资策略规划等。

绿色金融产业的发展首先需要政府部门的规划和监管。监管部门可以牵头联动相关机构，积极推广标准的落地与实施，形成"可复制、可操作"的相关经验，反哺多元化的实际运营流程。建议监管部门和相关部委将金融科技支持绿色金融纳入未来版《绿色金融与转型金融指导意见》，通过进一步优化《银行业金融机构绿色金融评价方案》等激励约束机制，推动金融机构积极加快金融科技在绿色金融业务流程和管理机制中的应用。加强产业和金融领域环境和气候数据共享，鼓励金融机构、金融科技公司和研究机构共同推动金融科技支持绿色金融的能力建设、交流和国际合作。

地方政府可以通过"物联网＋区块链"等金融科技手段获取真实可靠的企业环境绩效数据，采用全过程无人为干预的数据闭环方式，建立企业环境信息和数据共享平台。完善配套政策，推动地方政府建立企业可持续发展综合评价体系。

金融机构在绿色金融产业中无疑承担着重要的角色。然而，对金融机构而言，金融机构内部绿色金融与金融科技常常未能形成有效的协同融合。目前，绿色金融业务部门与金融科技部门缺乏互动与了解，既懂金融科技又懂绿色金融的复合型人才缺失。着力提升对金融科技在绿色金融发展中作用的认识，通过成立联合工作组等形式建立起绿色金融业务部门与金融科技部门联动机制，并加强金融科技在推动绿色金融产品创新中的应用。整体来看，在绿色服务领域，各类型银行差距较小，股份制银行以及中小银行的主观能动空间较大。未来将开拓更多元的服务方案、发挥银行在资金存托管、支付和中介服务中的领域优势，中小银行有望取得一定的突破。

此外，金融机构可以有意识地拓展产品和服务的具体领域，扩大环境和气候风险保护的具体范围，涵盖传统产业转型、清洁低碳能源开发、碳排放权交易支持服务、绿色低碳生活等，更好地满足潜在市场用户的业务和服务需求。从纵向角度，探索与气候主题相关的产品创新，开发与气候投融资和转型金融相关的产品。横向上，探索可持续发展的内涵创新。除了环境主题，还需要开发具有创造就业和普惠金融等社会主题的产品。同时，利用新兴的金融科技手段，构建多场景、全方位的绿色服务体系。科技公司需要关注金融科技支持绿色金融的技术创新，如区块链、物联网、遥感等技术创新，深化金融科技支持绿色金融的应用场景，凭借自身技术与数据积累，面向碳核算、转型金融、绿色普惠等新的焦点领域提供解决方案。

未来，金融科技将推动绿色农业的发展。数字农业平台将在以下三个方面发挥重要作用：一是数字农业平台面向农民的覆盖范围进一步扩大，技术服务更加精准完善，绿色低碳效果更加明显，成为乡村振兴的重要支撑；二是数字农业平台与"农贷通"融资服务平台对接更加紧密，农户或农业主体信息更加详实，农业主体信用评价更加客观全面，向金融机构引流更加顺畅；三是依托数字平台开展金融创新更加便捷高效，定向金融产品、供应链等金融体系更加丰富完善，普惠金融效果更加突出。

在人才培养方面，金融机构现阶段仍以绿色金融能力建设培训为主，还有很大的提升空间。目前，银行的人才储备主要集中在传统金融和科技领域，多数银行尚未在绿色金融、低碳、环境和社会风险管理等领域进行专业人才梯队布局。下一步应继续加强能力建设，通过多种手段促进全行业绿色金融业务和管理水平的提升。

结语：战略目标——金融向善

绿色金融产业的可持续发展需要科学设定战略目标，运用科学、专业的方法定量分析战略弹性，充分利用内外部资源进一步挖掘潜力，细化战略路径和措施，明确制胜之道。它需要政府、金融机构、企业、学术界和公众等各方的共同努力，通过政策引导、法规制定、市场培育和技术创新，实现绿色金融的长远发展目标，践行"金融向善"。

碳交易：减碳脱碳的必经之路

概述：市场化机制调控碳排放

碳交易产业，概述来说，是指通过市场化机制对碳排放进行调控和交易的产业。其涉及多个关键要素，包括碳排放、碳市场、碳配额、碳交易、参与者等等。展开来说，碳排放是指由于能源使用和人类活动等产生的二氧化碳等温室气体的释放到大气中，是导致气候变化和全球变暖的主要原因之一。碳市场是一种通过交易碳配额实现减排目标的市场。它包括买卖碳配额、碳交易平台和相关规则制定等。碳配额也被称为碳排放配额或碳排放权，是指政府或国际组织授权给企业或机构的指定碳排放数量。

碳配额的引入是为了控制碳排放量，激励人们采取相应的减排措施。碳交易是指参与方将其分配到的额度进行买卖交易，并以此实现经济减排的手段。根据市场的供求关系，低碳排放单位可以向高碳企业销售其剩余量。碳交易产业中的参与者包括能源供应商、企业、工业部门、交易平台、金融机构和政府等。他们在碳减排、碳配额分配、碳交易等方面有着各自的角色。新增碳价措施是全球各国要达到减排目标必须通过的途径。通过合理设置碳配额、建立透明的碳交易市场，碳交易产业有助于推动经济的低碳转型、促进可持续的发展，并为实现世界范围内的碳中和目标提供重要的机会。

碳交易产业的上游产业中，碳减排技术和可再生能源包括能源效率技术、清洁能源发电技术、碳捕获与储存（CCS）技术等，用于降低企业和行业的碳排放。碳量测量和监测技术提供准确测量和监测碳排放量的技术和设备，包括碳量测量系统、传感器、监测设备等。碳管理和咨询服务帮助企业量化和管理碳排放，提供碳减排策略和咨询的服务，如碳足迹评估、排放报告及验证等。中游产业（碳交易核心环节）中，碳交易平台和中介机构提供碳配额交易和结算服务的在线交易平台。碳市场机构和监管机构制定碳交易市场规则和政策的机构，确保市场运作的公正和透明。下游产业中，高碳排放企业和行业，例如发电厂、钢铁厂、水泥工厂、石油和天然气行业等，需要购买碳配额以覆盖其碳排放。投资者和金融机构参与碳资产管理和碳交易的投机或套利，提供碳金融产品和资金支持。

以下为一个简单描述碳交易产业的产业链图示：

碳减排技术和可再生能源

↓

碳量测量和监测技术　　碳管理和咨询服务

↓

碳交易平台和中介机构

↓

碳市场机构和监管机构

↓

高碳排放企业和行业

↓

投资者和金融机构←政府机构和监管机构

减碳脱碳日益成为各国面对气候变化的国际共识，越来越多国家已经承诺在未来实现碳中和。碳交易产业的发展旨在激励企业、行业和地区采取减排措施，降低碳排放，并通过买卖碳配额实现减排成本的最优化。

现状：多维度施力，激活市场

政策：他山之石

已有许多国家和地区，以及一体化组织，同时实施碳交易和碳税，这也许代表了今后的发展方向。比如，日本碳税、欧洲绿色新政、泛加框架、美国"碳红利"等，这些为实现低碳经济做出的诸多尝试，或许可以作为案例提供借鉴。全国碳交易市场在2021年正式启动。从整体到地区，相关部门仍然可以在碳排放控制，配额管理，碳排放交易等领域进行监管上的完善。首先，在碳排放管控层面，将更多重点行业纳入，降低重点排放单位的排放基准，从而引入更多具有不同减排成本的企业，使碳交易的市场配置功能得以充分发挥。其次，在配额管理上，初始分配将以有偿分配为主，降低调整量的比重，加强配额管控，以进一步推动碳排放的减少。最后，在碳排放权交易领域，交易市场将会在全国范围内覆盖，交易量和交易额将会有很大的增长，会出现更多的交易方式。在满足了发展金融衍生品的基本条件之后，还可以衍生出一个新的碳金融衍生品市场，以增强市场的流动性，释放出明确的、市场化的碳价信号，进而降低全社会碳减排和控制的成本。

从整体的气候政策而言，碳交易是政策工具之一，应结合顶层政策设计，让碳交易更好地发挥作用。碳交易和碳税同为两种碳定价手段，各有千秋，可以结合起来进行设计。比如，对于碳交易没有覆盖的行业，可以考虑利用碳税进行调节。国家发改委和环境保护部等不同的国家部门在推行各自政策时应加强沟通，并做好协调设计。另一方面，碳交易政策应与新能源政策、节能减排政策等做好结合，在机制设计上追求各政策互相促进。

市场：碳交易和碳税共行

目前我国的 CCER（中国核证自愿减排量）市场还不够完善，要提高企业减排的积极性和碳交易市场的稳定性，还需进一步完善 CCER 的交易机制和价格标准。在此基础上，我们预期我国将继续收紧碳配额供应，并对 CCER 的注入进行严格控制，碳价可能持续走高，最终在 50—80 美元 / 吨左右。在碳配额问题上，我国有望逐步实现由无偿分配向竞价方式的转变，从而使一级市场活跃起来。以竞拍方式为基础的碳排放交易，对低成本企业的减碳具有较强的激励作用，体现了企业的减排意愿。

政府可能考虑通过委托拍卖来提升碳市场的成本有效性和价格发现能力。委托拍卖过程中，政府先按照一定原则（如基准线法）免费分配配额，并要求企业将所有或一定比例的初始配额委托给政府拍卖。企业将自己的排放需求和减排成本相结合，参加配额竞价，初始配额通过委托拍卖获得的收益全部退还给企业，从而避免了大量的有偿分发对企业造成的经济负担。

预计未来碳市场的建设将和碳税开征并行。碳税与碳市场并行可以扩大碳定价覆盖范围，以加拿大阿尔伯塔省（Alberta）的实践为例，当地的碳税与碳交易可分别覆盖 42% 和 48% 的碳排放，从而实现 90% 的碳定价覆盖效果。同时，碳税可以为碳市场的底价设置提供价格参考，例如当 EUETS（欧洲碳排放交易体系）的成交价低于政府规定的最低限价时，政府会通过碳价支持机制提升气候变化税的税率来弥补差额。

科技：当碳交易遇上数字计量

碳交易产业需要核心技术的支持。

第一是碳计量和监测技术。准确的碳计量和监测技术是碳交易产业的基础。这包括使用先进的测量设备和传感器，准确测量和监测企业和行业的碳排放量。例如，应用远程传感器、无人机、卫星影像、智能监测系统等技术，对碳排放进行实时监控和评估。

第二是碳排放定量化技术。为量化企业和行业的碳排放，需要先进的碳排放定量化技术。这包括根据数据和参数，建立准确的排放计量和计算模型，如确定从生产过程中排放的能量转化率、电力消耗、原材料的纯度等。

第三是气候模型和预测技术。了解气候变化和预测未来趋势对碳交易决策至关重要。应用气象学和气候学的信息，建立气候模型和预测技术，可以了解气候变化的趋势，帮助企业和投资者根据预测进行合适的碳交易和投资决策。

第四是碳减排技术和清洁能源。开发和采用未来能源系统、清洁能源技术和碳减排技术是实现碳减排目标的关键。这包括可再生能源技术，如太阳能、风能、生物质能等，以及能效提升技术，如燃气联合循环、碳捕获储存等。

第五是区块链技术。区块链技术可以提供碳资产的可追溯性、透明性和不可篡改性。应用区块链技术可以构建去中心化的碳配额登记、交易和核查平台，对碳配额和排放的追踪和交易进行高效和安全的管理。

第六是数字化技术和大数据分析。利用数字化技术和大数据分析可以更好地收集、管理、分析和利用碳交易相关的数据。通过应用人工智能、机器学习和数据挖掘技术，可以从大量碳排放数据中提取有价值的信息，帮助企业和投资者做出更明智的决策。

多个核心技术互相配合，为碳交易产业提供了数据支持、计量计算、追溯查询和决策辅助等功能。这些技术的发展和应用将进一步推动碳交易产业的发展，促进减排目标的实现。可以预见，碳交易产业的发展对数字计量有更多要求，产业的融合化发展至关重要。

应用：交易管理机制仍有完善的空间

目前，我国碳市场的活跃程度还不高，主要原因是各种交易的监管机制，如行业覆盖、配额分配等，尚需完备。我国碳交易市场上的配额成交量波动较大，各市场之间的价差较大，反映出我国目前还没有建立起一套行之有效的定价体系，交易管理机制有待进一步完善。在未来的发展过程中，我们可以从扩大行业覆盖范围、调整配额供给总量、适时启动拍卖制度、推广碳金融衍生品多元化等角度对碳交易市场机制进行优化。

随着我国碳市场体系的不断成熟，碳交易将会给公司的运营和利润带来更加深刻的影响。鉴于欧盟碳市场的发展过程和我国碳市场的发展趋势比较类似，因此，在借鉴他们的经验基础上，并在不断严格的碳排放总目标的要求下，我国的碳交易市场在促进企业节能减排方面的功能将会越来越突出，其对行业的影响也会越来越深。从中长期来看，由于碳交易制度的不断完善，碳配额的价格可能会相应提高，因此，碳交易可能会对公司盈余造成更大的负面影响。对投资者而言，投资者需关注碳交易市场对公司盈利和偿债能力等的影响，以及公司在向低碳转型时所面临的转型风险。

洞察：碳交易的挑战与机遇

碳交易给金融机构带来了两大挑战。一方面，碳交易机制需要企业按照自己的排放状况进行碳配额的买卖，这会提高一些高排放企业的运营成本，对他们的经营业绩和偿债能力产生影响，并进一步加大了金融机构的信用风险。另一方面，作为碳市场主体的金融机构，按照自己的排放状况，通过买卖碳配额的方式，将会对其运营成本造成一定的影响。同时，发展碳市场也会给金融机构提供新的机会，使其能够更好地进行产品与服务的创新。

对于企业的运营者来说，我国的碳交易市场正处于一个逐步完善的过程中，它会对相关企业的财务状况产生影响，进而对贷款金融机构的信用风险产生影响。当前，我国的碳价格还处于较低水平，但从长远来看，碳价格很可能会上涨到一个合理的范围，这将会进一步提高高排放公司的运营成本，而不达标企业需要用更多的资金去购买碳配额。与此同时，为了减少二氧化碳的排放量，公司需要持续改善生产过程，更新设备，或者购买更洁净的原材料。在这种情况下，各金融机构所面对的信用风险将会增加。通过对碳交易的定量研究，可以帮助商业银行更好地制定产业信贷政策，调整资产结构，识别和管理转型风险，从而更加主动地应对低碳经济。

当前碳交易产业的热门投资方向主要涵盖以下几个方面。

第一，碳配额市场。尽管不同国家的碳市场存在差异，但碳配额的买卖和交易是碳交易产业的核心。热门投资方向包括购买和交易碳配额，利用市场机会进行碳配额的套利和投机。这可能涉及成熟的碳市场如欧盟，或者新兴的碳市场如中国。

第二，清洁能源和碳减排项目。投资清洁能源和碳减排项目对于个人和机构投资者都具有吸引力。这些项目涉及可再生能源项目（如太阳能、风能等）、能源效率项目和碳减排项目。投资者可以通过融资、投资或合作方式支持并分享碳减排和可持续发展的收益。

第三，**碳金融和碳金融产品**。随着碳交易产业的发展，碳金融及其相关金融产品的需求逐渐增长。这包括碳配额债券、碳资产证券化产品，以及与碳减排和碳市场相关的基金或指数等。投资者可以通过投资这些金融产品，获得碳风险管理和低碳转型的融资和投资机会。

第四，**碳市场技术和服务**。随着碳交易产业的发展，碳监测、数据分析、区块链技术等碳市场技术和服务的需求增长。投资相关技术公司或平台，开拓碳市场的技术和服务领域，为碳交易产业的各方提供支持和解决方案。

第五，**碳中性投资和可持续金融**。碳中性投资和可持续金融是近年来备受关注的领域，即为实现碳中性经济和可持续发展的目标而投资。这可能涵盖购买透明度较高的碳抵消项目或加入有关碳中性的倡导和合作组织，通过在碳交易产业中投资推动可持续金融的发展。

碳交易产业目前正不断发展壮大，许多国家和地区已经建立了碳市场和碳交易体系，其中以欧盟碳市场和中国国家碳排放权交易市场最为知名。这些碳市场的规模和参与者数量不断增长，为碳减排和低碳经济转型提供了重要支持。全球范围内，各国和地区纷纷制定自己的碳减排目标并采取行动，对碳交易产业发展起到了重要的推动作用。政府政策和法规的改变将增加碳交易的需求和机会。

越来越多的投资者关注企业的碳足迹和可持续发展战略，并将其纳入到投资决策中。这将促进碳交易产业的发展，为碳资产管理和投资提供了机会。碳交易产业受益于技术创新，包括碳减排技术的发展、碳数据和监测技术的进步等。这些技术创新改善了碳交易的盈利性和效率，提升了行业发展的潜力。

基于碳交易产业面临的挑战和机遇，发展碳交易产业应在以下几个方面做出努力。第一，加强全球合作和创新。碳交易产业需要不同国家和地区之间的合作与协调，以促进市场的互联互通和透明度，提升市场稳定性和竞争力。同时，行业内的创新也至关重要，包括技术创新、金融产品创新等，以推动碳交易的发展。第二，完善监管框架和规则。监管框架和规则是保障碳交易市场公平、透明和可持续的基石。监管机构应不断加强规范的制定和宣导，建立健全的配额分配和核实机制，防范市场操纵和不当行为。第三，加强市场宣传和沟通。建设健全的碳市场需要加强市场宣传和沟通，提高政府、企业和公众对碳交易的认识和了解。同时，碳交易行业应积极参与相关组织和会议，加强与各利益相关方的合作，共同推进市场发展和可持续发展目标的实现。第四，提供专业化培训和教育。碳交易产业的发展需要综合化的人才，相关机构和教育机构应加强与产业的合作，提供专业化的培训和教育项目，培养具备碳交易相关专业知识和技能的人才。

结语：走向"碳达峰碳中和"

碳交易产业正处于快速发展的阶段，大量的机会等待着行业参与者。同时需要行业各方共同努力，加强合作和创新，推动碳交易产业以可持续、透明和高效的方式发展，以应对气候变化的挑战，实现"碳达峰碳中和"目标。

数字计量：数字产业的先行者

概述：计量——数据和算法

数字计量产业是指利用数字技术和计量科学方法对物理量进行精确测量、监测和控制的产业。数字计量产业包括两个方面：一方面为计量数字化，是传统计量采用信息化手段实现网络化、自动化、远程化的计量工作，包括计量电子证书和数字证书、测量不确定度在线云评定、远程计量和在线计量、计量数字化图谱、计量软件测评、智慧计量机器人、人工智能计量师、计量数据可视化等等；另一方面为数字的计量化，是数字世界中引出的计量工作，包括算法溯源、数字图像、音频和视频计量、网络点击量和转发量计量、数字资产等等。

数字计量产业的核心是对数据和算法的计量，是对信息技术中二进制数字的形式、内容、结构、语义，二进制数字对主观或客观世界的反映——数据和算法，以及承载二进制的物理设备、系统性能中计量问题的研究。数字计量的目标是实现单位统一、量值准确可靠。

数字计量产业涉及以下技术：网络宽带速率（网络空间距离，基于网络空间距离的几何距离计量等）、比特量值（大数据、云存储等）、虚拟模块、虚拟仪表、并发数、连接数、吞吐量、计算力、数字声音（生源特征识别、空间几何量等）、数字图像（文字识别、人脸识别、数字地图、空间几何量、温度识别等）、数字视频（姿态跟踪测量、空间几何量等）、比特能效、涉及贸易结算的点击量转发量、涉及贸易结算的数字资产等。

数字计量产业的上下游产业包括多个相互关联的环节。

上游产业有数字计量产业的研发环节，包括基础研究、技术创新和产品研发。这些活动包括发展新的测量技术、传感器、探测设备等。数字计量产品制造需要使用各种材料和元器件，例如电子器件、芯片、导线和塑料等。这些原材料供应商为数字计量产业提供所需材料和零部件。设备制造商制造数字计量产品所需的生产设备，包括生产线、工具及设备生产商，为数字计量产业提供生产设备与技术支持。数字计量产品制造商是数字计量产业的核心环节，他们将各个环节中的技术和零部件整合成可用的产品，包括测量仪器仪表、传感器和控制系统等。

下游产业包括应用行业用户，数字计量产业最终产品服务的对象为各个行业中的用户。例如工业制造、医疗、环保、能源等领域的各类企业，根据不同应用需求购买数字计量产品和解决方案。此外，数字计量产品在实际使用过程中需要故障维修、培训和技术服务等支持。服务提供商为用户提供售后支持和维护服务，包括安装、校准、维修等。

下图示意了数字计量产业链的关系：

研发与技术创新

↓

原材料供应商

↓

设备制造商

↓

数字计量产品制造商

↓

应用行业用户

↑　　　↓

支持和维护服务

除了上述核心环节外，数字计量产业链可能还与其他环节有相互交互。

随着技术的进步和全球产业的智能化和自动化发展，对精确测量和自动化控制的需求不断增加，推动了数字计量产业的快速发展。数字计量产业在全球范围内分布广泛，遍及发达经济体和新兴市场。欧洲、北美、亚洲（特别是中国和东南亚）被认为是数字计量产业的主要市场，其中中国作为全球最大的制造业国家拥有庞大的数字计量市场。

现状：数字技术革命带来计量挑战与机遇

市场

为应对数字技术革命带来的新的测量难题，保证数字经济环境下测量结果的准确性、一致性与可信性，支撑数字中国的建设与数字质量的提升，促进数字经济的持续发展，对推动数字社会的可持续发展，有着十分重大的现实意义。

目前，中国检验测试产业已经达到了千亿的水平，但是其组织结构比较零散，市场的集中度还有很大的提高空间。目前，我国的检验组织仍然主要是小型和小型的检验组织，市场集中度还有很大的提高空间。

国家市场监督管理总局数据显示，2021 年就业人数在 100 人以下的检验检测机构数量占比达到 96.31%，绝大多数检验检测机构仍然属于小微型企业，承受风险能力薄弱；从服务半径来看，73.16% 的检验检测机构仅在本省区域内提供检验检测服务，服务半径有限。

计量检测与科研及生产具有极大的正相关性，在我国当前的科研及制造业进步的趋势下，计量检测拥有着较为确定的需求增量。

不断增加的数据引发人们思维和行为模式的变革，而在检验检测领域，这也将直接为检验及科研模式带来极大的改变。继实验科学、理论科学、计算科学之后出现了第四种研究范式，即"数据密集型科学"，成为大数据时代下的新模式。海量数据的剧增，势必让量变引起质变。

科技

数字计量产业中的重要技术枚举如下。

仪器仪表包括电子测量仪器、物理测量仪器、化学分析仪器等，用于测量和检测物理、化学和生物量的参数。**自动化控制系统**包括工厂自动化系统、过程控制系统、出厂控制系统等，用于实时监测和控制生产过程的参数和质量。**传感器技术**包括光电传感器、温度传感器、压力传感器、加速度传感器等，用于感知和测量物理量的变化和状态。**CAD/CAM 系统**指计算机辅助设计 / 制造系统，应用于产品设计、工艺计划、加工控制和成品制作等领域。**质量管理与检验技术**包括质量控制、质量检测和质量检验技术，用于确保产品和服务的质量和合规性。**电子测试与测量**用于电子设备和电路测试和分析的仪器和技术，包括信号发生器、频谱分析仪、逻辑分析仪等。**物流与仓储**应用于物流和仓储过程中的计量、追踪和准确度保证等技术和系统。**环境监测与控制**用于测量和监测环境物理参数，如大气质量、水质、噪声等，并实施相应的控制措施。**医疗诊断与监测**用于医疗领域的各种仪器和设备，如医学成像设备、生命信号监测仪等，帮助进行疾病诊断和患者监测。

政策

数字产业发展的驱动力是多方面的。《中华人民共和国国民经济和社会发展第十四个五年规划和 2035 年远景目标纲要》中提到需要快速发展计量和检验检测："完善国家质量基础设施，建设生产应用示范平台和标准计量、认证认可、检验检测、试验验证等产业技术基础公共服务平台，完善技术、工艺等工业基础数据库。"

其次是自动化与智能化需求。随着工业制造和生产领域的自动化和智能化水平不断提高，对于实时数据采集、准确测量和精细控制的需求也在增加。在贸易、零售、医疗、教育、交通、金融和政务等各个领域中，生产、消费和管理等方面必将基于数字深度融合。此外，智能制造和工业互联网的发展推动要求实现生产线的智能化与互联化。数字计量技术支持数据的采集和管理以及产品质量的实时监测，为实现柔性生产和实时控制提供了基础。就应用领域需求而言，数字计量技术在各个行业中的广泛应用需求是该产业发展的重要驱动力。从制造业到能源管理、医疗、环境监测等领域，都需要准确测量和控制物理量，以保证产品和服务的质量与安全。

应用

无论国内还是国外，在贸易、零售、医疗、教育、交通、金融和政务等多个领域中，生产、消费和管理等方面必将基于数字深度融合。由智能设备或大数据、物联网、区块链、人工智能、数字孪生等技术生成的大量信息丰富的数据和算法，将成为驱动经济增长的关键生产要素，用于经济社会众多领域的洞见、分析、决策和行动。

洞察：数字计量助推数字化进程

数字计量产业的热门投资方向大致有：物联网连接，环保型数字计量设备，以及生物测量和医疗计量。随着我国制造业向智能化、工业自动化方向发展，对数字计量产业的需求将持续增加。伴随着工业 4.0 时代的到来，以及数字化进程的加速，对数字计量设备与技术的投资将会继续增长。随着物联网和大数据的广泛运用，我国的数字计量行业面临着新的机遇。将数字计量装置和传感器与物联网相结合，从而达到实时的数据采集和互联，从而提升了计量系统的智能程度和性能。

在环境保护和可持续发展的要求下，数字计量产业中对绿色技术和节能产品的需求可能增加。投资于开发和生产环保型数字计量设备和解决方案的机会可能会受到关注。随着人们对医疗保健和生命科学领域的关注增加，数字计量技术在这些领域的应用也可能受到关注。医疗计量设备、实验室仪器和生物测量等领域可能会吸引短期投资。

国际单位制量子化变革以来，开启了以测量单位数字化、测量标准量子化、测量技术先进化、测量管理现代化为主要特征的"先进测量"时代，也催生了海量的计量和检测数据。数字计量产业中可能的投资群体包括设备制造商、风投创投、研究院所等等。数字计量产业中的设备制造商和供应商是最主要的投资者之一。他们投资于研发和生产数字计量产品，不断创新和改进技术，以满足市场需求。创业投资机构和风险投资公司是数字计量产业中的重要投资者。大学、研究所和科研机构也将在数字计量领域进行前沿技术研究和创新。这些科研机构有望通过获得科研经费和项目资助，成为重要的投资者和推动者。

数字计量产业涉及的核心技术枚举如下。**传感器技术**是数字计量产业的核心技术之一，用于检测和测量各种物理量，如温度、压力、湿度、光强度等。在数字计量中，高精度、高灵敏度和多功能的传感器对于准确测量和数据采集至关重要。**自动化和控制技术**是实现数字计量的自动化过程的关键。这些技术包括 PLC（可编程逻辑控制器）、SCADA（监控和数据采集系统）和 DCS（分布式控制系统）等。通过自动化控制，提高生产效率、精确度和灵活性。**数据处理技术**包括数据采集、存储和传输，数据分析涉及数据挖掘技术、大数据分析、机器学习和人工智能等。数字计量产生大量的数据，对这些数据进行处理和分析至关重要。这些技术有助于从大量的数据中提取和分析有价值的信息，从而支持决策和优化。**通信技术**提供了设备之间的联网和数据交流，以及与用户之间的远程通信。通信技术包括有线和无线通信技术，如物联网、无线传感器网络和工业以太网等。**可靠性和安全性技术**包括产品设计和制造过程中强调的可靠性工程原则和安全性标准，以及设备使用和运行阶段的故障诊断和安全保障技术，在数字计量产业中，产品的可靠性和安全性非常重要。**标准化技术**有助于统一规范数字计量产业中的许多相关领域和应用，提高产品质量和互操作性。标准化涵盖产品规格、测量方法、数据传输和定量评价等。

这些核心技术相互交织，共同构成了数字计量产业的技术基础。推动这些技术的创新和应用是数字计量产业不断发展的重中之重。值得关注的是，数字计量产业的发展，也面临着诸如数字鸿沟、数字安全、数据产权、算法正确性、算法共谋等方面涉及的计量法律法规滞后的挑战，包括计量术语不清晰、计量技术规范缺失、数据可信度较低，算法正确性和结果的客观公正性无法保证等问题。对投资人而言，有意识地关注风险控制，确保数据的隐私和安全保护，保护用户和企业数据不受滥用、盗用或未经授权的访问。确保技术安全和网络安全，防止恶意攻击和数据泄漏，都十分重要。

结语：保障数字经济时代的计量准确

由智能设备或大数据、物联网、区块链、人工智能、数字孪生等技术生成的大量信息丰富的数据和算法，将成为驱动经济增长的关键生产要素，用于经济社会众多领域的洞见、分析、决策和行动。无论国内还是国外，在贸易、零售、医疗、教育、交通、金融和政务等多个领域中，生产、消费和管理等方面必将基于数字深度融合。为了解决新一代信息技术变革而催生的新型计量问题，保障数字经济时代测量的准确性、一致性和可信度，支持我国在数字时代建设数字中国、提升数字质量，保障数字经济的健康发展，大力发展数字计量产业具有重要的意义。

现代农业：双轮驱动加快建设农业强国

概述：现代农业解答食物消耗议题

现代农业产业是指应用现代科技和生产方法，以提高农业生产效率、质量和可持续性为目标的农业生产及相关产业的综合体系。它涵盖了农业生产、农业机械化、智能农业、农业信息技术、农产品加工与营销等各个环节和领域。

现代农业产业的上下游产业可以分为以下几个环节。上游产业包括为农业生产提供必要物资、设备和技术支持的各类产业。这些产业提供种子、肥料、农药、农机具和农业生产技术等支持，涉及到种子供应、农药和化肥生产、农业机械制造、农业技术研究与服务等。下游产业涉及农产品的加工、流通、销售和消费等环节。包括农产品初加工与深加工、分销商、零售商、餐饮业等。这些产业从农产品生产环节开始进行农产品收购、加工、运输和销售，最终供应给终端消费者。

虽然在后疫情时期，世界的人口增长速度有所下降，但这并不能减轻世界各国对农业的需求。比如气候变化，环境变化，农业劳动力的变化，这些都是社会、企业和投资者关注的影响因素。世界上的人数在 2050 年时将会增加至 85 亿。据联合国预测，人均能源消耗将会超过本世纪初的 12%。也就是说，到这个世纪的中期，总的食物消耗将会增加 60%。所以，推广与发展现代农业具有不可估量的意义。

现状：科技驱动，走向农业数字经济

现代农业产业的特征包括以下几点。

第一，科技驱动。现代农业产业以科学技术为基础，系统地运用现代生物、物理、信息、先进材料等科技手段，提高资源利用效率、减少环境影响、增强农产品质量和供给能力。这包括基因改良、精准施肥、精准灌溉、遥感监测、高效农机等技术的应用。

第二，可持续发展。现代农业产业注重生态环境保护和资源可持续利用，强调生态农业、精准农业和循环农业理念。通过创新生态农业模式、农业资源的可持续管理和利用，实现农业生产的可持续发展，平衡农业生产与环境保护之间的关系。

第三，农业增效和附加值提升。现代农业产业追求农产品增值和经济效益的提升，通过优化产业链条和价值链条，开发高附加值产品，提高农产品的品质、品牌化。

第四，数字化和智能化。现代农业产业依托信息技术的快速发展，推动农业的数字化和智能化进程。通过传感技术、无人机、物联网、大数据等手段，提高生产过程的自动化程度和数据管理能力，增强决策的科学性和精确性。

第五，**多元化和综合化**。现代农业产业不仅仅关注传统的农业生产，也注重发展农产品加工、供应链管理、农业科技咨询、农产品贸易等多个层面。通过农产品加工和品牌化，提高农业产业的附加值和市场竞争力。

市场

在建设现代农业的过程中，农业科技始终扮演重要的角色，其包括但不限于以下技术。

农业物联网技术：通过物联网技术，可以实现各种农业设备、传感器和控制系统的互联互通，实现农业生产的智能监测和远程控制；物联网技术提供了实时、准确的农产品生产和环境数据，优化决策和资源利用。

大数据与人工智能技术：大数据技术可以收集、分析和利用大规模的农业数据，为农业生产、管理和决策提供科学依据和精细化管理；人工智能技术可以应用于判断和预测农产品品质、病害侵染、种植决策等领域，提高生产效率和降低成本。

先进的农业机械与自动化技术：机器人或无人机在农业中的新兴应用包括杂草控制、云播种、播种、收割、环境监测和土壤分析；智能农业的自动化和机器人技术涵盖了一系列技术。这些技术可以减轻劳动强度，提高生产效率，同时还能够实现准确施肥、喷药、巡视和数据采集，优化资源利用和作物管理。

温室与控制技术：用于种植蔬菜、水果等特定种类的农作物；温室技术可以控制种植环境中的温度、湿度、光照等因素，为植物提供适宜的生长条件，实现全年的生产季节。省电、节水，减少对土壤、自然环境的依赖性。

遥感技术：通过卫星遥感、空间信息技术等手段，获取大范围、多角度的地表、植被等信息数据。这些数据可以用于农业产地调查、农作物适应性分析、土壤养分诊断和监测等，为科学精确的管理和决策提供依据。

政策

在农业领域，与大多数部门一样，资产生产率是关键。在粮食生产中，更好地利用土地意味着更容易满足不断增长的人口的粮食需求，对于农业生产者来说则意味着更高收入的可能。数字农业在中国仍处于发展的初级阶段，2020 年数字经济对中国农业的贡献率仅为 9%，而对工业和服务业的贡献率分别为 21% 和 41%。

中国政府一向对推广数字化农业给予大力扶持，而中国的互联网公司也对此起到了很大的促进作用，特别是在发展所需技术上。这些措施主要包括：通过建立一个稳固的网络销售网络，并对数据进行分析来实现产品的最优，同时对提高农产品质量和提高农产品质量的产业链进行了改进，从而提高了农产品质量和农产品质量。

应用

现代农业产业的主流商业模式为以下 5 种。

第一，**农产品供应链模式。**基于整个农产品供应链的管理和优化，主要通过优化农业生产、加强农产品初加工和深加工环节，以及建立高效的物流和配送系统来提供优质农产品给市场。这种模式注重从生产到市场的高效流通，提高供应链效益。

第二，**农业合作社／农户合作模式。**通过农户或农业合作社的集体力量提高农业生产效率和农产品质量，减少个体农户的风险，并在营销环节进行集中统一运营，提高市场竞争力。

第三，**农业科技创新模式。**该模式注重引入和应用先进的农业科技，包括物联网、大数据、人工智能等，以提高农产品生产效率、减少资源浪费和环境污染，并优化农产品品质。这种模式不仅在生产环节应用技术，还在农产品溯源、品牌建设、市场营销等方面进行创新。

第四，**农产品电商模式。**随着电子商务的快速发展，农产品电商平台逐渐崛起。这种模式通过在线销售农产品，打破了传统线下渠道限制，提高了农产品销售的效率。农产品电商模式还可以提供更多的信息和服务，实现农产品多样化需求和消费者与农民的直接互动。

第五，**农旅融合模式。**这种模式将农业和旅游两个产业有机结合，通过发展农业观光、农家乐、农产品体验等旅游项目，增加农民和农业产业的收入。同样，农旅融合模式也可以在旅游环节销售农产品和农副产品，提供更丰富的农产品消费体验。

从过去到现在，农业已走过漫长的发展之路，但未来还有更多的机遇尚待探索。现代农业的发展必然伴随着数字化转型。而在我国，实现农业数字化的发展，我们已有很好的积累条件。首先，农产品上架的基本条件日益健全，从网络、物流和资金等方面，为农民参与互联网电商，让农业产品走出原产地，提供了有力的支撑。另外，在疫情爆发期间，消费者在线上购物的行为也逐渐养成，并在后疫情时期继续保持这种行为，使得农产品上行加速。第三，在乡村振兴和农业现代化的大背景下，"数字农业"正处于一个新的发展阶段。目前，我国已经为我国的数字农业设定了发展的方向和时间线。第四，针对农业食品产业链的投资有向上游转移趋势，农业科技成投资热点。到 2025 年，农业数字经济规模能够达到 1.26 万亿，农产品网络零售额可达 1.36 万亿。

洞察：资本科技双投入下的持续发展

现代农业产业的发展是一个持续的过程，不同地区应结合自身情况，聚焦于不同的发展方面。初级阶段主要是建立基础设施和生产体系。重点是土地利用，种植技术的改进，水源和灌溉设施的建设以及农民的技术培训。此阶段的发展重点是提高农产品生产能力和供应稳定性。在建立基础设施和生产体系的基础上，中级阶段需要大规模推进农业现代化。重点是技术创新、机械化和自动化、农业标准化，以提高农产品质量、生产效率和精细化管理。此阶段需要继续加强科技研发、引进尖端技术，并鼓励农业企业的发展。在中级阶段的基础上，需要实施精细化管理和智能化技术应用。重点是推动智能农业、物联网和大数据等技术的应用，以提高农业生产的智能性、精度和高效性。此阶段需要加强数字化农业解决方案与信息技术的整合，发展农业物联网平台，提升农业科学管理水平。此后，推进现代农业的可持续发展将是长久的目标：在确保农产品供应的基础上，将重点放在环境保护、绿色和有机农业方面。重点是促进资源的可持续利用、农业生产的环境友好性，推动农业与生态平衡的有机融合。此阶段需要推动低碳农业、循环农业等绿色技术的应用，重视土壤和水资源保护、生物多样性保护等问题。

参与群体＆如何参与

农业的科技转型和数字化转型需要各市场参与者做出巨大的努力，同时需要稳定和大量的资本及精力投入。哪些群体适合投入现代农业？首先是传统农业巨头，如大型农机公司、农药及化肥生产商等。传统农业行业巨头可以通过将自己的传统优势产品进行数字化来满足农户的需求，比如推出自动化农机以及农机管理系统。这类企业的优势在于长期深耕农业市场，了解农民生产的需求，能更有针对性地推出智能产品和解决方案，从而走向现代农业。

此外，农业科技企业也会有亮眼的表现。相比于传统农业巨头，农业科技企业的优势在于扎实的科技实力，强大的研发队伍和创新精神帮助他们开发出更创新更先进的产品和解决方案。农业科技企业可以先在某个特定的技术领域进行创新，之后逐步将科技创新延伸到农业产业价值链的其他环节。

IT 公司也可以助力农业的数字化转型。相比于其他两类玩家，IT 公司可能在对于农业或者农户的了解上还有所欠缺。但是 IT 公司对于消费者和数据的分析能力和知识积累上有更大的优势。因此，IT 公司可以着重于利用自己的数据分析能力优势，构建智能农业综合解决方案平台或系统。通过对农业企业不同信息的分析，帮助农业生产者在生产和经营上做出更多明智的决定。

中国作为全球最大的农业大国之一，仍有更多方向可以在现代农业产业领域中进行进一步发展。

第一是数字农业。数字农业在中国仍处于发展的初级阶段，2020 年数字经济对中国农业的贡献率仅为 9%，而对工业和服务业的贡献率分别为 21% 和 41%。埃森哲曾表示，数字农业能够提高利润 55—110 美元 / 英亩。相比美国玉米和大豆的总体盈利能力约为每英亩 250—300 美元，而数字农业服务的成本低至 5—10 美元 / 英亩，具体取决于服务水平。利用农业大数据和人工智能技术，可以构建更完善的农业数据平台，优化农业生产决策和资源配置。通过高效的数据采集、分析和挖掘，提供个性化的农业管理方案，实现农业生产的精细化、智能化管理。

第二是种植业技术创新。在粮食安全方面，发展农业产业具有很大的潜力。举例来说，虽然畜牧业占据了全球 77% 的耕地，但其产出的热能仅为全球的 18%，而蛋白质则为全球的 37%。而占据耕地 23% 面积的农作物（如植物性）则为世界上所有热量的82% 和 63% 的蛋白质供应。要在新品种的培育与选育、无土栽培技术、垂直农业技术等领域进行深入的探索与创新，从而提高作物的品质与产量，并采取适应气候变化、优化土壤养分管理、提高资源利用效率等措施，从而让作物的种植变得更具可持续与环境友好性。

第三是发展农业机器人与智能化设备。研发和应用农业机器人和智能设备，实现种植、施肥、喷药、采摘、邮寄等农业操作的自动化和智能化。这将提高农业生产效率、减轻农民劳动强度，并增加农业生产的精度和质量。

2021 年 11 月，英国政府的一项研究估计，英国的农业机器人密度（以每百万工作小时机器人为单位）将从 2025 年的 1.0 以下增加到 2030 年的 8.0 左右，到 2035 年将进一步增加到 21.6。该研究还预测，到 2035 年，农业部门高达 30% 的任务在技术上可以实现自动化，相当于约 45 亿英镑的全球价值，到 2035 年底，生产力将比基线提高 0.9%，全球价值将比基线增加 0.7%。

第四是农产品供应链管理。建立全程追溯系统，应用区块链、物联网等技术实现农产品供应链的透明、高效、可追溯，加强农产品的质量溯源和风险防控，提升农产品品牌和市场竞争力。中国互联网公司在推动这一进程方面可以发挥重要作用，尤其是在开发必要的技术方面。这包括提供稳定的在线销售渠道，利用数据分析帮助优化生产，以及改善供应链，这些改进将有助于确保食品安全并增加农民收入。

结语：步入农业新时代

农业是经济的压舱石，在生产、流通、销售三端的数字化转型空间大。农业的科技转型需要各市场参与者做出巨大的努力，同时需要稳定和大量的资本及精力投入。那些能够抓住时机，快速拥抱转型的国家或企业必将在未来科技驱动的农业新时代中占据先机，蓬勃发展。

文化旅游业：高赋能沉浸新起点

概述：推动文化创意产业发展

文化旅游产业是指以文化为核心，以旅游为手段，通过旅游活动来传播和体验各种文化资源的产业。它是在旅游业的基础上发展起来的一种特殊形式，是旅游与文化相结合的产物。文化旅游产业分为文化资源和旅游活动两个维度。文化资源包括传统的艺术、历史、民俗、传统村落、文化遗址等，以及当代的文化创意产业、文化艺术表演等。旅游活动包括旅游观光、文化体验、参与性旅游等，活动形式可以是个人游览、旅行团、文化节庆等。文化旅游的产业化运作通过投资、开发、经营等方式，将文化资源与旅游活动结合起来，形成一系列的旅游产品和服务，包括旅游线路、景点开发、文化展览、文化演艺等。

文化旅游产业的上游产业主要包括文化创意产业、文化艺术表演产业、文化遗产保护产业等。这些产业为文化旅游行业提供了丰富多样的文化内容和艺术资源，为旅游目的地的吸引力和竞争力提供支持。文化创意产业是文化旅游产业的重要组成部分，包括影视制作、音乐创作、手工艺制作、设计创意等领域。文化创意产业创造了独特的文化产品和服务，丰富了旅游体验，吸引了游客的兴趣和参与。文化艺术表演产业是提供文化演艺表演、艺术展览、文化节庆等活动的产业，为旅游目的地增添了文化氛围和娱乐性，吸引了游客的到访和参与。文化遗产保护产业是保护和传承文化遗产的产业，通过修复、保护和管理文化遗产，为游客提供了了解历史、文化和传统的机会，增加了旅游目的地的吸引力和独特性。

下游产业主要包括旅行社、酒店、餐饮、交通等相关服务产业。旅行社为游客提供旅游线路规划、票务预订、导游服务等，酒店和餐饮业为游客提供住宿和饮食服务，交通产业为游客提供航空、火车、汽车等交通工具。

下图为文化旅游产业的简单产业链图示：

文化创意产业→文化艺术表演产业→文化遗产保护产业→旅行社、酒店、餐饮、交通等相关服务产业

文化旅游产业的核心目标是保护和传承文化遗产，推动文化创意产业发展，促进旅游业的可持续发展。通过整合文化资源和旅游需求，文化旅游产业可以实现经济效益、社会效益和文化效益的有机结合，提升地区的知名度和形象，推动经济增长和就业机会的创造。目前，文化旅游产业在全球范围内得到了快速发展，成为各国经济增长的重要引擎之一，为国家和地区的经济发展做出了重要贡献，对于社会经济的发展起到了积极的推动作用。

现状：从创造，到消费，到升华

政策

文化和旅游部发布的《关于提升假日及高峰期旅游供给品质的指导意见》要求着力开发 11 个旅游新业态，包括文化体验游、乡村民宿游、休闲度假游、生态和谐游、城市购物游、工业遗产游、研学知识游、红色教育游、康养体育游、邮轮游艇游、自驾车房车游等。党的二十大报告提出，要促进区域协调发展，积极探索以超大特大城市或者辐射带动功能强的大城市为中心，加快现代都市圈建设、推动区域协调发展。

以上海为例。上海在区域协调发展战略框架下，进一步推动上海大都市圈文化和旅游产业的协同发展，充分发挥雁阵效应，促进长三角文旅一体化的高质量发展，从而为卓越的全球城市区域建设提供有力支撑。在上海大都市圈文化和旅游产业的协同发展的大背景下，上海大都市圈内的上海、无锡、常州、苏州、南通、宁波、湖州、嘉兴、舟山等"1+8"个城市拥有优质的文化和旅游资源，在长三角一体化进程以及文旅融合发展实践中，已经逐步形成具有一定国际国内影响力的文化和旅游产业集群。

市场

我们认为现今的文化呈现出主流化、高科技化、大众化和全球化的特征，文旅产业要满足文化的需要，需要经历从传承文化到创造文化、从创造文化到消费文化、从消费文化到升华文化三个过程的循环。对健康的需要是现代文旅产业发展的重要驱动力。世界卫生组织提出"健康不仅是躯体没有疾病，还要具备心理健康、社会适应良好和有道德"。现代人的健康观是整体健康，现代人的健康内容包括躯体健康、心理健康、心灵健康、社会健康、智力健康、道德健康、环境健康等。乡村优越的生态环境和健康的生活方式，成为不少人旅游休闲的选择。从传统的观光农业到休闲农业，再到乡村度假，乡村旅游不断升级发展。尤其是在新冠疫情之后，乡村成为休闲度假、短途周边游的重要方式。

在乡村振兴战略背景下，"田园综合体"于 2017 年被写入中央一号文件，全国各地兴起田园综合体建设热潮。乡村"农业 + 旅游"开始成为文旅产业增长的新战场。社群是文旅项目开发的重点，社群也是项目营销很重要的发力点，社群先行是文旅小镇应该借鉴的营销思路。在此之外，景区创造生活方式还有一个必须重视的文化注脚——酒店。酒店是诠释当地自然风味、向住客展现人文风貌的窗口。对于酒店，日本建筑大师原研哉认为，"一家出色的好酒店是对当地最好的诠释，代表着经过咀嚼的地方特色"。在帮助人们出行、安全的过夜、恢复体力和提供良好的睡眠的基础功能之外，酒店可以是景区独有居停风貌的"传话人"。

技术

技术的进步和创新对文化旅游产业的发展起到重要的驱动作用。随着互联网、移动互联网、虚拟现实等技术的发展，文化旅游产业可以借助这些技术提供更加多样化、个性化的旅游产品和服务，提升用户体验。虚拟现实技术可以提供身临其境的体验，使游客能够远离现实世界，感受到不同文化旅游目的地的历史、艺术和风土人情。虚拟现实可以为游客提供独特、沉浸式的体验，吸引更多的游客，并大大增加他们对文化旅游目的地的兴趣。增强现实技术结合了虚拟信息和现实环境，可以通过投影、显示和感知技术在现实世界中添加虚拟元素，从而提供丰富的文化旅游体验。例如，通过扫描建筑物或文物，游客可以获得相关的历史、文化和艺术信息，使他们更好地理解和欣赏目的地的文化遗产。

大数据分析可以帮助旅游从业者了解游客的偏好、行为和需求。通过收集和分析游客的数据，旅游从业者可以更好地了解游客的兴趣，提供个性化的旅游体验，优化目的地的资源配置，并根据数据预测和规划未来的需求和趋势。区块链技术可以提供安全、透明和可追溯的交易体系，对于文化旅游产业的票务、支付和信息管理非常重要。通过区块链，旅游从业者可以确保游客的身份和支付安全，同时也可以提供真实、可信的文化旅游信息。

应用

文化旅游产业的细分赛道丰富多彩，以下枚举主要的方向。文化遗产旅游，包括世界遗产、国家级文物保护单位、历史古迹等的旅游开发和推广。文化艺术旅游，涵盖博物馆、艺术展览、音乐节、戏剧等文化艺术活动和场所的旅游产品。乡村旅游，以农村地区的自然风光、文化传统、乡土建筑等为特色，提供休闲度假、农家体验等旅游服务。古镇古村旅游，包括具有历史和文化特色的古镇、古村，提供传统手工艺、民俗文化等旅游体验。文化节庆旅游，利用传统节日、庆典等文化活动吸引游客，如春节、清明节、端午节等。温泉旅游，以温泉资源为核心，结合文化元素和养生理念，提供温泉浴、养生保健等旅游产品。民俗文化旅游，以少数民族、地方民俗文化为特色，推广传统手工艺、民间艺术等旅游活动。城市文化旅游，以城市的历史、文化景观、艺术氛围等为特色，提供城市观光、文化体验等旅游产品。电影旅游，将电影拍摄地、电影主题等与旅游结合，吸引游客参观电影取景地、体验电影文化。茶文化旅游，以茶文化为核心，推广茶艺、茶叶制作过程、茶文化底蕴等旅游产品。

传统旅游商业模式是最常见的商业模式，旅行社、酒店、航空公司等传统旅游业者通过提供旅游产品和服务来盈利。他们通常与当地文化景点、博物馆、剧院等合作，为游客提供相关的导览、讲解和服务。随着互联网的发展，出现了许多在线旅游平台，如携程、马蜂窝等。线上旅游平台模式通过整合各类旅游资源，为用户提供旅游信息、预订服务、行程定制等功能，并从中获得佣金或服务费。

文化体验商业模式注重为游客创造独特的文化体验。例如，文化之旅、文化体验营地、手工艺品制作和文化交流活动等。通过提供独特的文化体验，吸引游客的关注并盈利。一些旅游目的地会将文化元素与地产开发相结合，创建文化旅游地产项目，形成文化旅游地产商业模式。这些项目通常包括旅游景点、度假村、购物中心、酒店等，并通过房地产销售、租赁、票务、景点门票等方式产生收入。跨界合作商业模式即文化旅游产业与其他行业的跨界合作。例如，文化旅游与时尚、娱乐、体育等行业通过跨界合作来创新和提供更多元化的文化旅游产品和服务。这些商业模式各有特点，但都以提供独特的文化旅游体验为目标，通过吸引游客和提供相关服务来实现盈利。

洞察：与时俱进，打造整体生态

随着旅游行业的不断发展，目的地的概念已经演化为"一处能够满足旅游者需求的服务和设施中心"，旅游环节中的各个主体被弱化，整合为有机的体系。对于景区而言，要打破原本的"景点思维"的发展模式，转向"旅游目的地思维"。减少对原本景区中单一资源的依赖，强调整体生态的协同前行。从确定何种风貌，到搭建产品框架，再到对细节的不断雕琢，改变生存逻辑，目的是满足新兴客群与时俱进的时代需求。

不同类型的景区在产品规划方面要有明确的个性特征。例如，对于自然景观类景区，可以配建体验性产品和休闲型产品，使其成为一个相融相生的共同体，成为一个目的地。

据文化和旅游部数据中心发布的《全国"互联网＋旅游"发展报告（2021）》显示，我国在线旅游消费总额已达万亿级。对于如此巨量的消费市场，景区作为旅游产业的主体，必须把握趋势趁风而行。江浙沪等智慧化基建普及程度较高的城市，不少景区都已经开始向智慧化景区转型。值得注意的是，针对不同类型的景区，智慧旅游的实现需要不同的发展路径，避免再次陷入"同质化"的僵局。此外，数字化并不意味着冷冰冰而无人味的机械服务，而是以便利游客为中心，为游客提供有温度的服务。

随着我国人均 GDP 突破一万美元大关，进入后小康时代，我国的城市休闲将步入通过高质量发展满足人民日益增长的美好生活需要的新阶段。我国城市休闲将呈现以下几种趋势。首先，城市休闲将由规模型的水平发展转向质量型的纵向发展，城市休闲的质量将不断得到提升。其次，城市休闲将迎来主客共享，不仅为客源地提供良好的休憩场所，同时也成为本地居民周边游的良好去处。

随着科技的不断发展，数字化体验可能成为吸引游客的重要因素。随着互联网的普及，数字化营销和在线预订平台将继续在旅游业中扮演重要角色。可以考虑在虚拟现实、增强现实、人工智能等技术上进行投入。通过使用虚拟现实和增强现实技术，人们可以在家中亲身体验世界各地的文化景点，从而满足他们对旅行的渴望。

文化旅游的魅力在于能够帮助人们更好地了解和欣赏其他国家和地区的文化，随着全球化的不断发展，文化交流项目可能会成为投资的另一个热点。这包括组织文化交换计划、艺术展览和国际文化节等活动。文化主题公园和博物馆可以提供沉浸式的文化体验、吸引游客并增加收入，对于文化爱好者来说可能是一个有吸引力的投资选择。随着越来越多的旅游者开始关注健康、环境保护和可持续发展。投资者可以考虑在健康度假村、瑜伽中心、禅修场所等领域进行投资，或者选择投资生态旅游、环保酒店等项目。

结语：以文旅讲好中国故事

文化和旅游是推动文明交流互鉴、传播先进文化、增进人民友谊的桥梁，是讲好中国故事、传播好中国声音的重要渠道。可以通过举办国际性的文化旅游展览、论坛等活动，促进产业的繁荣。文化和旅游融合发展必须在交流融合方面下大力气。文化旅游产业是具有国际性的产业，需要加强国际合作与交流，分享经验，互相学习，共同推动文化旅游产业的发展。

时尚消费：产业链与价值链交叉矩阵的突破

概述：时尚潮流，时代图腾

中国时尚产业作为全球引领者之一，在后疫情时代正处于全新的变革与发展阶段。面临产业规模正向东南亚国家转移、市场细分玩家增多、竞争愈发激烈的叠加挑战，如何进行升级与突围、如何借力数字化将效率与响应发挥到极致、如何谋求短期追逐热点与长期构建差异化壁垒的平衡布局等课题将成为企业未来提升自身竞争力的核心方向。

时尚消费产业是指与时尚有关的一系列活动、产品与服务的集合。它涉及到时尚设计、时尚制造、时尚零售、品牌管理、市场营销、时尚传媒等多个领域。行业的定义可能包括很多方面。时尚设计包括时装设计、配饰设计等，旨在满足消费者对于时尚的需求，推动时尚的创新和发展。时尚制造涉及时尚产品的生产和制造的各个环节，包括面料采购、裁剪、缝制和整理等，确保产品质量和时尚趋势的实现。时尚零售指时尚产品的销售和分销，包括线上线下销售渠道的建立和运营，以及店铺管理和客户服务等。品牌管理涉及品牌策划、品牌推广和形象管理等，旨在建立和巩固品牌价值和品牌忠诚度。市场营销包括市场调研、广告宣传、促销活动等，以吸引消费者的注意和提高产品销售。时尚传媒包括时尚杂志、时尚博客、时尚网站等，通过媒体传播时尚资讯和趋势，影响消费者的购买决策。

　　上游产业主要包括时尚设计与创意。其中，时尚设计师和创意团队负责创造新颖、独特的时尚产品和概念。模特和时尚摄影师将设计师的作品展示给消费者，并通过时尚杂志、时尚秀等媒介传播。中游产业主要包括时尚生产与制造。其中，时尚生产商负责将设计师的创意转化为实际的时尚产品，包括服装、鞋类、配饰等。原材料供应商提供纺织品、面料、皮革和其他制造所需的原材料。制造商和加工厂负责将原材料转化为成品，例如裁剪、缝制、组装等过程。下游产业主要包括时尚销售与零售。其中，零售商和时尚品牌负责将时尚产品推向市场并销售给消费者。时尚买手和时尚零售商选择、采购并销售时尚产品。电子商务平台提供在线购物和交易平台，方便消费者购买时尚产品。时尚展览、时尚秀和时尚活动提供了展示和销售时尚产品的场所。下面是一个简单的时尚消费产业链图示：

时尚设计与创意 →时尚生产与制造→时尚销售与零售

　　　　↑　　　　　　　　　　　↓

模特和时尚摄影师　　零售商和时尚品牌

　　　　↑　　　　　　　　　　　↓

原材料供应商　　　　　时尚买手和时尚零售商

↑　　　　　　　　　　↓

制造商和加工厂　　　　电子商务平台和时尚活动

时尚消费产业的目标是满足消费者对于时尚的需求，引领时尚潮流的发展，并在经济和社会层面产生影响。40 多年来，时尚消费随着中国的改革开放而风生水起。纵观各个时尚领域的变迁，无不是从整齐单一转变为个性十足。与其他产业相比，时尚或许是中国改革开放最直观的记录者和见证者。国运、国潮、国货，是为中国时尚消费品的时代图腾。它不仅仅是一个经济产业，还是一个文化现象和社会现象，时尚消费产业不但能够创造就业机会、带动经济增长，同时也反映出个体和群体对于美、个性和身份认同的追求。

现状：融合服务、制造、购物、文化

亚洲市场在时尚消费产业中的重要性正在不断增加。中国社会科学院当代中国研究所副研究员王蕾指出，亚洲命运共同体概念的重要关注点之一，在于阐述亚洲文化融合的新特征和新增长。在 2019 年亚洲文明对话大会开幕式上，来自中国的高层发言也指出，我们要加强世界上不同国家、不同民族、不同文化的交流互鉴，夯实共建亚洲命运共同体、人类命运共同体的人文基础。

政策

当前，文化消费不断受到政策面、市场端的重视。有着"文化产业蓝皮书"之称的《中国文化产业发展报告（2022—2023）》就指出，文化产业的高质量发展，既是 2022 年以来中国的发展情况总结，也是二十大报告中所强调的未来发展方向。其基本原则包括把文化产业扩大内需战略同深化供给侧结构性改革相结合、把推动文化产业实现质的有效提升和量的合理增长相结合以及把文化产业的社会效益和经济效益相结合。随着经济社会快速发展以及消费需求的不断升级，时尚消费品产业已成为上海深度链接供给侧和需求侧、展现产业升级发展的重要突破口之一。《上海市国民经济和社会发展第十四个五年规划和二〇三五年远景目标纲要》首次将时尚消费品产业列入全市"3+6"重点产业体系，要求将上海打造成为品牌荟萃、市场活跃、消费集聚、影响广泛的国际时尚之都、品牌之都。

根据《上海市国民经济和社会发展第十四个五年规划和二〇三五年远景目标纲要》《上海市先进制造业发展"十四五"规划》等文件精神，上海市经信委联合发改委、商务委、科委、文旅局、市场监管局制定了《上海市时尚消费品产业高质量发展行动计划》，力争到 2025 年，确立上海引领时尚、定义潮流的"时尚之都"地位，打造具有示范引领作用的时尚消费品万亿级消费市场，使上海成为时尚出品地、潮流集聚地、创新策源地、消费引领地。实现产业规模超 5200 亿，年均增速 5%。培育 3—5 家营业收入千亿级领军企业集团，20 家百亿级头部企业集团，引进一批全球、全国头部企业职能性总部；建设 10 个时尚消费品产业智慧工厂，100 个时尚消费品产业特色数字化应用场景；建设 3—5 家时尚消费品特色产业园区及一批市级精品园区、时尚创意示范空间等。

推动上海时尚消费品产业高质量发展，是遵循产业梯次升级规律、引领新消费时代需求、提升上海"四大品牌"影响力、抢占全球产业链价值链高端的有效路径，是支持国际设计之都、时尚之都和品牌之都建设的重要举措。

市场

时尚消费品产业是打响服务、制造、购物、文化"四大品牌"的重要抓手和重要突破口。时尚消费品融合设计、文化、品牌、电商等要素，契合数字化转型和"时尚＋科技"发展趋势，以信息化、科学化的发展方式推动创新创意蓬勃发展。从新一轮的市场更新来看，随着消费升级，时装消费品的供应方式也从以商品为主逐步转变为以消费者喜好变化为核心。品质、品牌、品味变成了消费升级的关键词，生存型必备消费向体验式选择性消费水平延伸，时尚消费品从传统的粗放式规模增长，变成了以个性化细分产品为主导。以需定制已经成为了驱动时尚消费品产业转型升级的主赛道，而终端消费者正日益成为时尚的领军人。

时尚消费品将设计、文化、品牌、电商等元素融合在一起，与数字化转型和"时尚＋科技"的发展趋势相适应，以信息化、科学化的发展方式来促进创新创意的繁荣发展。在快速发展的时代背景下，消费产品快速更新，这迫切需要构建新的理论体系。时尚消费品的沟通与销售渠道正沿"传统的街边店—百货商场—购物中心—电商—O2O买手店、集合点"等模式发展，网红、时尚 IP 等多元化新营销模式日渐重要，新零售模式逐渐成了主流。在新的消费潮流下，消费者对品牌、营销、渠道、价格等概念的分析框架被不断地突破，价格不再是决定品牌价值的主要因素，而消费者对品牌价值的认识也在不断地受到冲击。

同时，生产地与消费地的分离，使得时尚消费品在"双循环"与"国际"之间发挥了关键作用。一个高度发展的时装消费行业，往往是一个国际性的品牌聚集之地，也往往是一个国家的品牌汇聚之地。商品化商品越来越多地作为连接供求两端的"双循环"的一个主要中介。

技术

随着互联网和智能手机的普及，消费者对线上购物和个性化定制的需求快速增长。近十年来，伴随着电商时代的 Web2.0，中国服装行业迅速发展，通过直播和虚拟化妆等方式，一次又一次地打破了实体空间的局限，并在大数据、社交和数字化体验的基础上，将服装和奢侈品带入中国"互联网+"的趋势。随着数字经济的发展规模和巨大的消费人群基数，在此背景下，人工智能的发展程度和在各个产业链环节中的创新应用，也为 Web3.0 的虚实结合提供了更多的可能性。随着政策对可持续发展的不断加强与大力支持，尤其是"十四五"发展规划和 2035 年远景目标中的重视与强调，可持续发展正在成为中国时尚产业的重点方向。面对技术对人类文明与生活消费的模式及价值体系的革新，气候危机等生态议题为全球时尚产业带来了意义重塑。

应用

数字化转型推动时尚消费品制造方式和组织模式持续创新。虚拟制造等新的制造方式逐步兴起，时尚消费品线上化趋势和线上线下融合态势日趋明显，人、货、场之间的关系都在发生着微妙的变化。在本质优势之上，科技与可持续正进一步为中国时尚产业带来动能，本土创意设计力量、零售环境、制造业以及消费潜能呈现出了颇具差异性且发展迅速的产业标签。当然，可持续是一个全球性议题。但注重长远产业价值、聚焦人文关怀的典型产业升级，为产业的全新标签，留下了浓墨重彩的一笔。

洞察：亚洲正在欣欣向荣

时尚消费产业与其他产业一样，各有其发展阶段。对于不同发展阶段的企业，投资者关注的焦点自然也各有侧重。初创阶段的企业刚刚起步，市场规模较小，重点应该放在市场调研和产品开发上，了解消费者需求，推出具有创新性和差异化的产品。在增长阶段，随着消费者对时尚产品的需求逐渐增长，市场开始扩大。在这个阶段，企业需要加强品牌建设，提升产品质量和服务水平，同时拓展市场份额。在成熟阶段，市场规模达到饱和，竞争日益激烈。企业需要在产品研发和创新上下功夫，提高品牌价值和竞争力。此外，建立强大的销售渠道和供应链体系也是关键。在转型阶段，在市场饱和和消费需求变化的背景下，产业需要进行转型。这个阶段需要关注可持续发展和环保理念，推动绿色时尚的发展，并加强跨界合作，拓展新的业务领域。

对时尚消费产业有投资意愿的群体而言，中国市场的综合优势和引擎作用，在国际上也具有较强的竞争力。中国时装消费市场在新世纪初迅速增长，经过基础消费、发展消费、享受消费和情感消费四个时期，已经完成了初始技术、市场和场景等方面的初步积累，正处于二次增长和结构提升的关键时期。随着我国扩大内需战略的深入实施，时尚消费品产业将呈现出广泛的创业创新机会，目前主要消费中心城市，都在积极布局时尚消费品主题园区。

从经济与文化的大背景，以及产业的动态态势来看，当今亚洲已成为全球经济恢复中一个不容忽视的地区支撑点。在 2022 年，由于世界经济增长减缓，所有主要行业都受到了严重影响；2023 年，经济复苏的障碍并没有完全消除，依然面临着巨大的挑战和不确定。但是，亚洲正在欣欣向荣，充满了希望和机会。从国内来看，上海国际化程度较高、产业实力雄厚、商业高度发达、海派文化深厚、营商环境优良，是中国时尚业的重要发源地，也是中国时尚品牌培育诞生的摇篮，时尚消费品产业具有良好基础，属于国内一流水平。

从产业要素角度，完整的时尚消费品产业包括"设计—制造—展示—消费"四大要素环节，不同环节都存在很多创新发展的机会。一是以 C2M（Customerto-Manufactory，即顾客对工厂）为核心，聚焦于市场与供应链，通过智能仓储等手段，构建行业网络，实现对"人""货""场"的再认识。二是围绕新材料和智能制造等领域，构建科技创新社区，吸引高质量的企业群体，实现科技成果的持续转化。三是以设计为核心，搭建创意设计、营销推广平台，不断开发和孵化新产品和新品牌，引领时尚趋势。四是面向制造领域，构建"新智造"集成示范平台，将绿色、智能和柔性制造领域的新工艺、新技术和新装备不断集成到一起，并将其作为一个整体，向工业界提供一体化的集成服务。

另外，在时尚消费品产业中，个性化的定制方式将是今后服装行业发展的方向。针对差异化、品质化、绿色化消费需求，发展面向用户的个性化定制平台经济，以互为场景、互为基础、互为生态的协同制造体系为基础，将产品创意、工业设计、生产制造、产品销售、售后服务等环节密切融合，实现上下游企业、新创业企业、投资方和产业链的有机结合，实现生态闭环、垂直孵化。

毫无疑问，技术对于人类文明、价值体系以及生活消费模式带来了革新，面对气候危机等生态议题给全球时尚产业带来的意义重塑，中国时尚产业在固有优势之上，科技与可持续正在为本土创意设计力量、零售环境、制造业以及消费潜能提供具有显著差异性、高速发展的前景。随着 Z 世代（指 1995—2009 年间出生的一代人，他们一出生就与网络信息时代无缝对接，又被称为"网生代""互联网世代""二次元世代""数媒土著"）而来的市场潜力、循环经济的发展、突出的科研与创新成果，更是在为亚洲新版图提供着多元、独特的产业特色。

结语：满怀文化自信，走向国际舞台

　　中国时尚产业在升级、竞争等剧烈变化的市场环境下，如何能继续保持其特有的、无可取代的行业结构和优势？这不仅要求我们对以往的产业结构和历史经验进行吸收，更要求我们以一种探路者的视角，集合区域经济合作伙伴，在相互协作与交流中寻求发展的创新。随着 Z 世代消费者逐步占据主导地位，文化自信、"悦己"需求、"自我意识"的表现，以及电子商务的发展，给时尚产业提供了新的发展机会。今天，中国时尚产业的文化内涵在商务大背景下得到了进一步的加深，并在国际舞台发挥更大的作用。

现代服务业：高质量全面性

概述：为社会提供增值服务

现代服务产业是指以知识、技术和信息为基础，以提供各种服务为主导的产业。它以人力资源和知识为核心要素，利用先进的信息技术和管理方法，为个人、企业和社会提供各种增值服务。现代服务产业的上游产业包括信息技术、人力资源和培训、咨询和管理等。下游产业包括金融服务、商业服务、文化娱乐服务和旅游服务等。上游产业提供关键的技术和服务支持，包括信息技术的开发和应用、人力资源的管理和培训、咨询和管理等。中游产业主要是提供各种服务，包括金融服务、商业服务、文化娱乐服务和旅游服务等。下游产业则是最终向消费者提供各种服务。这些环节相互依存，形成了完整的现代服务产业链。

以下是现代服务产业的产业链图示：

信息技术　人力资源和培训　咨询和管理

| | | |
| | | |

金融服务　商业服务　文化娱乐服务　旅游服务

现代服务业具有"两新四高"的时代特征。两新即是新服务领域和新服务模式。四高即高文化品位和高技术含量，高增值服务，高素质、高智力的人力资源结构，高感情体验、高精神享受的消费服务质量。现代服务业具有资源消耗少、环境污染少、需求量大的优点，是地区综合竞争力和现代化水平的重要标志，成为国家和地区经济结构优化和产业转型升级、产业跨国投资的发展方向。

现状：韧性强大，增长稳定

市场

现代服务产业可以细分为多个赛道。比如，金融服务包括银行、证券、保险、投资等金融机构提供的各种金融服务。商业服务包括咨询、人力资源、会计、法律、市场营销等专业服务。信息技术服务包括软件开发、云计算、数据分析、网络安全等技术服务。文化娱乐服务包括电影、音乐、艺术、游戏、体育等文化娱乐活动和相关服务。旅游服务包括旅行社、酒店、航空公司、景区等提供的旅游服务。教育服务包括学校、培训机构、在线教育等提供的教育服务。医疗健康服务包括医院、诊所、健康管理、医疗保健等提供的医疗健康服务。物流和运输服务包括物流、货运、快递、仓储等提供的物流和运输服务。服务业规模日益壮大，在国民经济中的比重稳步提升。

面对复杂严峻的国际环境和国内疫情带来的影响，服务业展现出强大韧性，保持稳定增长态势。2012—2021 年，我国服务业增加值从 24.49 万亿元增加到 60.97 万亿元，增长了 1.5 倍，年均增速达 10.7%，高于同期国内生产总值年均增速，也高于第二产业平均增速。服务业增加值占国内生产总值的比重也从 2012 年的 45.5%，到 2015 年首次突破 50%，再到 2021 年的 53.3%，在经济发展中起着越来越重要的地位。2021 年，服务业对经济增长的贡献率为 54.9%，比第二产业高出 16.5 个百分点，成为经济稳定发展的有力保障。

从就业角度来看，服务业成为吸纳就业的主要渠道和重要基石。在 2021 年底全国登记在册的 1.03 亿户个体工商户中，约有 90% 集中在批发零售、住宿餐饮和居民服务等各类服务业中，成为吸纳就业的关键。2012—2021 年，我国服务业就业人员从 27 493 万人增长至 35 868 万人，累计增加 8375 万人，而同期第一产业和第二产业就业人员分别减少 8463 万人和 1514 万人。2021 年，服务业就业人员占全国就业人员总数的比重达到 48.0%，较 2012 年增长 11.9 个百分点，稳就业的作用日益突出。在规模不断扩大的同时，服务业结构持续优化，新动能有效激发。2012 年以来，批发和零售业、交通运输、仓储及邮政业、住宿和餐饮业等传统服务业的绝对规模虽在增长，但占比不断下降，2021 年三大行业占服务业增加值比重之和为 28.8%，较 2012 年下降 5.8 个百分点。同期，信息传输、软件和信息技术服务业、租赁和商务服务业等现代服务业实现快速发展，2021年两大行业占服务业增加值比重之和为13.0%，比2012年上升3.5个百分点，成为推动服务业持续增长的新动能。

政策

服务业是我国国民经济的第一大产业和经济发展的主动力，也是市场主体数量和吸纳就业人员最多的产业。党的十八大以来，我国服务业规模持续扩大，结构不断优化，服务贸易快速增长，在经济社会发展中的地位和作用日益提升。国家"十四五"规划建议明确提出，要加快发展现代服务业，形成强大国内市场，构建新发展格局。从统计学上来看，我国现代服务业主要包括四大类，即生产和市场服务、个人消费服务、基础服务和公共服务。从服务性质及服务对象看，现代服务业可分为生活性服务业和生产性服务业。未来，服务业将进一步聚焦产业转型升级和居民消费升级需要，加快发展现代服务业，推进服务领域改革开放，积极扩大有效供给，提高服务效率和品质，着力构建优质高效、结构优化、竞争力强的服务产业新体系。

科技

相较于传统服务业，现代服务业是适应现代人和现代城市发展需求而产生和发展起来的具有高技术和高文化含量的服务业。随着互联网、大数据、5G、人工智能等技术在实践中与更多服务场景加速融合，电子商务产业链逐渐发展，传统服务业也在创新发展中实现改造升级。电子商务产业链是以网上交易为核心，技术、物流、支付、认证、数据等支撑服务为外延的电商产业链，其中包括商贸流通电商产业链、行业电商平台产业链、电商产业园产业链、农村电商产业链等。近年来，批发零售、交通运输、住宿餐饮等传统服务业结合平台经济、共享经济、体验经济等新模式，积极发展线上线下融合的电子商务、网上购物、电商直播、网约出行、外卖订餐等新业态，实现传统服务业的转型升级。

2013 年以来，我国连续 9 年成为全球最大的网络零售市场，网络购物用户规模超过 8 亿人。2021 年，我国实物商品网上零售额首次突破 10 万亿元，约占社会消费品零售总额的四分之一。2021 年，我国快递服务企业业务量超过 1000 亿件，达到 1083 亿件，是 2012 年的近 20 倍，业务量位居世界第一。

应用

我们从生活性服务业和生产性服务业两个方面介绍现代服务的应用场景。生产性服务业是与农业和制造业直接相关的配套服务业，是在现代化大生产背景下专业化分工日趋细致的产物，具有专业性强、创新活跃度高、产业融合度深、辐射带动作用显著等特点。从相关国际经验看，生产性服务业随着第一、第二产业特别是制造业的发展而不断壮大，对于促进产业转型升级和提升竞争力起到重要支撑作用，成为全球产业竞争的战略制高点。

生活性服务业是服务经济的重要组成部分，是直接向居民提供物质和精神生活的产品和服务。与生产性服务业主要为各类市场主

体的生产活动提供服务不同，生活性服务业主要是为满足居民最终
消费需求而开展的服务活动。生活性服务业涉及领域宽、范围广，
对于激发内需潜力，促进消费升级，提高居民获得感幸福感有重要
作用。国内外投资重点已经转向现代服务业。投资模式不断创新，
生产性服务业及楼宇经济总部经济成为现代服务业高质量发展新模
式。同时，投资竞争不断加剧，现代服务业领域的新兴服务业特别
是新技术、新产业、新业态、新商业模式成为跨国公司、大企业投
资和各国、各地区招商引资的竞争对象。

洞察：科技创新助力跨界融合

现代服务产业目前处于快速发展的阶段，受到数字化和技术创
新的推动，呈现出以下几个主要特点：一是数字经济的崛起，推动
了在线服务和电子商务的快速增长；二是人工智能和大数据技术的
广泛应用，提升了服务效率和个性化体验；三是金融科技的兴起，
改变了传统金融服务模式；四是健康医疗和教育科技的迅速发展，
满足了人们对健康和教育的需求；五是环境保护和可持续发展的重
要性日益凸显。

"十四五"期间，我国现代服务业高质量发展的产业主要布局
在以下几大领域，包括生产性服务业、现代金融、楼宇总部经济、
PPP 公共服务（Public-Private Partnership，这是一种公共基础设施
中的项目运作模式，鼓励私营企业、民营资本与政府进行合作，参
与公共基础设施的建议）和全域旅游等。推动生产性服务业融合化

发展，首先可以是以服务制造业高质量发展为导向，推动生产性服务业向专业化和价值链高端延伸。加快发展研发设计、工业设计、供应链金融、信息数据、检验检测认证等附加值较高的相关服务，鼓励企业将提升售后服务质量作为拓展市场、提高竞争力的重要途径，加快培育具有国际竞争力的生产性服务企业。其次，可以推动现代服务业与先进制造业、现代农业深度融合。找准生产服务嵌入点，延伸产业链条，提升服务的精准性、高效性，紧跟全球产业发展大势和变革方向，创新服务模式，创建知名品牌，实现产品价值链的延伸。第三，可以提升人员培养质量与规模。加强生产性服务业所需的创新型、技术型、应用型、复合型人才开发培训，推行终身教育，强化人力资源服务供求对接，持续提升劳动者素质和人力资源配置效率。

加快生活性服务业品质化发展。一是以提升便利度和改善服务体验为导向，推动生活性服务业向高品质和多样化升级。加强物联网、人工智能、大数据、虚拟现实等在健康、养老、育幼、文旅、体育等领域应用，线上线下多渠道满足消费需求。进一步优化生活性服务业功能布局，支持有条件的大中城市建设业态丰富、特色鲜明、环境舒适、辐射力强的生活性服务业消费集聚区。二是加强公益性、基础性服务业供给。加快提升基本公共服务均等化水平，支持社会力量参与普惠性规范性服务供给，推动生活服务与公共服务互嵌式、阶梯式发展，不断提升公共服务质量和水平。三是加强服务标准和品牌质量建设。全面梳理和修订相关政策和标准，加快完善养老、托幼、家政等服务标准，健全以产品、企业、区域品牌为支撑的品牌体系，加强质量监测评价和通报，推动生活性服务业诚信化职业化发展。

我们再对楼宇总部经济、PPP 公共服务和全域旅游进行介绍。楼宇经济，是指以楼宇为载体的经济业态。总部经济则是指将企业总部与生产制造、营销服务基地分离布局在不同区域的经济业态，是在经济全球化和区域经济一体化时代出现的一种高端产业组织形态，其可形成资源大规模聚合，为本地区域经济发展带来税收供应效应、产业集聚效应、消费带动效应、就业乘数效应、资本放大效应等诸多外溢效应。有望成为现代服务业发展的新业态。

金融服务包括金融科技、融资租赁、普惠金融、供应链金融、互联网金融、增资扩股、上市公司、新三板融资、私募基金（阳光私募、PE、VC）、金融类资产投资产业链（股票、债券、贷款投资）等。PPP 公共服务涵盖能源、交通运输、水利、环保、农业、林业、科技、保障性安居工程、医疗、卫生、养老、教育、文化等13 个公共服务领域。各地政府均在推出大批社会资金融资项目，也是各地公共服务业融合投融资的新重点。旅游休闲产业链包括健康养生旅游、观光农业、生态旅游、文化旅游、休闲旅游、山地旅游、旅游地产、红色旅游、特色旅游和风情小镇、乡村慢生活旅游、海洋旅游、体育健身旅游、智慧旅游等。旅游休闲产业是各地推进城镇化服务业投融资及招商引资带动产业较广的惠民绿色高质量产业。

为了进一步发展现代服务产业，建议采取以下措施：一是加强数字化转型，提升服务的在线化和智能化水平，以满足消费者的多样化需求；二是加大技术创新和研发投入，推动人工智能、大数据、区块链等新技术在服务产业的应用；三是加强跨界合作，打破传统行业壁垒，促进创新和协同发展；四是注重人才培养和人力资源管理，提高员工的技能水平和服务素质；五是注重可持续发展，推动绿色、环保和社会责任意识的融入服务产业。

结语：更高质量，更可持续

一般而言，现代服务业在三次产业中的比重越高，其产业结构越合理，经济结构越完善，经济效益越优，现代化程度越高。现代服务产业正处于快速发展的阶段，面临着巨大的机遇和挑战。通过加强数字化转型、技术创新、跨界合作、人才培养和可持续发展，可以进一步推动现代服务产业的发展，提供更高质量、个性化和可持续的服务。

参考文献

1. 工业和信息化部 国家发展改革委 生态环境部印发《工业领域"碳达峰"实施方案》，2022 年 8 月 1 日

2.《解振华谈应对气候变化》，财新周刊，2022 年 24 期

3.《高温、能源紧张下欧、美、中走"回头路"？》，财新网，2022 年 7 月 20 日

4.《中共中央、国务院关于完整准确全面贯彻新发好"碳达峰""碳中和"工作的意见》，中共中央、国务院

5.《2021 年数字"碳中和"白皮书》，中国信通院

6.《中小企业低碳转型之路道阻且长》，中国电子信息产业发展研究院

7.《企业"碳中和"路径图》，联合国全球契约组织、波士顿咨询集团 BCG

8. HTTPS：//WWW.MCKINSEY.COM/INDUSTRIES/PUBLIC-SECTOR/OUR-INSIGHTS/ACCELERATING-DATA-AND-ANALYTICS-MATURITY-IN-THE-US-PUBLIC-SECTORDATA.GOV

9. 张长令，雷宪章．氢能产业：未来能源大战略［M］．北京：中国发展出版社，2023.

10. 中国汽车技术研究中心．节能与新能源汽车发展报告［M］．人民邮电出版社，2016.

11. 任大伟，侯金鸣，肖晋宇等．支撑双碳目标的新型储能发展潜力及路径研究［J］．中国电力，2023.

12. 于夕朦．新型储能技术及产业研究报告——能源转型深度报告［R］．长城证券，2022.

13. 荣健，刘展．先进核能技术发展与展望［J］．原子能科学技术，2020.

14. 张宇麒．美国突破研究所发布《推进核能：评估美国清洁能源未来的部署、投资和影响》报告［J］．科技中国，2022.

15. 2023-2029 年中国复合材料行业现状全面调研与发展趋势分析报告［R］．中国产业调研网，2023.

16. 2023-2029 年功能性膜材料行业细分市场分析及投资前景预测报告［R］．北京普华有策信息咨询有限公司，2023.

17. 田易．天润天和：打破国外垄断，为多行业提供高端膜材料［J］．国际融资，2020.

18. 郑挺．高端装备制造企业智慧工厂建设现状及策略［J］．现代企业，2023.

19. 孙嘉荣．上海重点产业国际竞争力发展蓝皮书［M］．上海社会科学院出版社，2021.

20. 2023 年中国生物医药行业全景图谱［R］．前瞻产业研究院，2023.

21．2022年脑机接口总体愿景与关键技术研究报告〔R〕．中国信息通信研究院，2022.

22．M.G.S，KUMAR R D，MARIOFANNA M，ET AL. 脑机接口：使用深度学习应用〔M〕．约翰威利父子公司：2023.

23．赵国屏．合成生物学2035发展战略〔J〕．世界科学，2023.

24．孙榕．2023年中国细胞治疗药物行业白皮书〔M〕．头豹研究院，2023.

25．倪妍婷．半导体封装测试制造系统运行优化理论与技术〔M〕．武汉大学出版社，2017.

26．2023智能算力发展白皮书〔M〕．中国信息通信研究院，2023.

27．人工智能与类脑计算产业发展研究报告（2023）〔R〕．工业和信息化部电子第五研究所，2023.

28．HEATHER WEST, PHD, MADHUMITHA SATHISH, PETER RUTTEN，ASHISH NADKARNI.WORLDWIDE QUANTUM COMPUTING FORECAST, 2023－2027：SURFING THE NEXT WAVE OF QUANTUM INNOVATION〔R〕.INTERNET DATA CENTER，2023.

29．杨和稳．人工智能算法研究与应用〔M〕．南京东南大学出版社，2021.

30．腾讯研究院，中国信息通信研究院互联网法律研究中心，腾讯AI LAB等．人工智能〔M〕．中国人民大学出版社，2017.

31．6G物联网未来应用场景及能力白皮书（2023年）〔M〕．

中国移动通信研究院 .2023

32．全国信息技术标准化技术委员会（SAC/TC 28）."智慧城市 感知终端应用指南 ."GB/T 42760–2023.2023–05–23.

33．K H ，RODRIGUEZ V R . THE BUSINESS OF THE METAVERSE：HOW TO MAINTAIN THE HUMAN ELEMENT WITHIN THIS NEW BUSINESS REALITY［M］.TAYLOR AND FRANCIS：2023.

34．绿色金融、绿色增长与碳中和研究进展［M］.爱思唯尔公司，2023.

35．［1］TINA F ，YAEL P . PERSONAL CARBON TRADING［M］. TAYLOR AND FRANCIS：2017.

36．叶甜甜 .中国碳交易与碳税协同的政策研究［J］.中国商论 .2023.

37．李文峰 .互联网＋现代农业的探索与云南实践［M］.云南人民出版社，2019.

38．薛艳杰 .都市现代乡村建设［M］.上海人民出版社：上海改革开放再出发系列丛书，2019.

39．王华，邹统钎 .文化与旅游融合的理论与实践［M］.南开大学出版社，2021.

40．李平 .旅游文化［M］.云南人民出版社，2020.

41．MARK H ，CAROLIN L B . ECO–FRIENDLY AND FAIR： FAST FASHION AND CONSUMER BEHAVIOUR［M］.TAYLOR AND FRANCIS，2018.

42．［1］MARIO G . GLOBAL STRATEGY IN THE SERVICE

INDUSTRIES：DYNAMICS，ANALYSIS，GROWTH［M］.TAYLOR AND FRANCIS，2017.

43. 上海市人民政府发展研究中心，上海现代服务业联合会.上海现代服务业发展报告2021［M］.上海现代服务业发展报告，2022.